写《しゃ》真《しん》と動《どう》画《が》でわかる

はじめての子《こ》ども手《しゅ》話《わ》

手話フレンズ代表
モンキー高野 著

仁宮苺《ま》宝《ほ》 川﨑綾香 竹村祐樹 モデル

ナツメ社

目次《もくじ》

3章 すきなことについて話《はな》そう

4章《しょう》 いっしょに遊《あそ》ぼう

5章 困《こま》ったときの手話

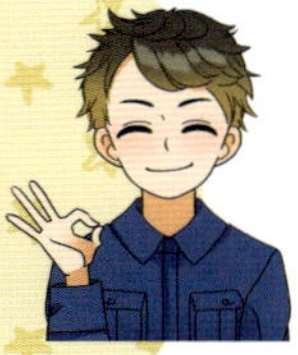

コラム

6章 使《つか》える！　手話単語集《しゅわたんごしゅう》

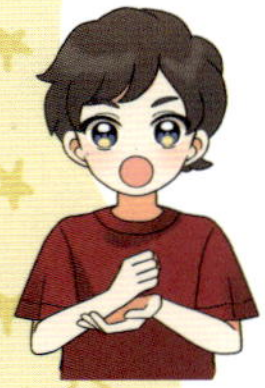

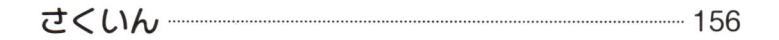

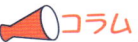

本書の使い方

この本には、会話例とそれに関する手話の単語を集めたページがあります。
手や体の動きをわかりやすく説明するために、矢印や文章で説明しています。
手話のポイントや由来などもコメントやイラストでしょうかいしているので、
チェックしてみてください。

場面

どんな場面での会話なのかが書かれています。

コメント

手話のポイントや由来などもコメントでしょうかいしています。

会話例

会話の文章です。

コラム

手話やテーマに関する情報《じょうほう》をしょうかいしています。より深く手話について学べます。

単語

ひとつの言葉でも意味によって手話の表し方がちがうものがあるので、同じ単語でも動きがちがうことがあります。

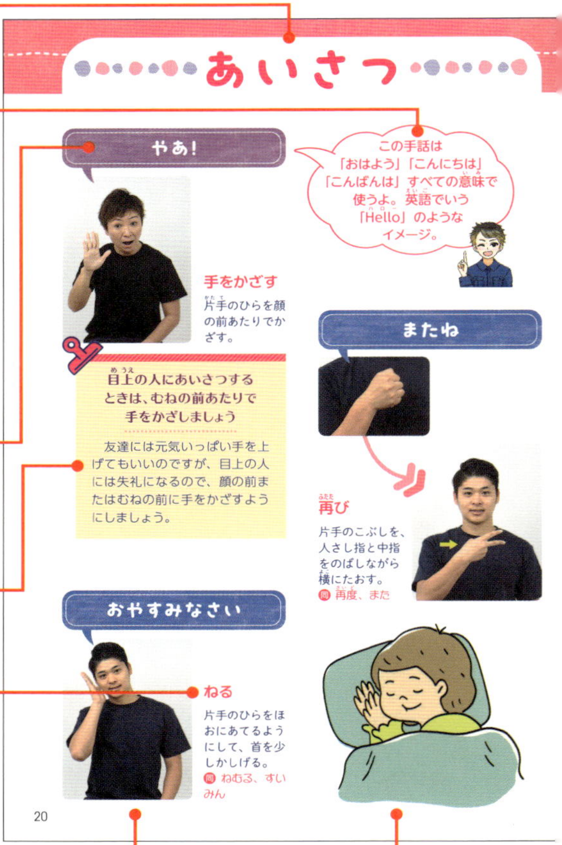

解説

手の形や動きを文章と写真で説明しています。写真には動きをわかりやすくするために矢印を入れています。

イラスト

手話の動きのイメージや由来となった物の絵をのせています。

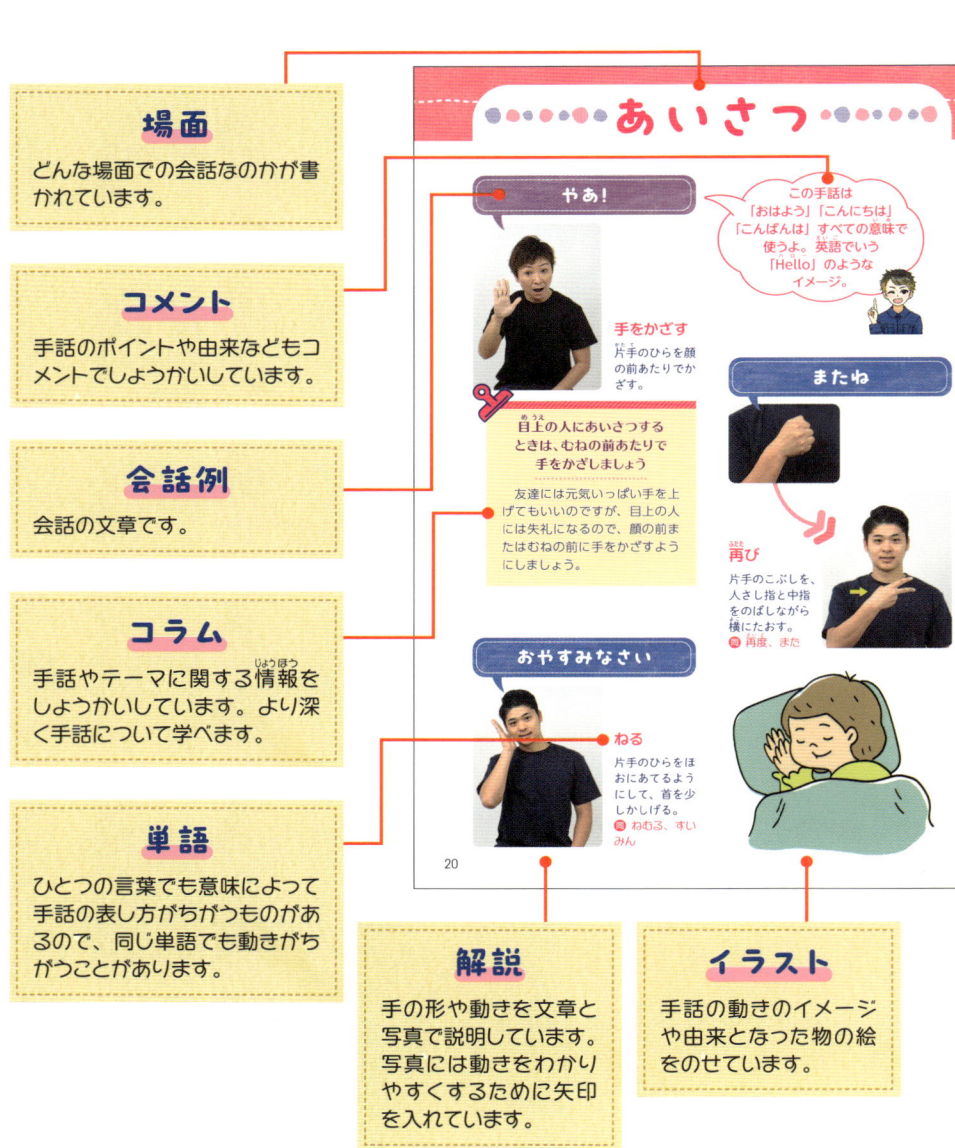

QRコード

スマートフォンやタブレットのQRコードリーダーでこのQRコードを読み取ると、動画を見ることができます。本と動画で手話の表現がちがうものがありますが、どちらも正しい表現です。

手話クイズ④
手話のクイズを出すよ。
何を表《あらわ》しているか当ててみよう！
▶答えは92ページにあるよ！
Q1
両手《りょうて》とも親指《おやゆび》と人さし指で輪を作り、ゆらゆらゆらしながら交ごに上下させる。
何かが降ってるのかな?
Q2
両手を前に向けて顔の横にかまえ、ななめ下に下げる。
空気がぶわっと流れる動きだね

手話クイズ

この本のところどころに、手話の動きを見て、どんな意味の手話なのかを当てる「手話クイズ」のコーナーがあります。どんな手話か考えてみてください。

はじめまして
初めて
人さし指をのばした右手を左手のこうにのせる。右手を上げながら人さし指以外の4指をすぼめる。同 最初
会う
両手《りょうて》の人さし指を立てて向かい合わせ、近づける。
よろしくお願《ねが》いします
よい
片手のこぶしを鼻の前に置き、少し前に出す。
お願い
片手のひらを立て、少し前に出しながら、体も少し前にたおす。
お会いできてうれしいです
会う
両手の人さし指を立てて向かい合わせ、近づける。
うれしい
両手の親指以外の4指をむねにあて、左右交ごに上下に動かす。
同 楽しい、喜ぶ、喜び
2章 あいさつや自己しょうかいをしよう
21

同義語／参考

ひとつの手話でいくつかの意味をもっている場合があります。そういった場合、同というマークでほかの意味をしょうかいしています。また、参は参考に覚えておくとよいことを書いています。

自己しょうかい
干支《えと》の手話を覚えていこう！
子（ネズミ）
人さし指と中指を軽く曲げ、前に向けて口元に置く。
同 グレー
丑（ウシ）
両手とも親指と人さし指でコの字形を作り、こめかみあたりにあてる。
寅（トラ）
両手のこうを前に向け、指先を軽く曲げ、ほおのあたりから横に引く。

単語ページ

前のページにのっている場面や会話に関する手話単語を集めてしょうかいしています。

登場《とうじょう》人物《じんぶつ》紹介《しょうかい》

モンキー高野《たかの》先生

手話《しゅわ》を教えてくれる先生。自身もろう者で、手話の教室を開き、たくさんの人に手話を教えている。

はるとくん

プロサッカー選手《せんしゅ》を夢《ゆめ》見る小学５年生。

ゆいちゃん

おかし作りがしゅみの小学６年生。

手話モデル

仁宮苺宝《にみやまほ》さん

竹村祐樹《たけむらゆうき》さん

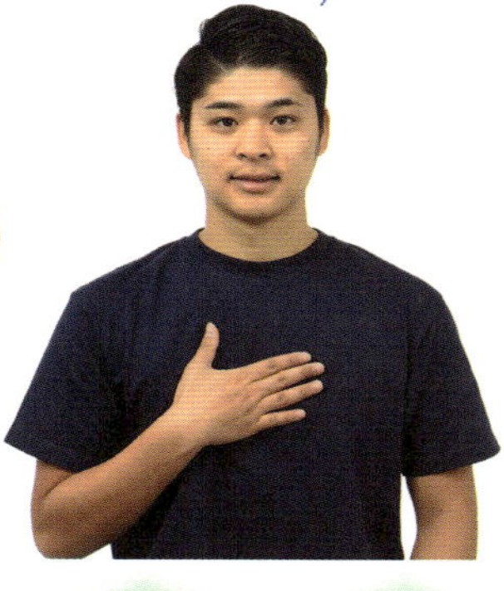

川﨑綾香《かわさきあやか》さん

1章《しょう》

手話《しゅわ》って
なに？

手話《しゅわ》ってどんな言葉《ことば》なんだろう？
わたしたちが話《はな》している言葉《ことば》と同《おな》じ部分《ぶぶん》はあるのかな？
まずは、手話《しゅわ》の基本《きほん》について知《し》ろう！

手《しゅ》話《わ》ってどんなもの？

手話を学ぶ第一歩として、そもそも手話って何なのかを知っておこう。
モンキー高野先生が手話について解説《かいせつ》してくれるよ。

はるとくん

ぼく、手話を使っている人を実際《じっさい》に見たことないな。手話ってテレビのニュース番組でしか見たことないかも。

モンキー高野

ふだんの生活の中では、なかなか見かけることがないかもしれないね。「手話」は耳が聞こえない人や聞こえづらい人（ろう者や難聴者《なんちょうしゃ》、中途《ちゅうと》失聴者《しっちょうしゃ》など）がコミュニケーションをとるために生まれた言語《げんご》なんだ。

ゆいちゃん

ジェスチャーとはちがうんですか？

モンキー高野

似《に》てるけど、ちょっとちがうよ。
手話は、**手の形や動き、表情《ひょうじょう》、口の形や動かし方**によって意味がちがってくるんだ。

モンキー高野

手話をきちんと伝えるためのポイントがあるから、チェックしてみよう！

手話をきちんと伝えるためのポイント

ポイント 表情

うれしい、悲しい、楽しいという気持ちをまゆ毛や目、口を動かして表現《ひょうげん》すると、感《かん》情《じょう》が伝わりやすくなるよ。

ポイント 手指の形・動き（強弱《きょうじゃく》、回数、速さ）

きちんと伝えるためには、相手からはっきり見えるように動かす必要があるんだ。手指の形によって意味がちがってしまう場合もあるから注意《ちゅうい》しよう。
また、同じ手話でも動きの強弱や回数、速さによっても意味がちがってくるから、意識して表そう。

ポイント 口型《こうけい》

手話では「口の形／動かし方」も大事《だいじ》なポイントとなるんだ。表した手話がどんな意味で使われたのかが、口の形によって見分《わ》けられるんだ。口の形（口型）には、ものの名前などに付ける日本語口型《にほんごこうけい》と、文法の一部として表現する手話口型《しゅわこうけい》があるよ。口型はむずかしいから、少しずつ学んでいこう。

ポイント 利《き》き手

手話は基本的《きほんてき》にどちらの手を使っても問題ないよ。単語によっては、両手でなく片《かた》手《て》で表せるものもあるんだ。

ゆいちゃん

ちょっとしたちがいで、意味が変わってくるなんておもしろいね！

はるとくん

手話って世界共通なの？　世界中どこの国の人とも話ができるんですか？

モンキー高野

手話も国によってちがうんだ。
日本には日本の、アメリカにはアメリカの手話があるよ。
世界の共通語《きょうつうご》として「国際《こくさい》手話」というものもあるんだ。
→ 91 ページで世界の手話をしょうかいしているよ！

モンキー高野

ちなみに、日本には大きく分《わ》けて２種類《しゅるい》の手話があるよ。
「日本手話《にほんしゅわ》」と「日本語対応手話《にほんごたいおうしゅわ》」っていうんだ。

日本手話

ろう者のコミュニティや独自《どくじ》の文化から生まれた手話。文法《ぶんぽう》（文章のルールや組み立て方）や表現方法《ひょうげんほうほう》が日本語とはちがいます。ろう者の多くは日本手話を使用する傾向《けいこう》があります。

★この本では「日本手話」をしょうかいしています。

日本語対応手話

日本語のならび順どおりに手話単語を表現《ひょうげん》していく手話。中途失聴者《ちゅうとしっちょうしゃ》や難聴者《なんちょうしゃ》など日本語になじみのある人たちが使用する傾向《けいこう》があります。

日本手話の表現方法は、さまざまな由来《ゆらい》・成《な》り立《た》ちがあります。

「物《もの》の形」を表現《ひょうげん》

本

「動作《どうさ》」を表現

書く

「特ちょう」を表現

黒

「文字の形」を表現

日

「ことわざ」や「慣用句《かんようく》」から

おいしい
ほっぺたが落ちる

「指の意味」から

男性

「方向」「位置」「立場」を表現

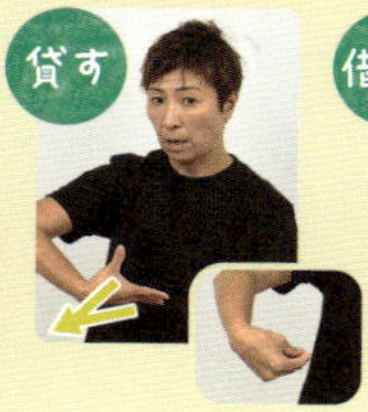
貸す

借りる

はるとくん

いろいろな由来をもつ手話があるんだね！
これはどんなものから生まれた手話なんだろうって考えるのも楽しいし、由来がわかると覚えやすいかも！

ゆいちゃん

手話にも方言《ほうげん》があるのかな？

モンキー高野

地域《ちいき》によって表現のしかたがちがう手話はあるよ！
それから、男性と女性でちがったり、世代によって表現のしかたがちがう手話もあるんだ。

風呂

男性的表現《ひょうげん》

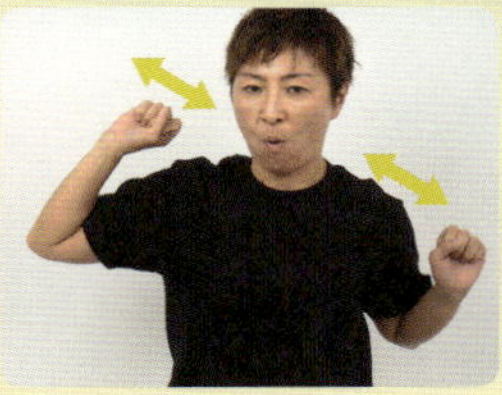

両手《りょうて》でタオルをつかみ、背中を洗《あら》うような動きをする。

女性的表現《ひょうげん》

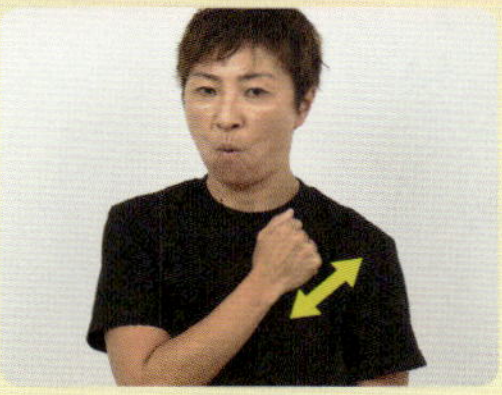

片手《かたて》のこぶしをむねあたりにあてて、上下にこする。

名前

関東での表現

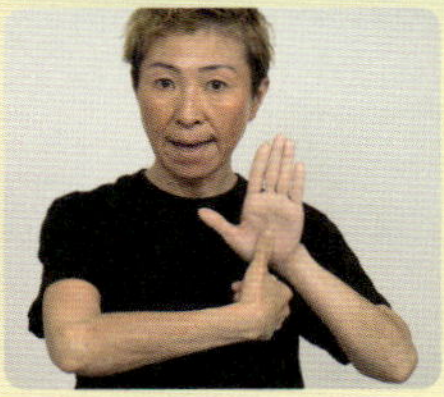

広げた左手のひらに、右手の親指《おやゆび》の腹《はら》をあてる（ほかの4指はにぎる）。

関西での表現

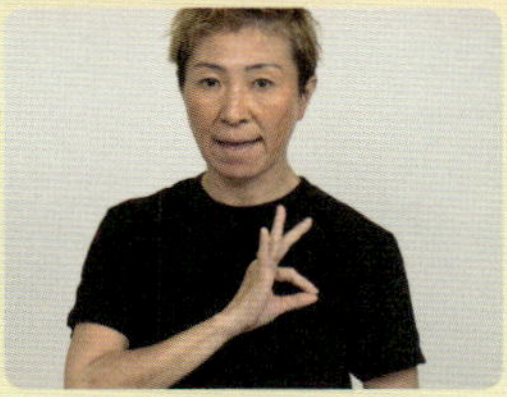

片手の親指と人さし指で輪を作り、むねにあてる。

ゆいちゃん

うわー、おもしろい！
モンキー先生、もっとたくさん教えてください！

モンキー高野

もちろん！
1つでもいいから手話を覚えて、ろう者のお友達とお話しするきっかけを持ってもらえるとうれしいな！

モンキー高野

手話を覚えるために、ほかにもいくつか知っておきたいことがあるよ。
手話には同じ表現（動き）でも、いくつかの意味を持つものがあるんだ。

モンキー高野

たとえば

元気

両《りょう》ひじを張り、むねの前で両手のこぶしを２回下げる。同 がんばる、がんばって、生きる

どこ?

片《かた》手《て》の人さし指をのばして立て、軽く数回ふる。
同 何、どう、どうした

⬆「元気」という意味以外に「がんばる」「がんばって」「生きる」という意味を持つ手話

⬆「どこ」という意味以外に「何」「どう」「どうした」という意味を持つ手話

はるとくん

なるほど。１つの手話だけど、
似《に》たような意味をいくつか持ってるんだね！

ゆいちゃん

似たような意味なら、覚えやすそうだね！

モンキー高野

次に、手話の文章の組み立て方について説明するね。基本的《きほんてき》には、日本語の順番と同じだけど、否定の言葉はちょっとちがうよ。

肯定《こうてい》

主語《しゅご》（だれが） ＋ **目的語《もくてきご》（何を）** ＋ **述語《じゅつご》（どうする）**

「この画家《がか》がすきなんです」

わたし → この → 画家 → すき

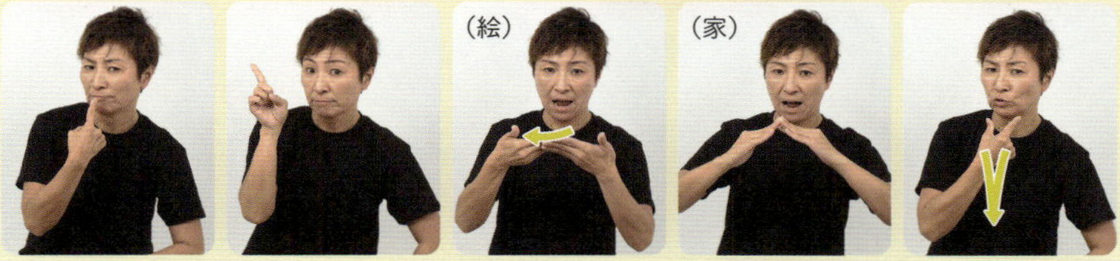

否定《ひてい》

主語 ＋ **述語** ＋ **否定語《ひていご》（〜しない）**

「まだ見ていません」

わたし → 見る → まだ

はるとくん

本当だね。肯定はいつも話しているとおりのならび順だから、ぼくにもできそうな気がする！　否定は少し注意が必要そうだね。

モンキー高野

「はい」「いいえ」で答える疑問《ぎもん》の文章のときも、ならび順は日本語と同じだよ！

疑問《ぎもん》

はい／いいえで答える疑問文

主語《しゅご》 ＋ 目的語《もくてきご》 ＋ 述語《じゅつご》（表情がだいじ！）

「兄弟はいますか？」

モンキー高野

疑問詞《ぎもんし》（なに、どこ、いつ、どっち）がつく場合は、疑問詞を最後につけるよ。

疑問

疑問詞を使う疑問文

疑問詞 は 文末《ぶんまつ》（文章の最後）に置く

「どこで待ち合わせしようか？」

モンキー高野

過去《かこ》のことや、未来《みらい》のことを表すときには、ならび順は日本語と同じだけど、「過去（未来）を表す手話」を付けるんだ。過去を表すときはさらにいくつかポイントがあるよ。

過去形《かこけい》

日時など過去 を表す単語を付ける

「ぱ」 という **口型** を付ける

「終わり」 という手話を付ける

「この前ケーキを作ったよ」

先日 → ケーキ → 作る → 終わり

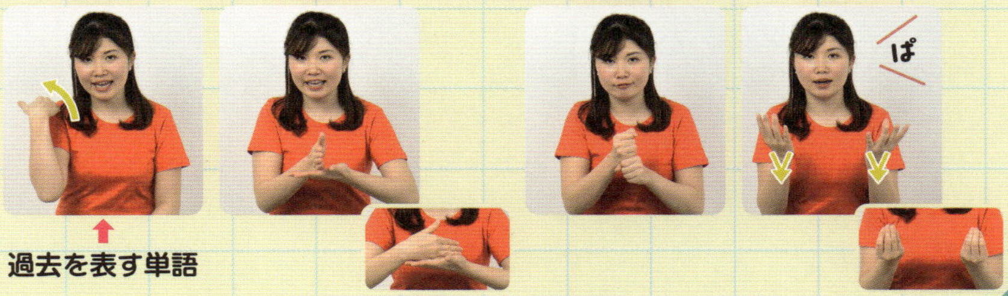

過去を表す単語

未来形《みらいけい》

未来 を表す単語を付ける

「今度、水族館へ行かない？」

今度 → 水族館 → 行く?

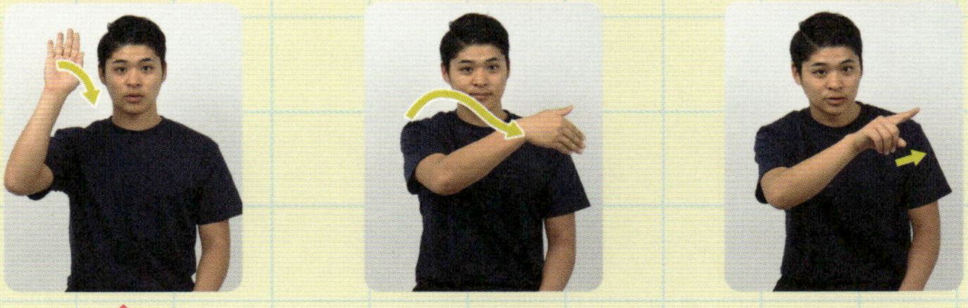

未来を表す単語

モンキー高野

むずかしいと思ったかな？　それともかんたんそうだと思ったかな？
実は、ろうの子どもたちにとっても手話を覚えるのはかんたんなことじゃないんだ。

はるとくん

え？　どうして？

モンキー高野

手話はろう学校で習うと思われがちなんだけど、実はろう学校で手話を学ぶ授業《じゅぎょう》はないんだ。
じゃあ、どうやって手話を覚えていくのか。
ろう学校の友だちや先ぱいたちとの会話、デフファミリー（家族全員がろう者）の子どもたちが会話しているのを見て、そこから学んでいるんだよ。
だから、その子によってどれくらい手話を覚えているのかは大きな差があるんだ。
ろう学校でも、手話をメインにコミュニケーションしている子もいれば、口話《こうわ》（口の動きや形から内容を理解し、伝えたいことを声に出して話す方法）が得意な子もいるし、指文字《ゆびもじ》だけで会話する子もいるよ。

ゆいちゃん

ということは、これから手話を覚えてみようと思っているわたしとスタートラインはそう変わらないのかな？

モンキー高野

そうだよ！
だから、きんちょうする必要なんてないし、いっしょに覚えていくような気持ちで会話してみよう！

2章《しょう》

あいさつや自《じ》己《こ》しょうかいをしよう

さあ、さっそく手話《しゅわ》を覚《おぼ》えていこう!
最初《さいしょ》は、基本的《きほんてき》なあいさつや自己《じこ》しょうかいのときに使《つか》う手話《しゅわ》を覚《おぼ》えていくよ。

- あいさつ
- 自己《じこ》しょうかい

あいさつ

やあ！

手をかざす

片手《かたて》のひらを顔の前あたりでかざす。

目上《めうえ》の人にあいさつするときは、むねの前あたりで手をかざしましょう

友達には元気いっぱい手を上げてもいいのですが、目上の人には失礼になるので、顔の前またはむねの前に手をかざすようにしましょう。

この手話は
「おはよう」「こんにちは」
「こんばんは」すべての意味《いみ》で
使うよ。英語《えいご》でいう
「Hello《ハロー》」のような
イメージ。

またね

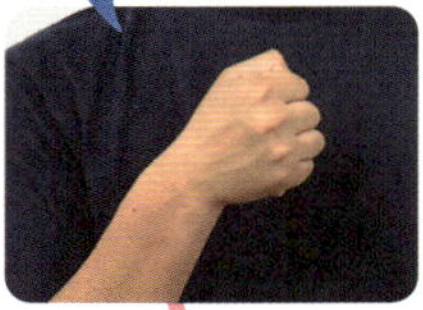

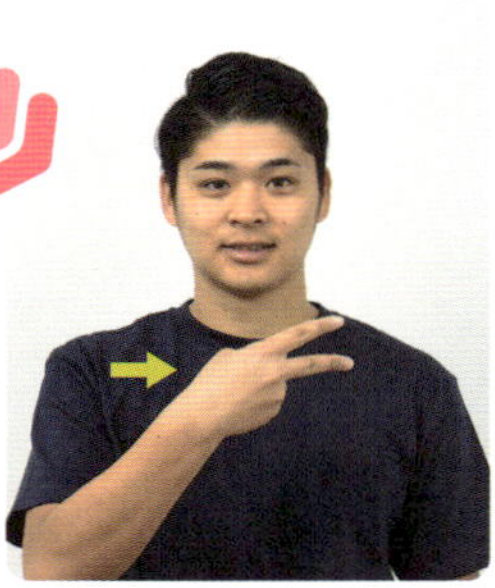

再《ふたた》び

片手のこぶしを、人さし指と中指をのばしながら横《よこ》にたおす。

同 再度《さいど》、また

おやすみなさい

ねる

片手のひらをほおにあてるようにして、首を少しかしげる。

同 ねむる、すいみん

はじめまして

初めて

人さし指をのばした右手を左手のこうにのせる。右手を上げながら人さし指以外の4指をすぼめる。 同 最初

会う

両手《りょうて》の人さし指を立てて向かい合わせ、近づける。

よろしくお願《ねが》いします

よい

片手のこぶしを鼻の前に置き、少し前に出す。

お願い

片手のひらを立て、少し前に出しながら、体も少し前にたおす。

お会いできてうれしいです

会う

両手の人さし指を立てて向かい合わせ、近づける。

うれしい

両手の親指以外の4指をむねにあて、左右交ごに上下に動《うご》かす。 同 楽しい、喜《よろこ》ぶ、喜び

元気？

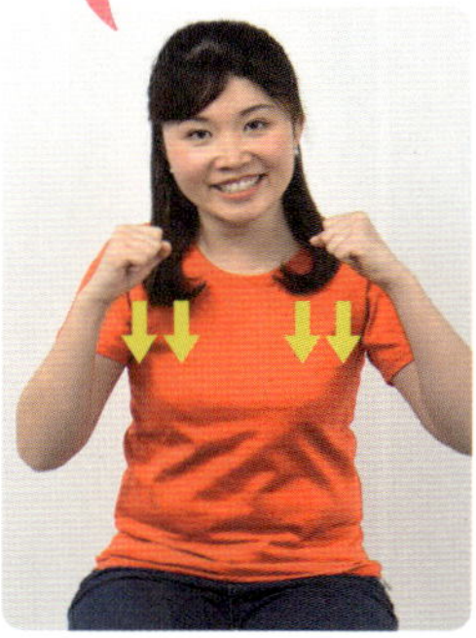

元気

両《りょう》ひじを張《は》り、むねの前で両手のこぶしを２回下げる。

同 がんばる、がんばって、生きる

まあまあかな

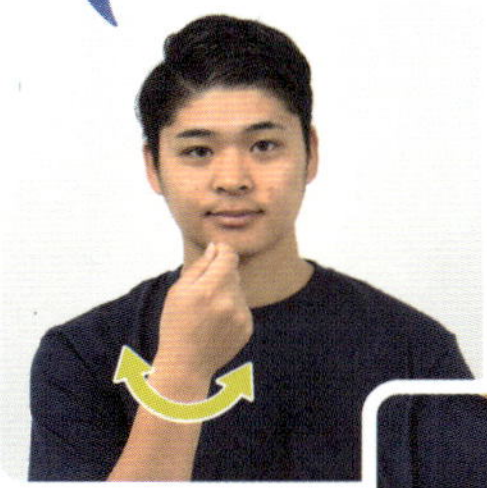

まあまあ

親指《おやゆび》と人さし指をつまむように付けて、手首を２回ひねる。

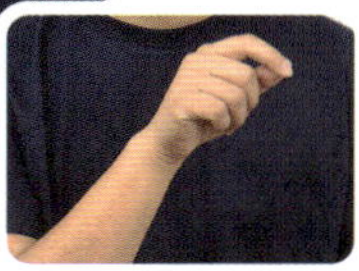

元気だよ！

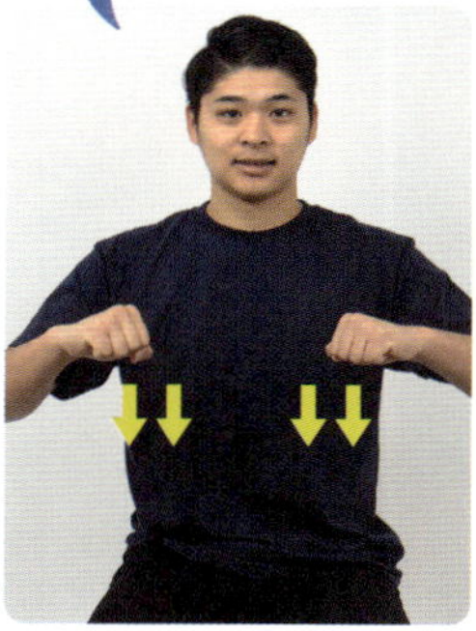

元気

両ひじを張り、むねの前で両手のこぶしを２回下げる。

同 がんばる、がんばって、生きる

具合がよくないんだ

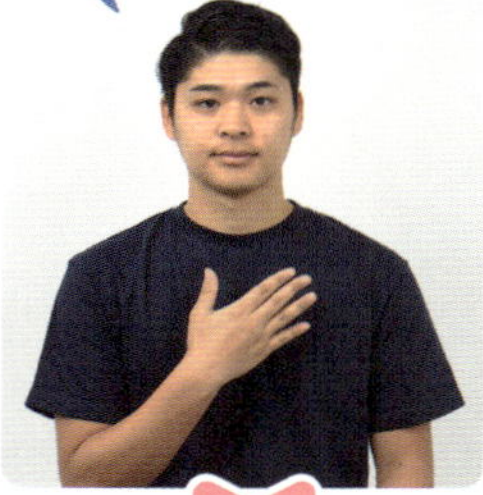

体

片手《かたて》のひらをむねにあてる。

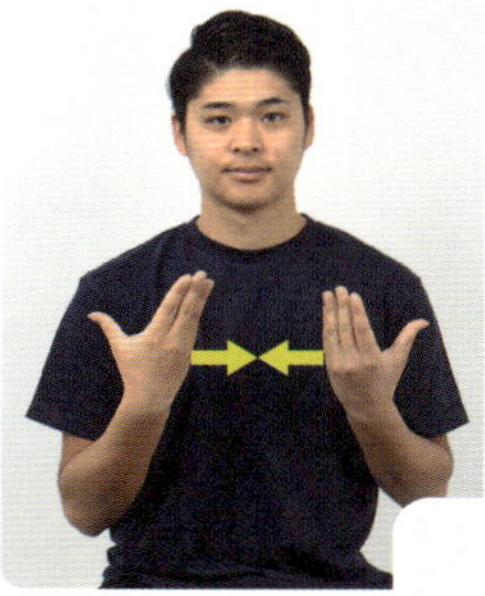

悪い

むねの前で両手のひらを体に向けてかまえる。手をすぼめながら、中央《ちゅうおう》でいきおいよく合わせる。

「元気」という手話は
１つだけれど、
表情《ひょうじょう》でちがいをつけるよ。
質問する人は相手に聞いている
表情をつけよう！

ありがとう

左手のこうに、垂直《すいちょく》に立てた右手を軽くあて、上げる。

同 感謝

どういたしまして

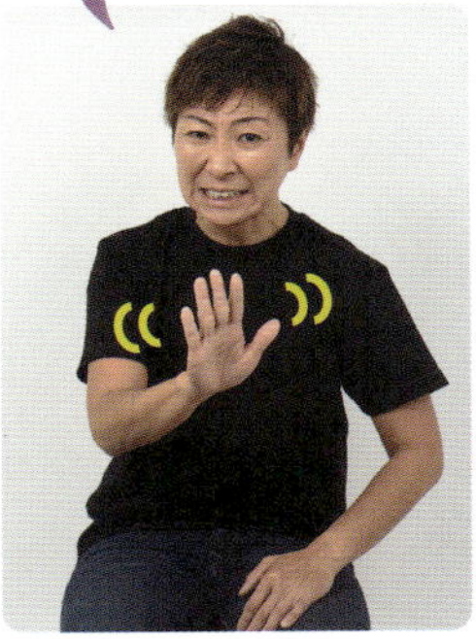

いいえ

片手のひらを相手に向け、むねの前でひらひらとふる。「いえいえ」という表情で。

「いいえ」はそのときどきで表現が変わる

外国語と同じように「いいえ」のような単純《たんじゅん》な言葉ほど、そのときどきでいろいろな意味になります。「(いいえ) ちがいます」なのか、「(いいえ) いりません」なのか、場面によって判断しましょう。

「ありがとう」の手話はおすもうさんの手刀《てがたな》(賞金《しょうきん》をもらうときのしぐさ)が由来《ゆらい》になっているという説《せつ》があるよ。

気にしないで

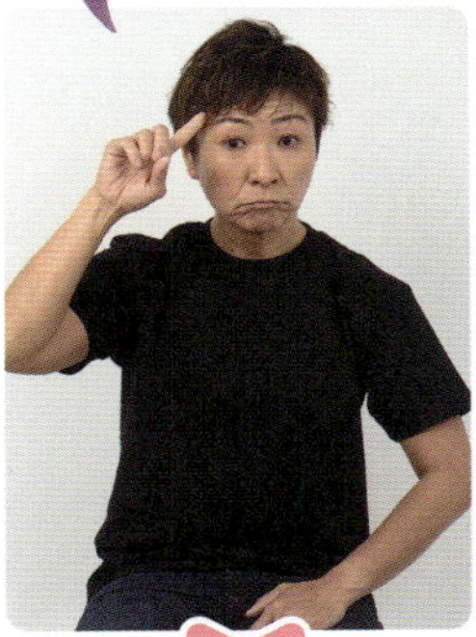

思う

片手の人さし指をこめかみにあてる。

同 頭、意識《いしき》、感じる

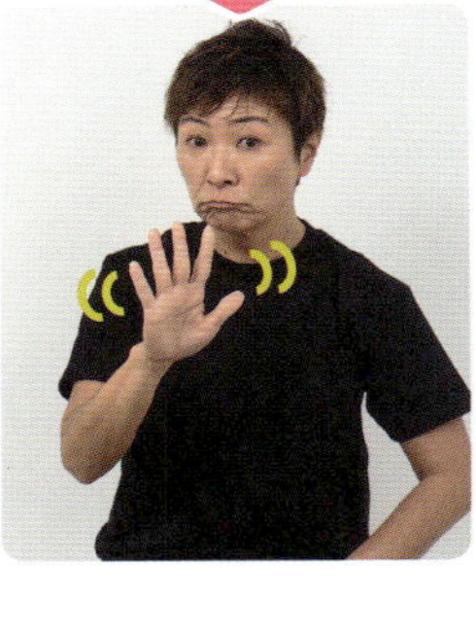

いいえ

片手のひらを相手に向け、むねの前でひらひらとふる。

ごめんなさい

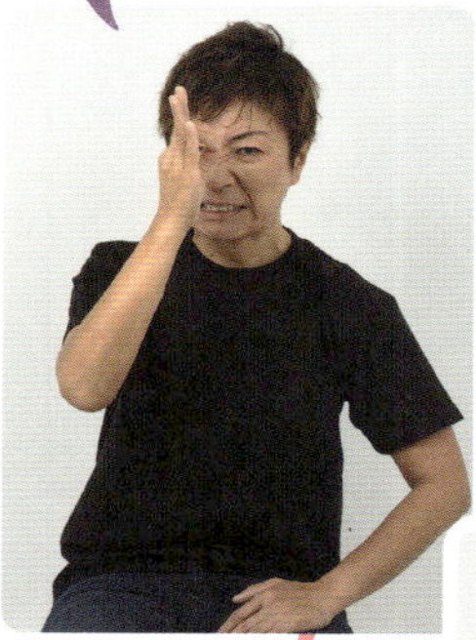

片手《かたて》の親指《おやゆび》と人さし指を合わせて眉間《みけん》にあて、手を開きながら前に出す。頭も少し下げる。

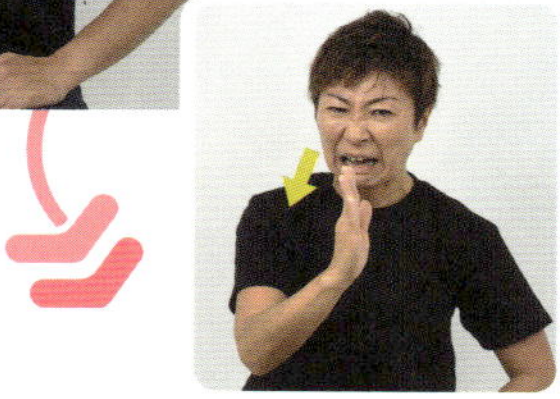

だいじょうぶ

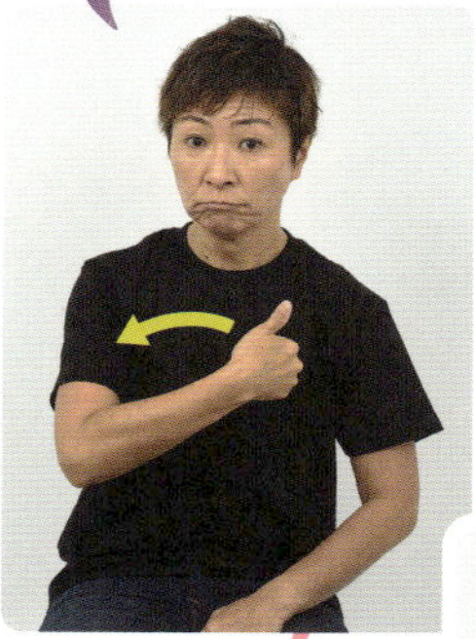

片手の親指以外の４指を曲げて左むねにあて、そのまま弧《こ》をえがきながら、右むねに移動《いどう》させる。同 できる、可《か》能《のう》

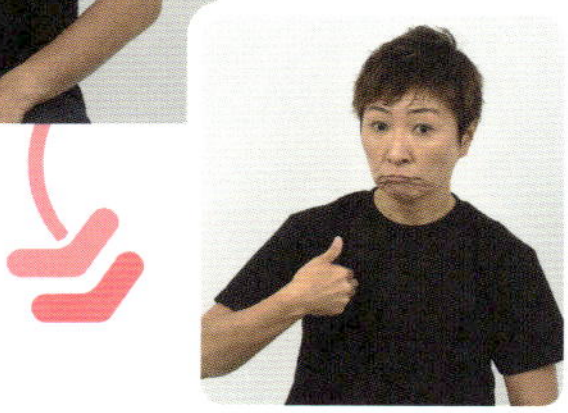

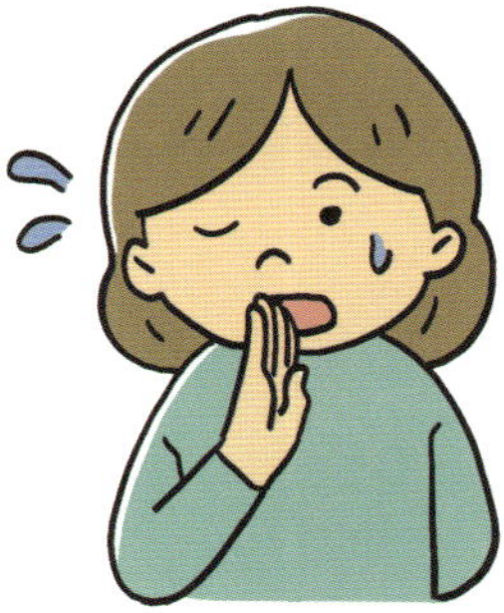

「だいじょうぶ／できる／可能」
という手話は、
よく使うから覚えておこう！

はい

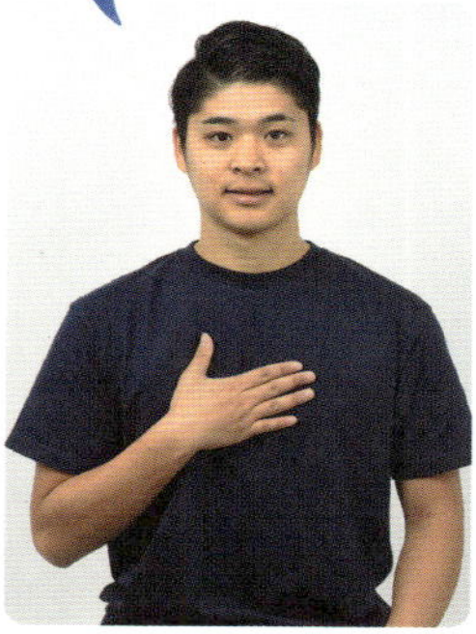

「はい」と言いながら、片手のひらをむねにあてる。

自己《じこ》しょうかい

あなたのお名前は？

あなた

上に向けた片手のひらを相手に向かって少し前に出す。

名前

広げた左手のひらに、右手の親指の腹《はら》をあてる（ほかの４指はにぎる）。

高橋です

わたし

のばした人さし指で自分を指す。

名前

広げた左手のひらに、右手の親指の腹をあてる（ほかの４指はにぎる）。

高い

親指以外の４指をそろえて曲げ、顔の横に置き、上げる。身長などが高いという意味のときに使う。

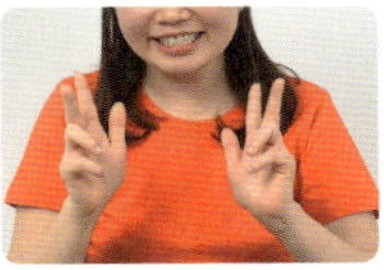

橋

両手の親指、人さし指、中指をのばして前に向け、自分側に向かって手首をひねる。

わたし

のばした人さし指で自分を指す。

自己《じこ》しょうかい

人名《じんめい》や地名、物の名前、会社名などを手話で表現《ひょうげん》するときは

①指文字《ゆびもじ》を使う
②漢字の手話を表《あらわ》す
③物の形や動きで表す
④名前の発音と同じ手話で表す
⑤特ちょうをとらえて表す

というパターンがあるよ。

たとえば「佐藤さん」は…

佐藤《さとう》

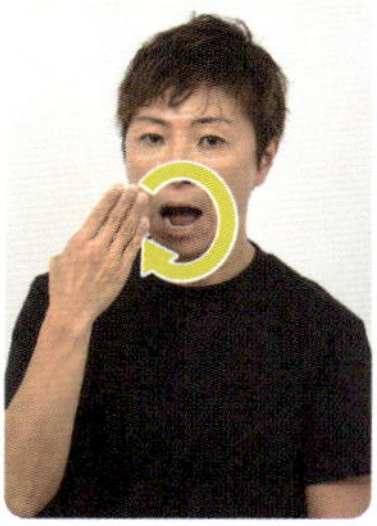

すべての指をそろえた片手《かたて》のひらを、口元で1周半回す。

同 甘い、デザート、砂糖

ここからは、①の「指文字《ゆびもじ》」を覚えていこう！五十音《ごじゅうおん》を１つずつ手話で表すんだ。ひらがなとカタカナのちがいはないよ。アルファベットもあるよ！

あ

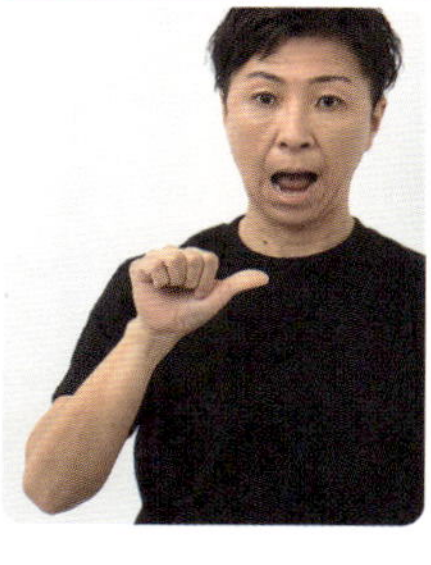

親指《おやゆび》を横にのばし、その他《た》4指はにぎる。

い

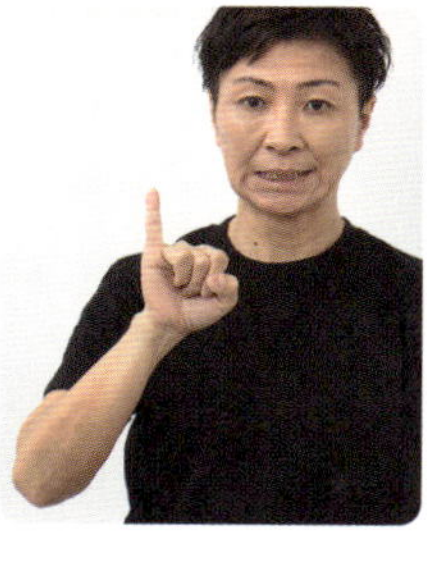

小指をのばして立て、その他4指はにぎる。

う

人さし指と中指だけをのばして立てる。

え

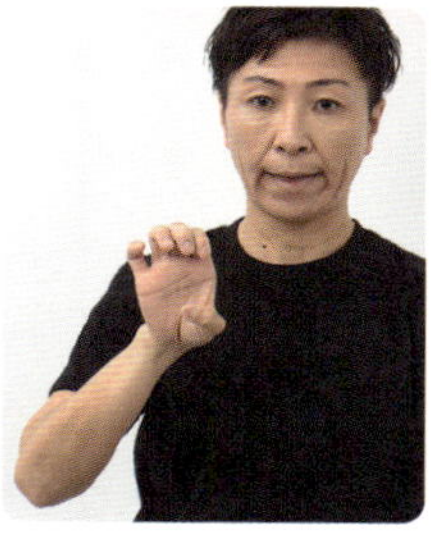

すべての指を軽く曲げ、前に向ける。

お

親指とその他4指の先を付けて輪を作る。

か

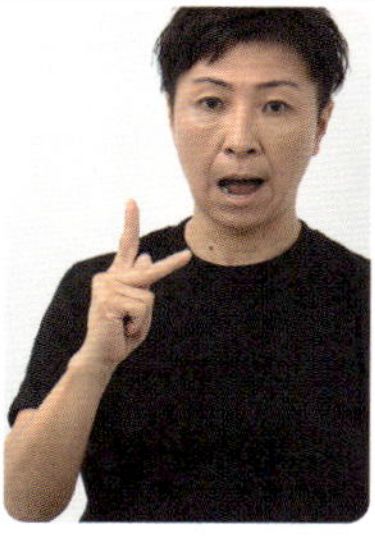

人さし指を立て、のばした中指の中ほどに親指をあてる。

き

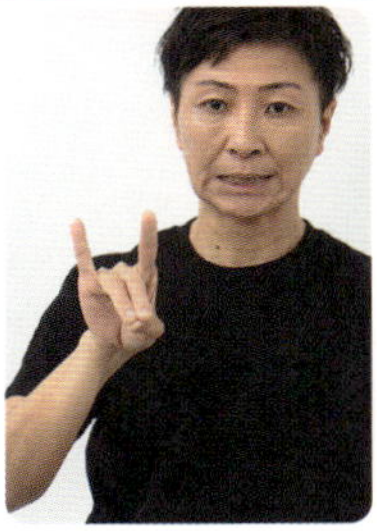

人さし指と小指を立て、その他3指は指先を付けて、前に向ける。

く

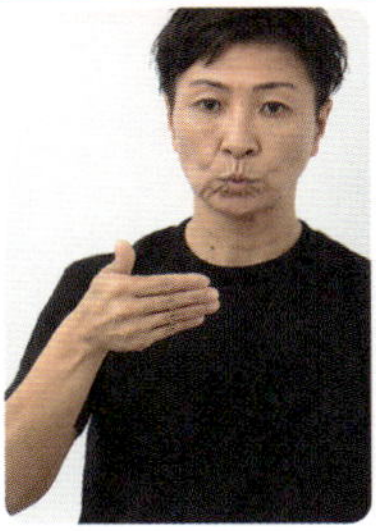

手のこうを前に向け、親指は立て、その他4指はそろえて横にのばす。

け

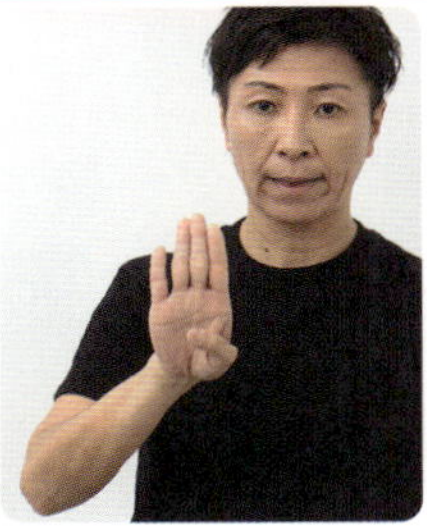

手のひらを前に向け、親指を曲げる。

こ

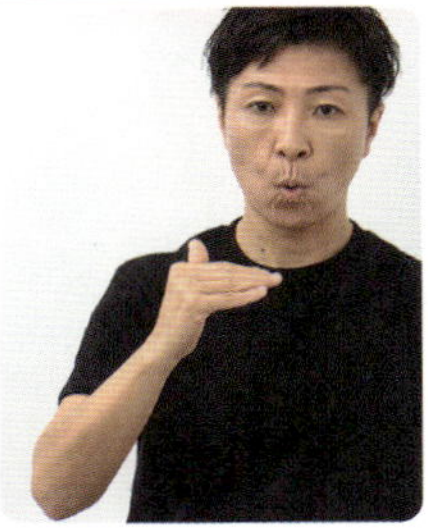

親指は立て、その他4指はそろえて横にのばす。

さ

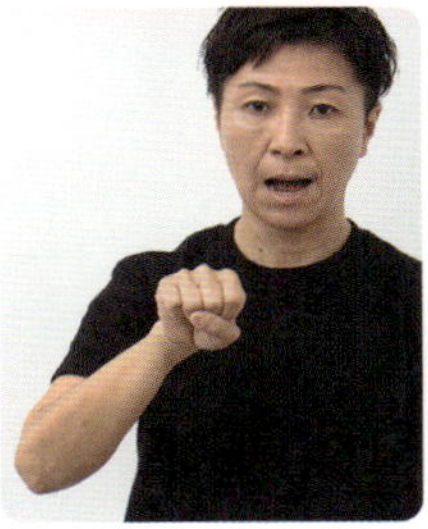

手を前に向け、にぎる。

し

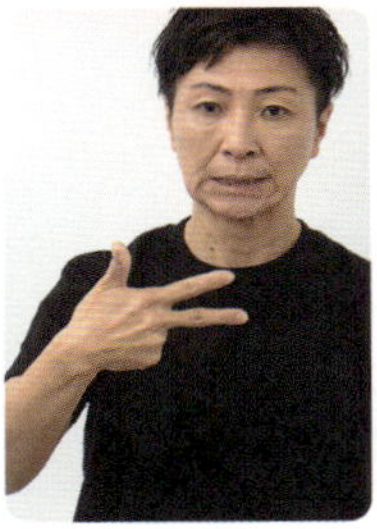

手のこうを前に向け、親指を上に、人さし指、中指を横にのばす。

す

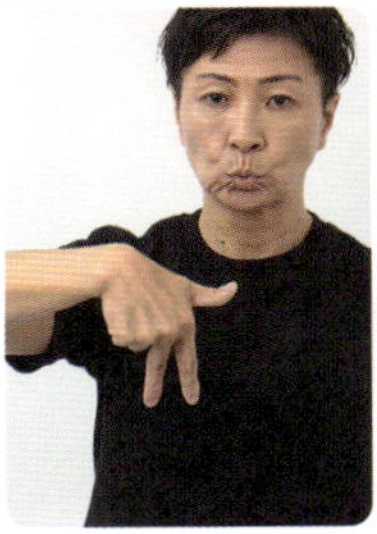

手のこうを前に向け、親指を横にのばし、人さし指と中指を下に向ける。

せ

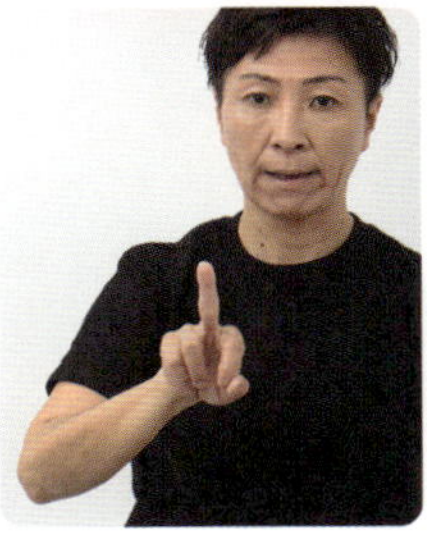

手のひらを前に向け、中指を立てる。

そ

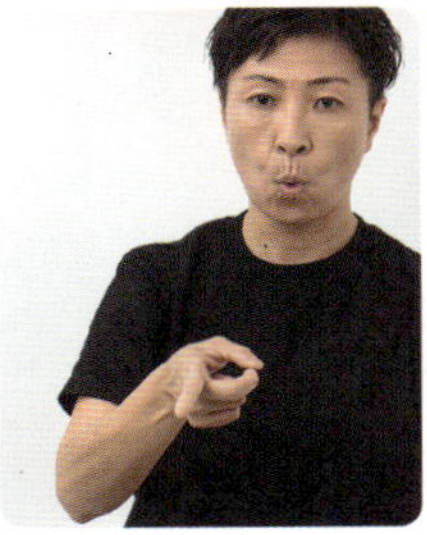

人さし指をのばして、前に向ける。

た

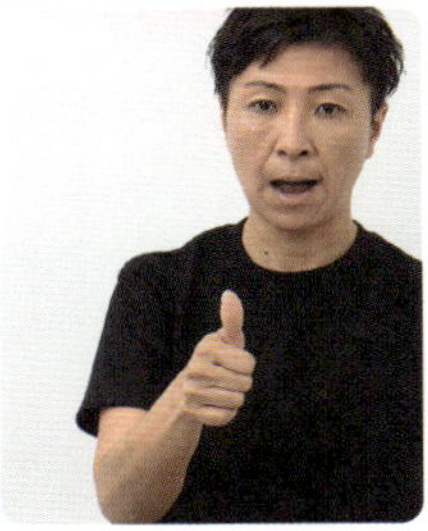

手をにぎって親指を立てる。

ち

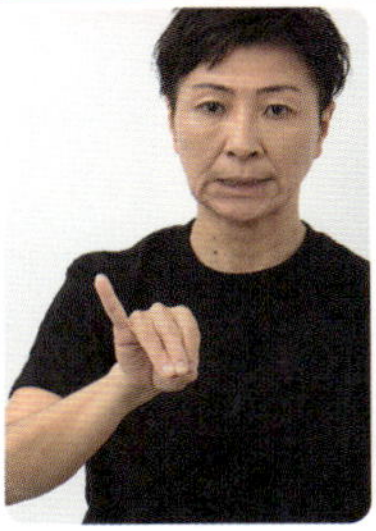

手のひらを前に向け、小指を立て、その他4指は指先を付ける。

つ

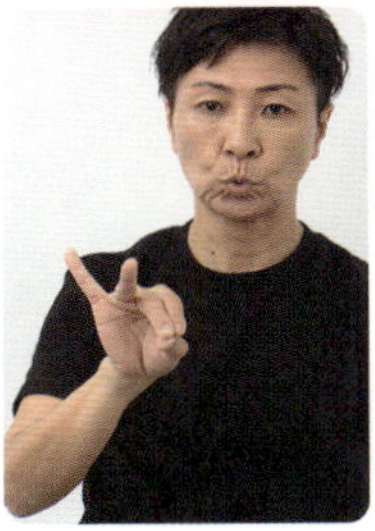

手のひらを前に向け、薬指《くすりゆび》と小指を立て、その他3指は指先を付ける。

自己《じこ》しょうかい

て

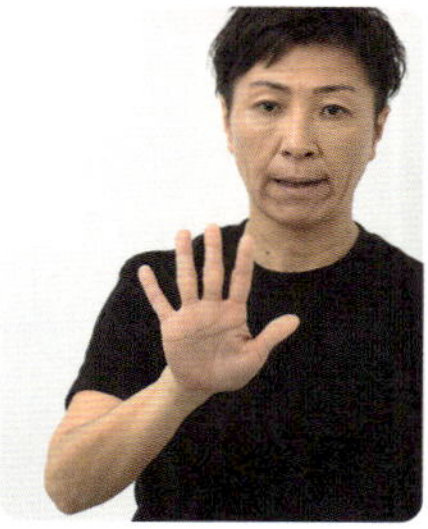

手を開いて、前に向ける。

と

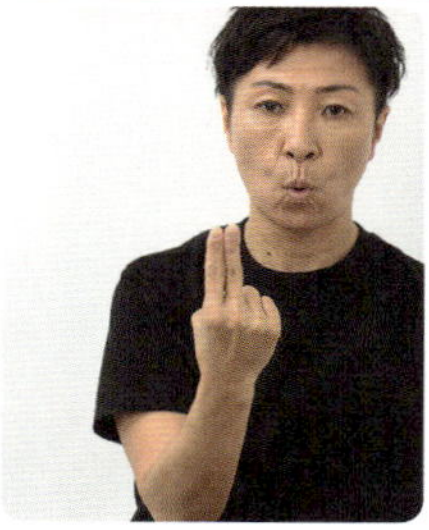

手のこうを前に向け、人さし指と中指を立てる。

な

人さし指と中指をのばして、下に向ける。

に

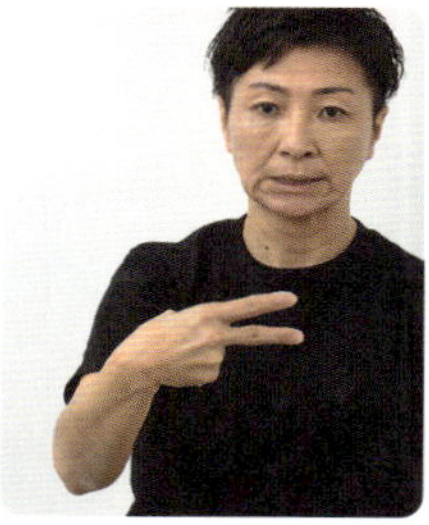

手のこうを前に向け、人さし指と中指を横にのばす。

ぬ

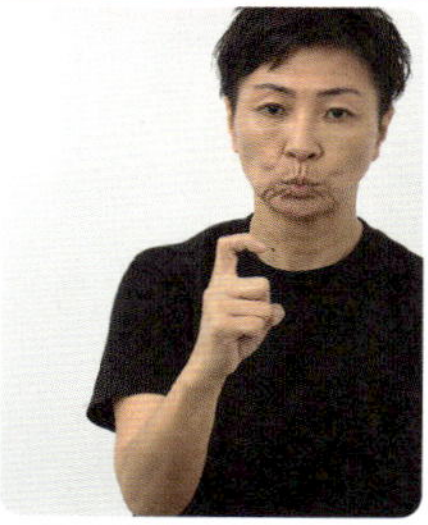

人さし指をカギ形《がた》に曲げて立てる。

ね

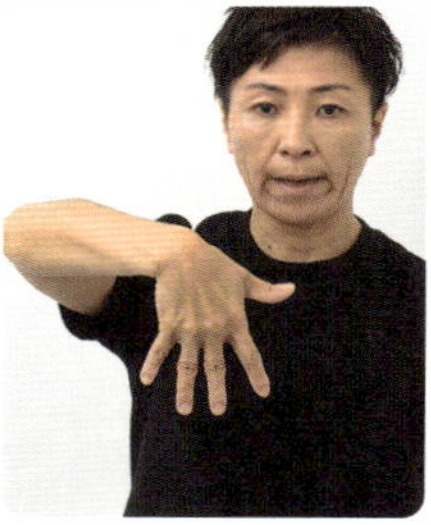

すべての指を下に向ける。指と指の間《あいだ》は開ける。

の

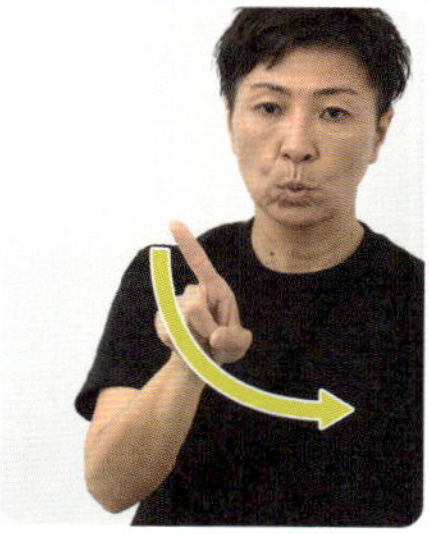

のばした人さし指で「ノ」の字を書くように下ろす。

は

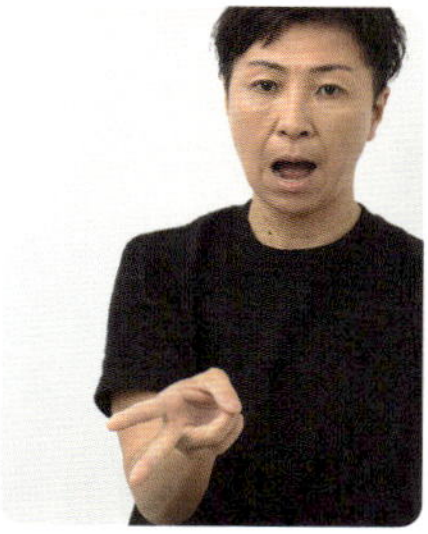

人さし指と中指をのばして、前に向ける。

ひ

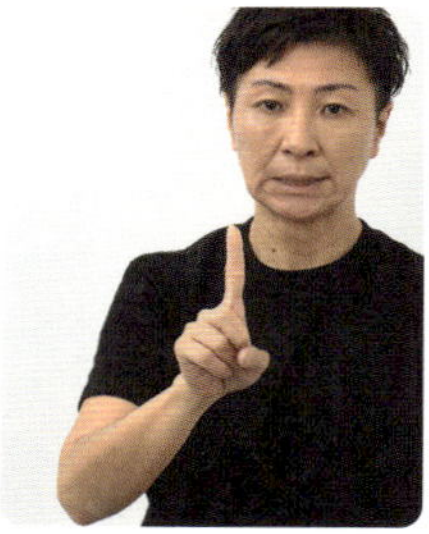

人さし指を立てる。

ふ

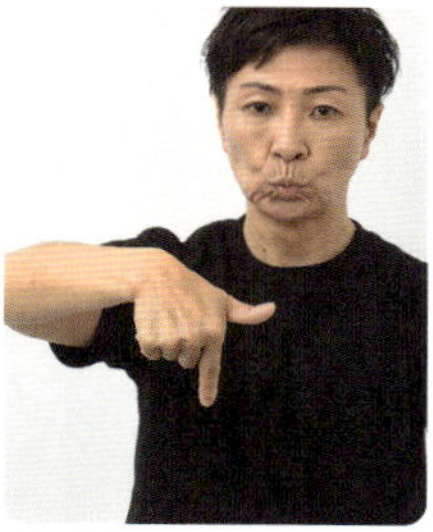

親指《おやゆび》を横にのばし、人さし指を下に向ける。

へ

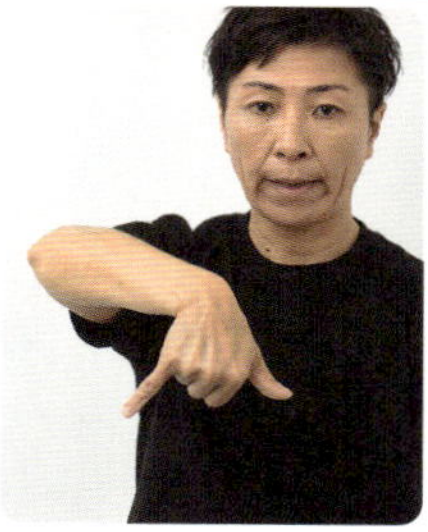

親指と小指をのばして、下に向ける。

ほ

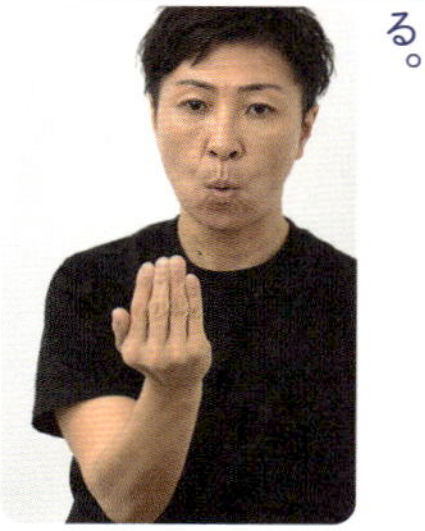

手のこうを前に向け、すべての指をそろえて少し曲げる。

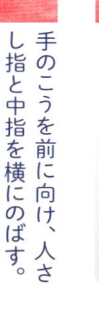

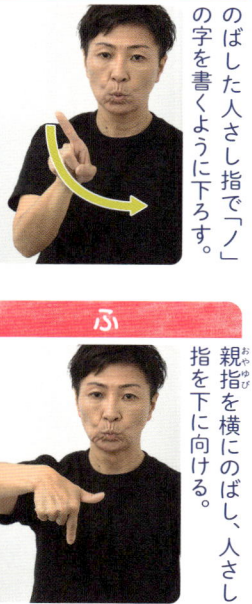

ま

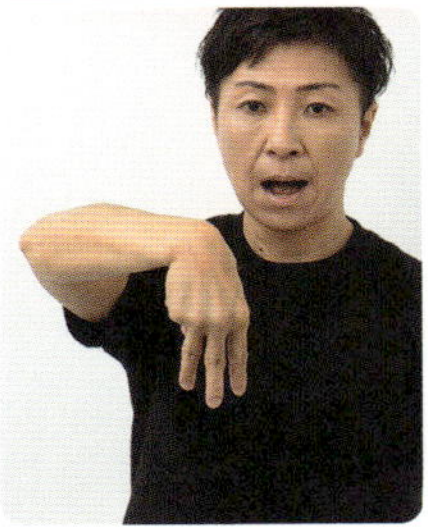

人さし指、中指、薬指《くすりゆび》をのばし、下に向ける。

み

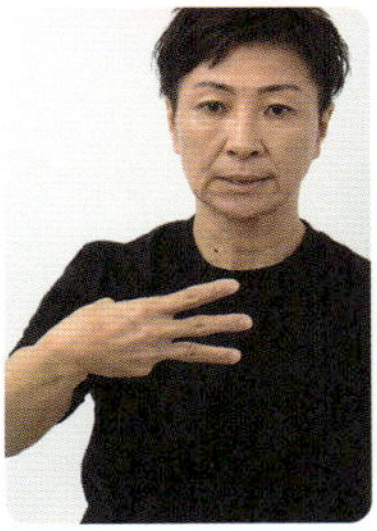

手のこうを前に向け、人さし指、中指、薬指を横にのばす。

む

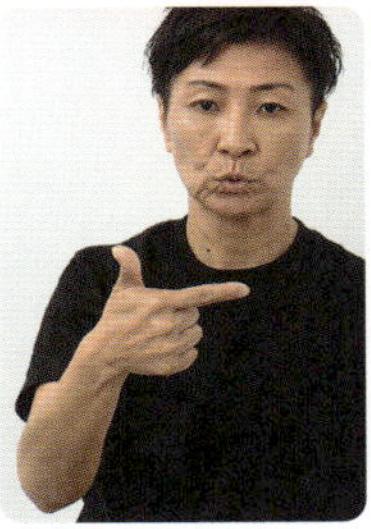

手のこうを前に向け、親指を立て、人さし指を横にのばす。

め

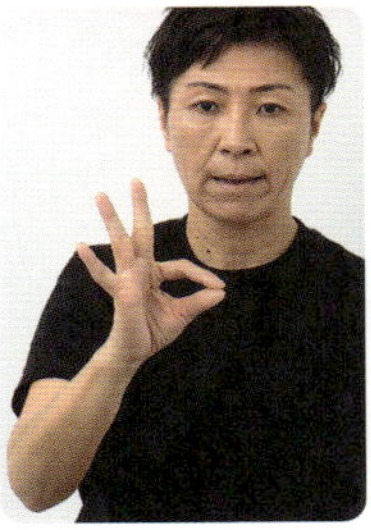

手のひらを前に向け、親指と人さし指の指先を付けて、その他3指は立てる。

も

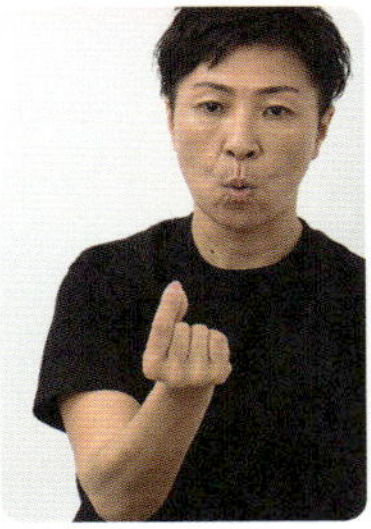

親指と人さし指をのばして上に向け、少し下げながら指先を付ける。

や

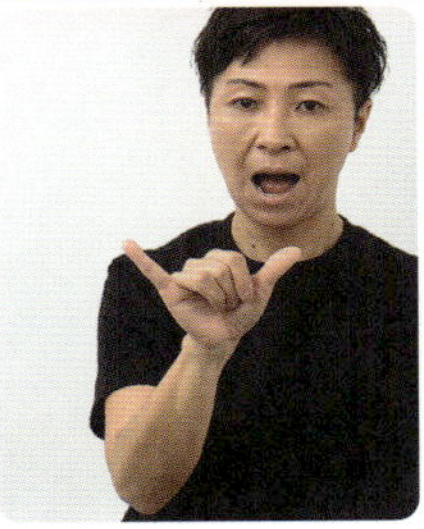

手のひらを前に向け、親指と小指を立てる。

ゆ

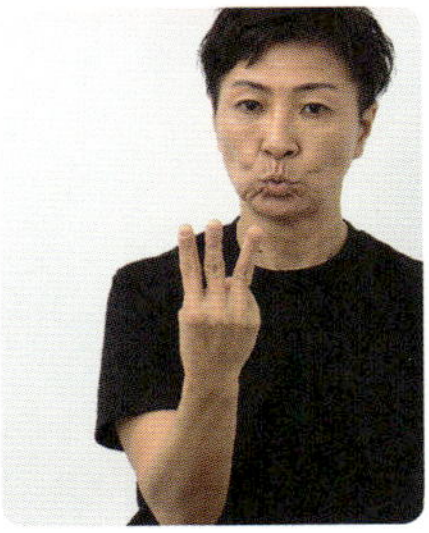

手のこうを前に向け、人さし指、中指、薬指を立てる。

よ

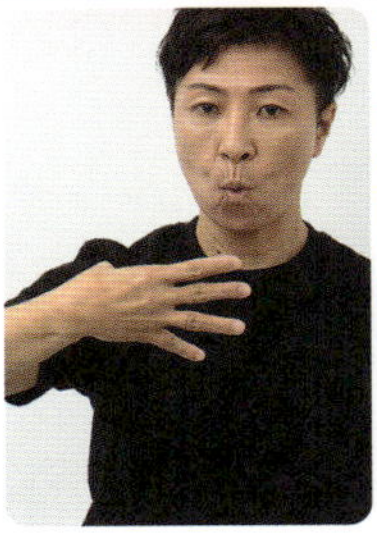

手のこうを前に向け、親指以外の4指を横にのばす。指と指の間は開ける。

ら

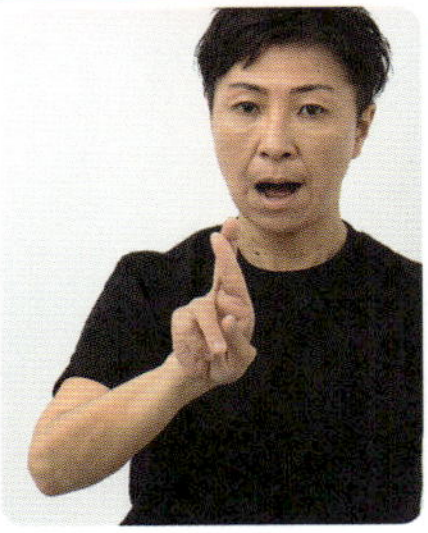

人さし指と中指を立て、交《こう》差《さ》させる。

り

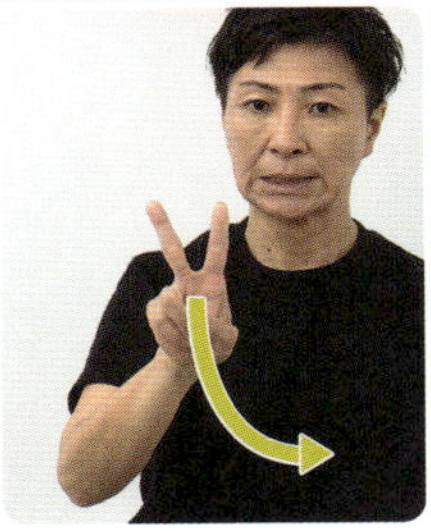

人さし指と中指で「り」を書くように下ろす。

る

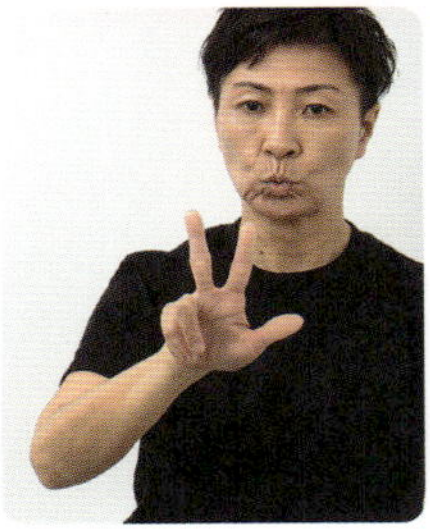

親指、人さし指、中指を立てる。

れ

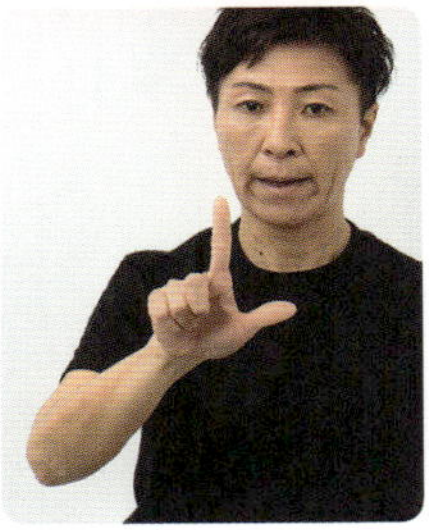

親指と人さし指を立てる。

ろ

人さし指と中指をカギ形《がた》に曲げて立てる。

わ

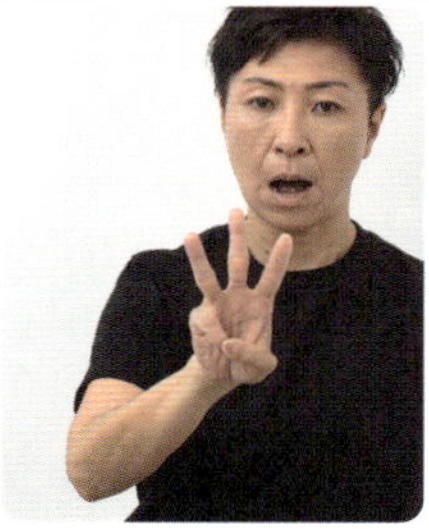

人さし指、中指、薬指《くすりゆび》を立てる。

を

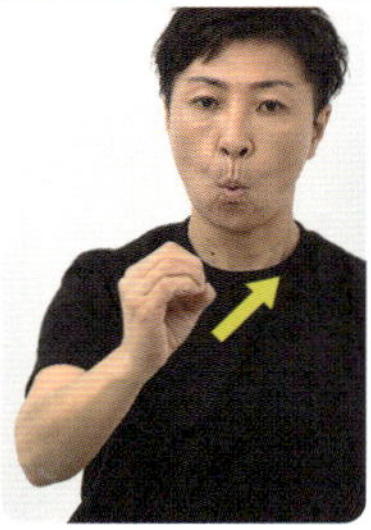

親指《おやゆび》とその他4指の指先を付けてつつ形を作り、少し引き寄《よ》せる。

ん

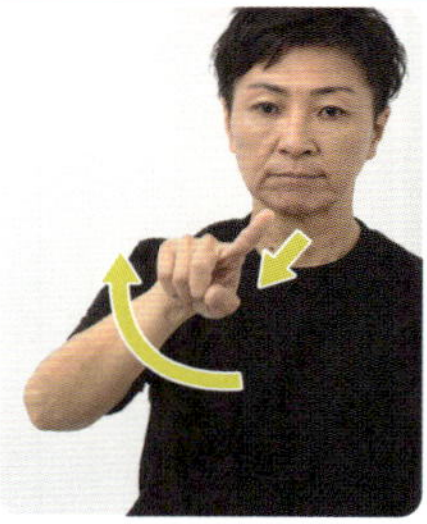

人さし指で「ソ」を空書《そらがき》する。

濁音《だくおん》（が）

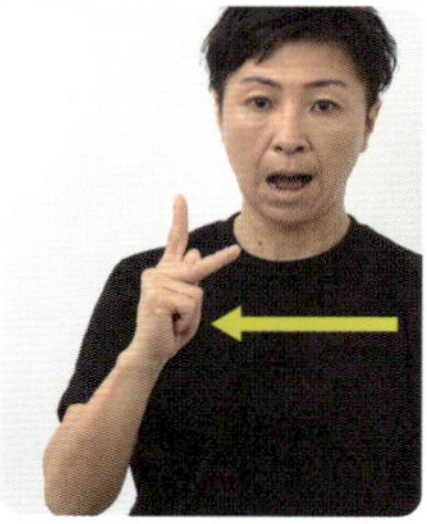

指文字《ゆびもじ》「か」の形を作り、そのまま横に引く。

半濁音《はんだくおん》（ぱ）

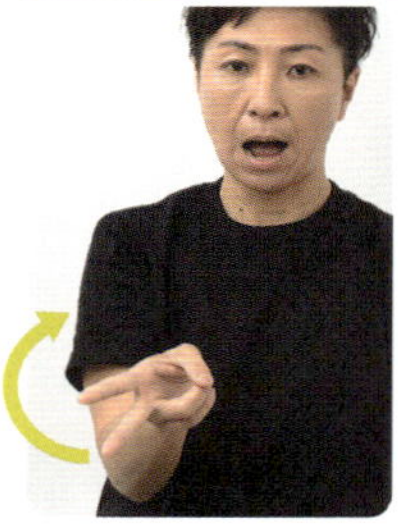

指文字「は」の形を作り、手首をじくにしてはね上げる。

促音《そくおん》（っ）

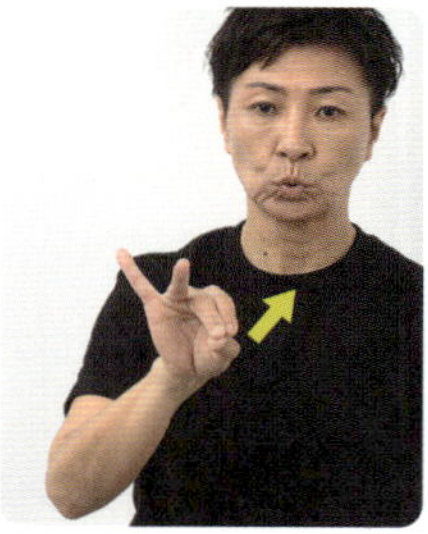

指文字「つ」の形を作り、そのまま手前に引く。

拗音《ようおん》（ゃ）

指文字「や」の形を作り、そのまま手前に引く。

長音（ー）

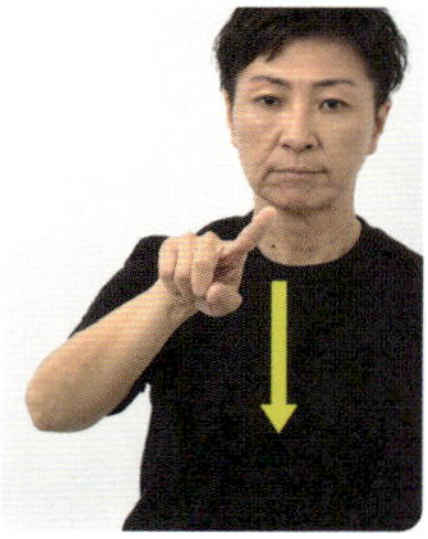

人さし指をのばし、まっすぐ下げる。

A

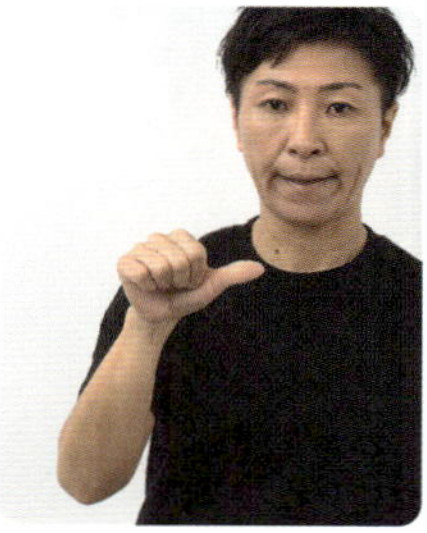

親指を横にのばし、その他4指はにぎる。

B

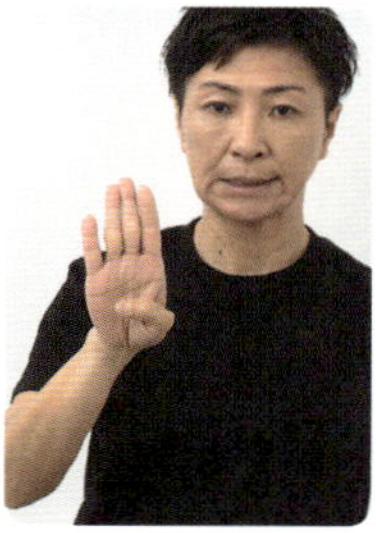

手のひらを前に向け、親指は曲げ、その他4指はそろえて立てる。

C

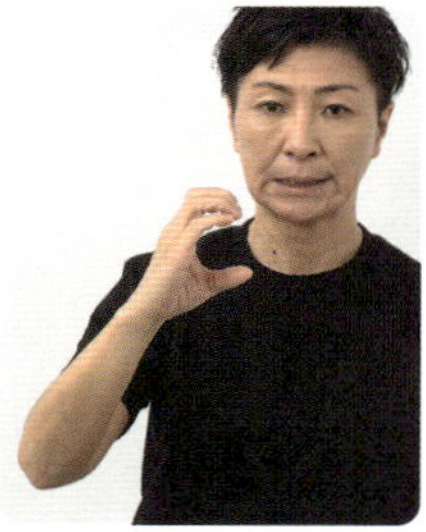

すべての指を軽く曲げ、「C」の形を作る。

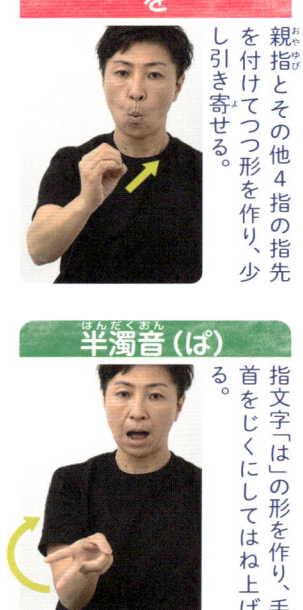

D

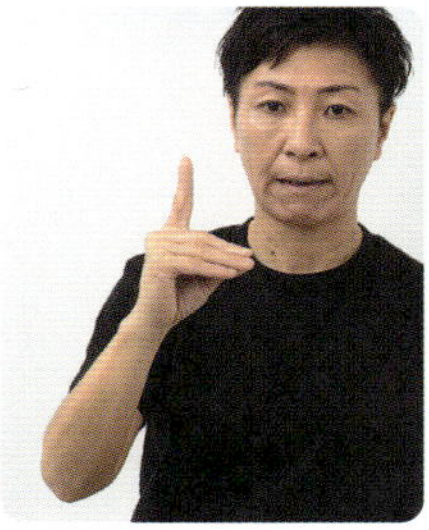

人さし指を立て、その他4指は指先を付ける。

E

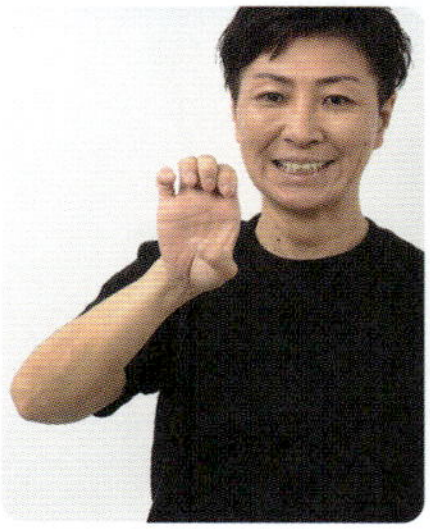

手のひらを前に向け、すべての指をカギ形にする。

F

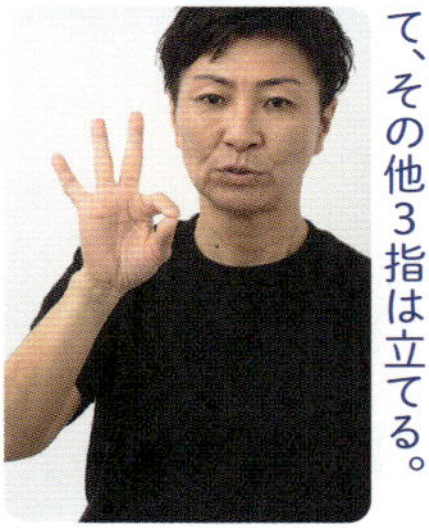

手のひらを前に向け、親指と人さし指の指先を付けて、その他3指は立てる。

G

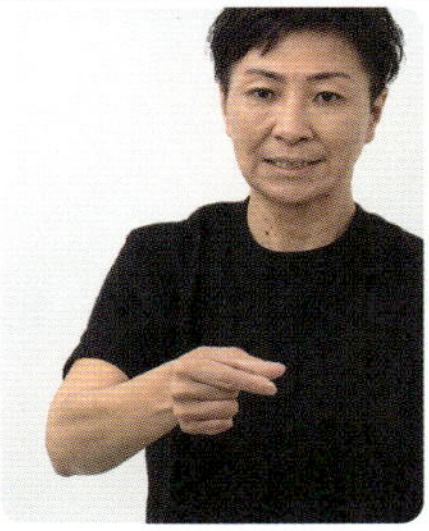

親指と人さし指を、指の間《あいだ》を開いて横にのばす。

H

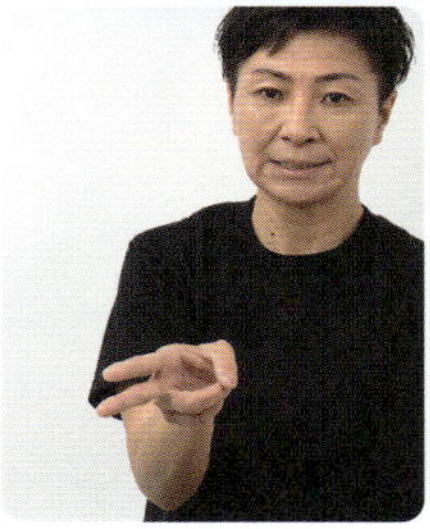

人さし指と中指を前にのばす。

I

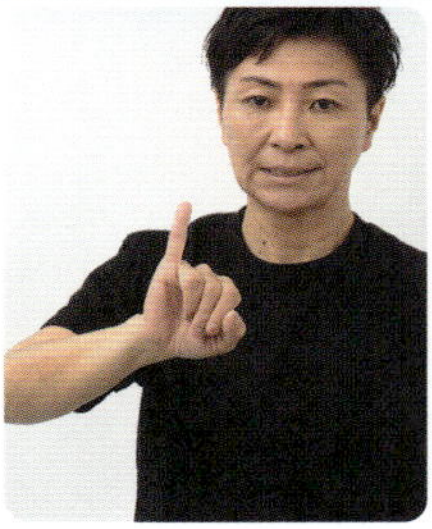

小指をのばして立て、その他4指はにぎる。

J

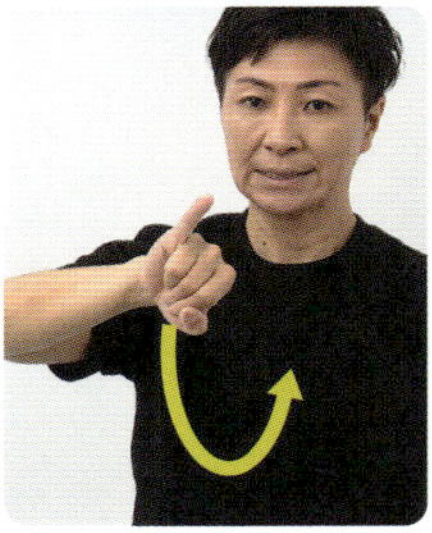

小指で「J」を空書する。

K

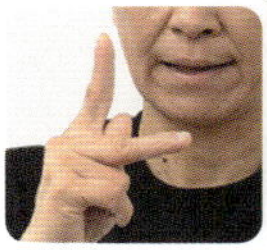

人さし指を立て、中指を横にのばし、その間に親指をそえる。

L

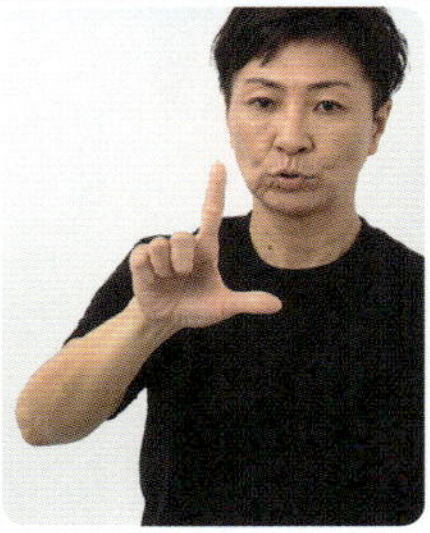

親指と人さし指をのばして「L」の形を作る。

M

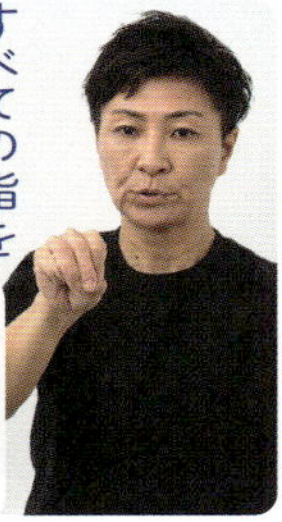
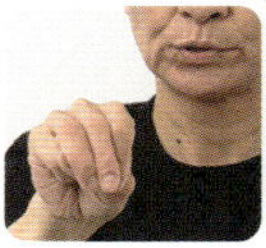

すべての指を曲げ、人さし指、中指、薬指を親指の上にのせる。

N

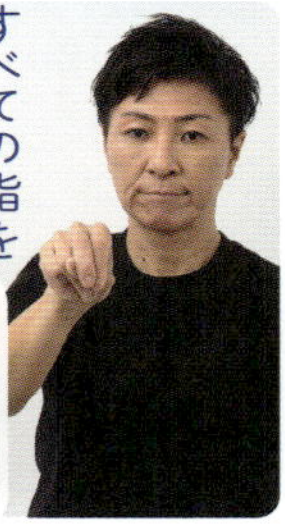
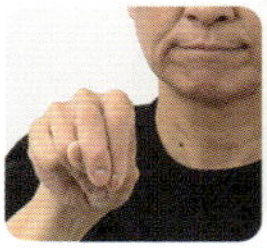

すべての指を曲げ、人さし指と中指を親指の上にのせる。

O

親指とその他4指の先を付けて輪を作る。

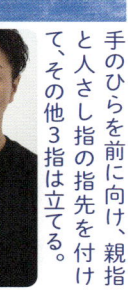

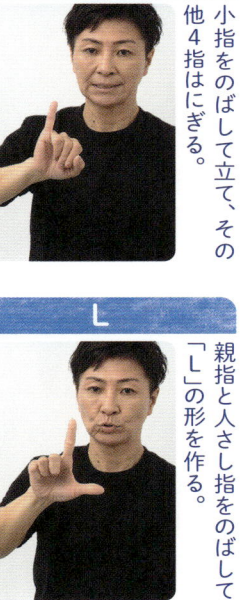

P

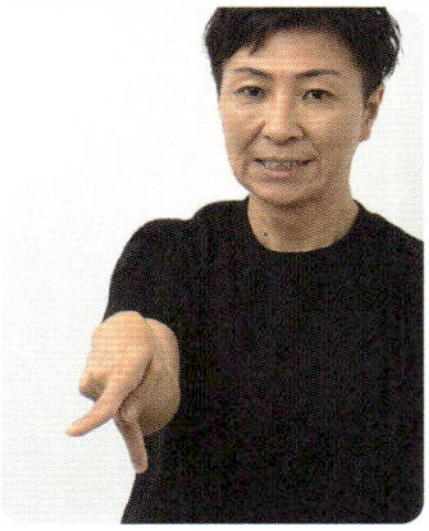

指文字《ゆびもじ》「K」の形を作り、指先を下に向ける。

Q

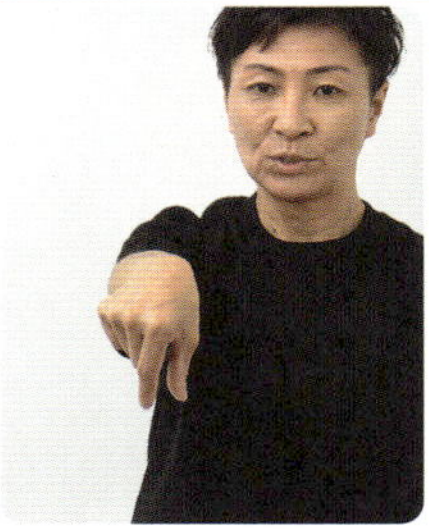

指文字「G」の形を作り、指先を下に向ける。

R

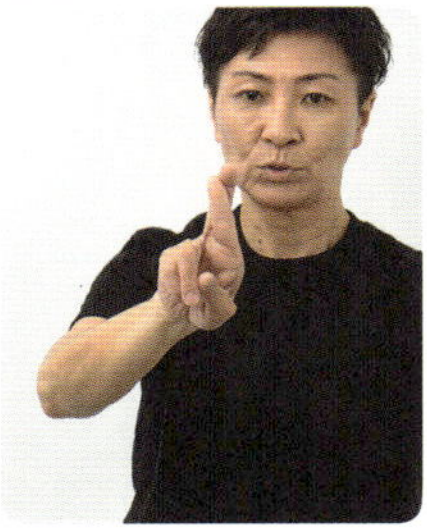

人さし指と中指を立て、交《こう》差《さ》させる。

S

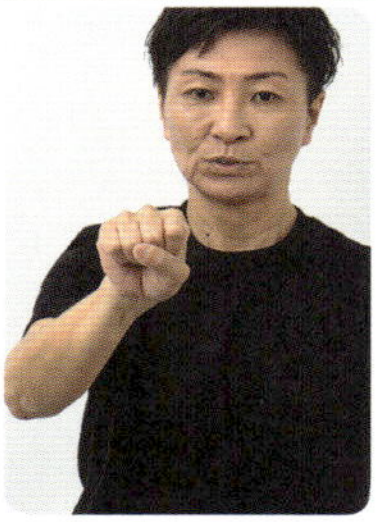

こぶしを前に向ける。親《おや》指《ゆび》はその他4指の前に出す。

T

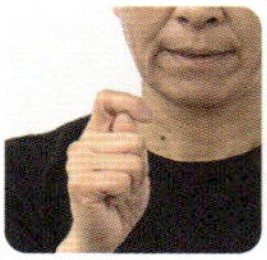

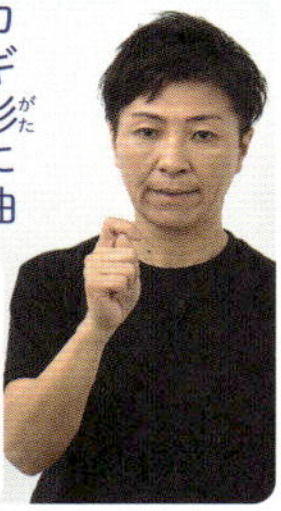

カギ形《がた》に曲げた人さし指を、立てた親指の上に置く。

U

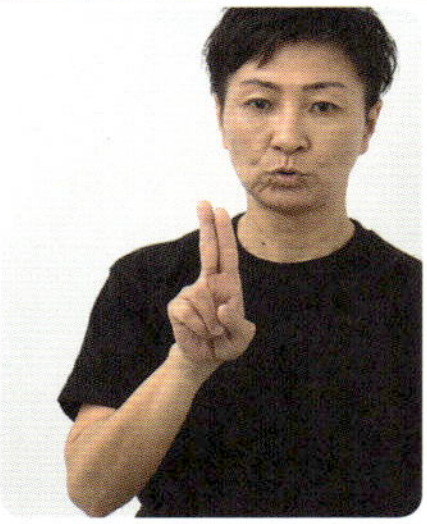

人さし指と中指をそろえてのばし、立てる。

V

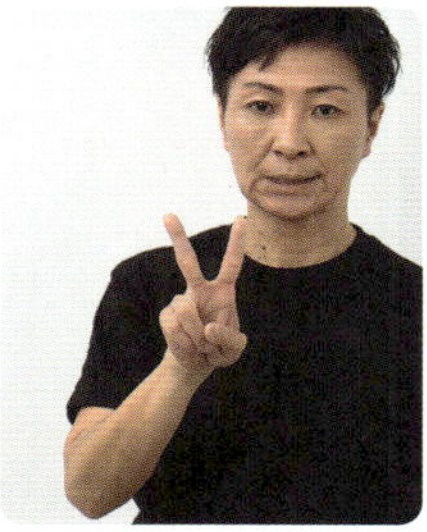

人さし指と中指を、指の間《あいだ》を開けて立てる。

W

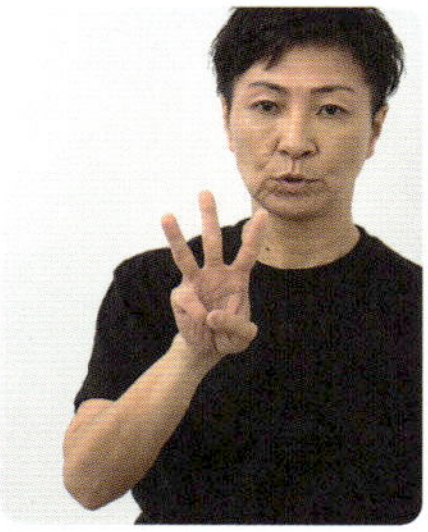

人さし指、中指、薬指《くすりゆび》を、指の間を開けて立てる。

X

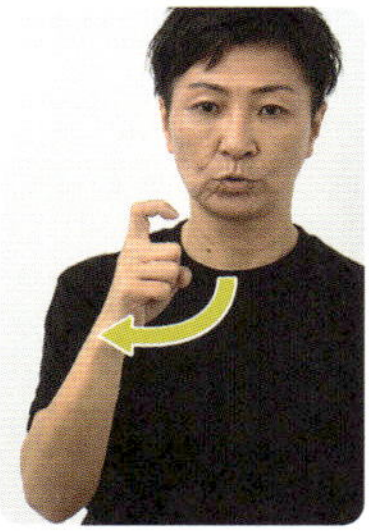

人さし指をカギ形に曲げて立て、手首をひねって前に向ける。

Y

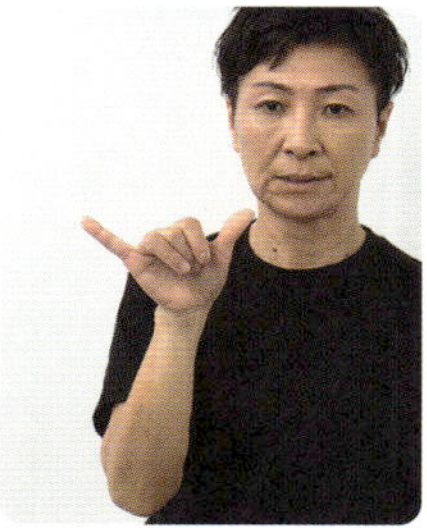

手のひらを前に向け、親指と小指を立てる。

Z

人さし指で「Z」を空書《そらがき》する。

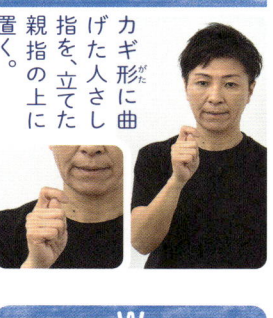

手話クイズ1

手話のクイズを出すよ。
何を表《あらわ》しているか当ててみよう！
▶答えは58ページにあるよ！

Q1

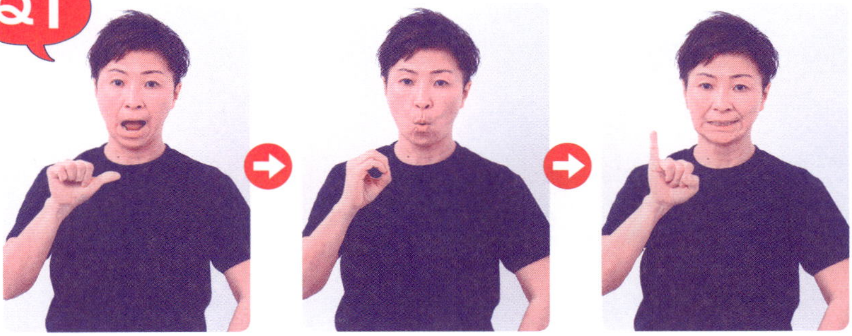

Q2

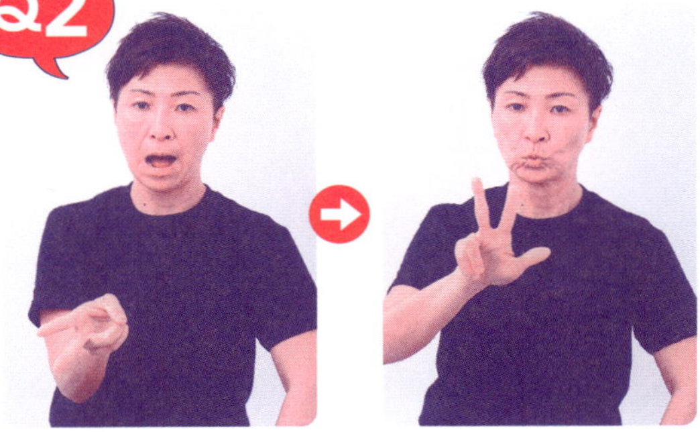

Q3

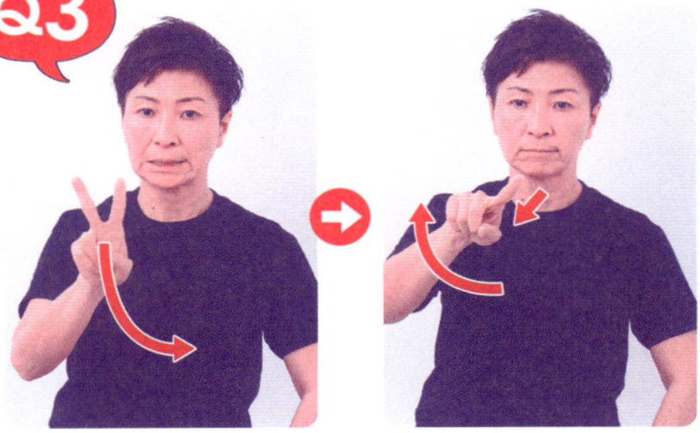

仲《なか》よくなったらサインネーム

手話にも「あだ名」のようなものがあるよ。「サインネーム」というんだ。名付け方はさまざまで、一般的《いっぱんてき》には本人の名前、特ちょう的な見た目・性格《せいかく》・くせ・しぐさ、印象《いんしょう》的なできごと、もしくは、その人が幼《おさな》いころからすきだったことを示《しめ》すものが多いよ。

ちなみに、モンキー高野はみんなからモンキー（手話でサル）のサインネームで呼ばれてるよ！

何年生？

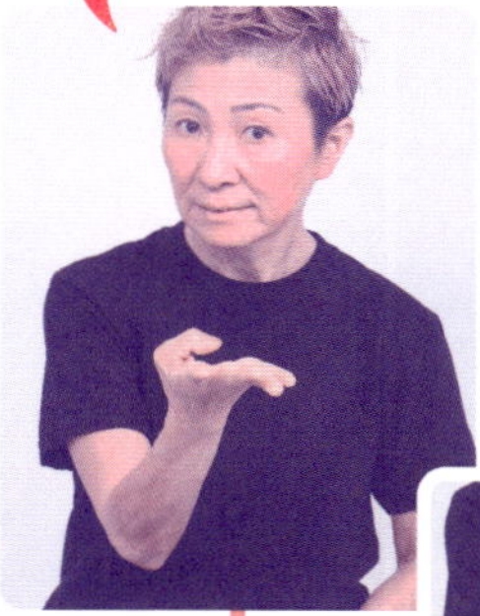

いくつ

上に向けた手のひらを親指《おやゆび》から順に折り曲げる。数を数えるしぐさを表す。

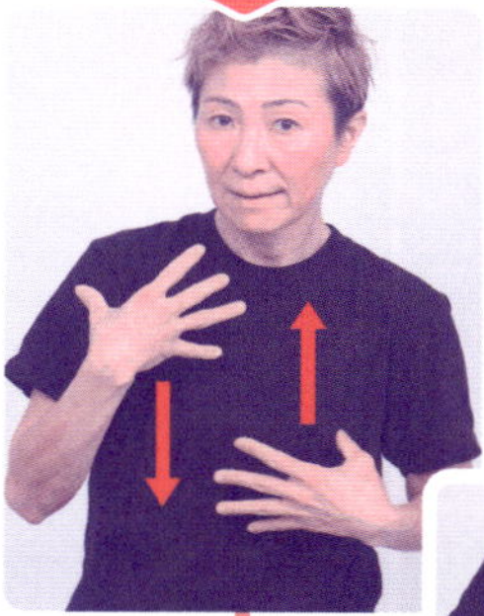

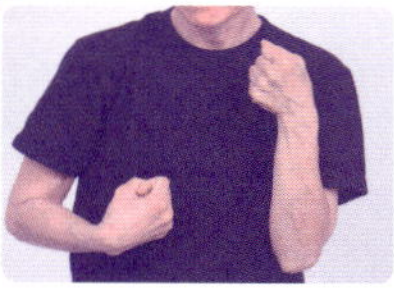

生徒《せいと》

両手《りょうて》のひらをむねの前で上下にあて、同時ににぎりながら上下の手を入れかえる。

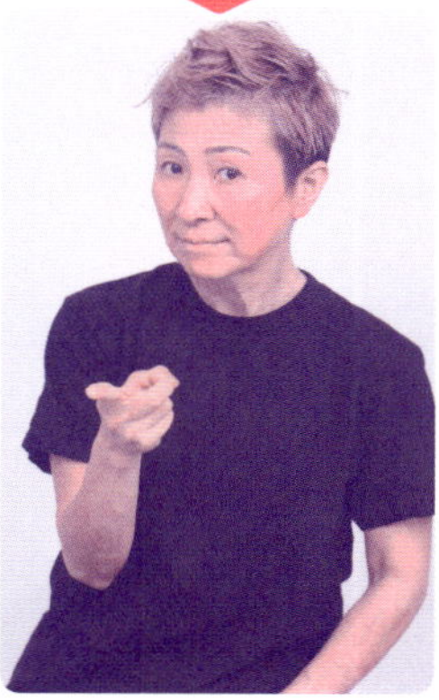

あなた

のばした人さし指で相手を指す。

小学5年生だよ

わたし

のばした人さし指で自分を指す。

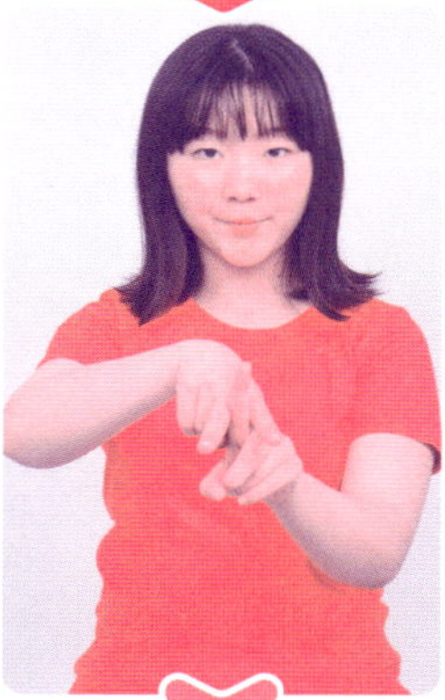

小

左手の人さし指を、右手の人さし指と中指で後ろからはさむ。

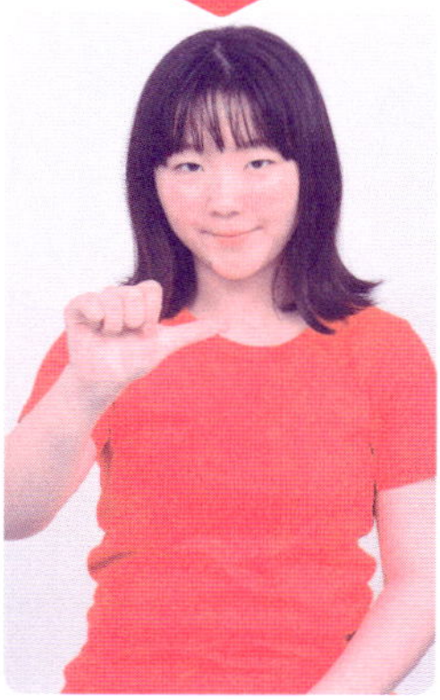

5

親指を横にのばす（P37 参照）。

何さい?

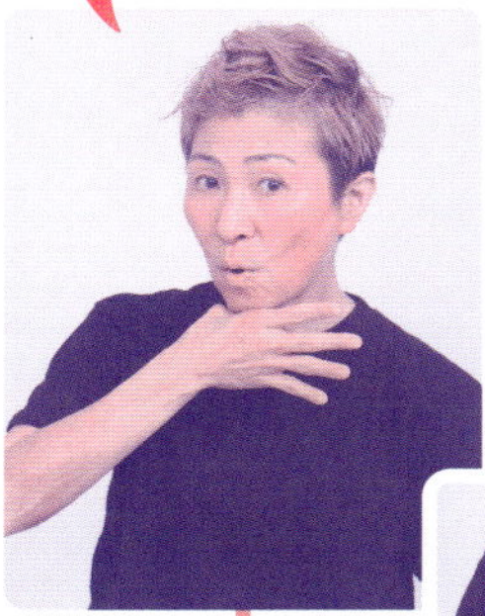

年れい

あごの下に片手を置き、親指から順に折り曲げてにぎる。

同 ～さい、年《とし》

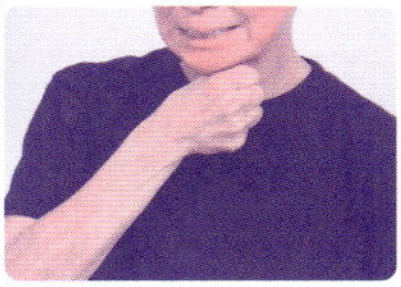

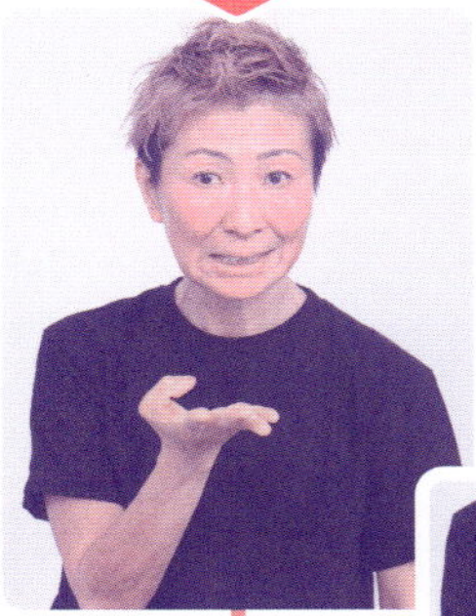

いくつ?

上に向けた手のひらを親指から順に折り曲げる。数を数えるしぐさを表す。

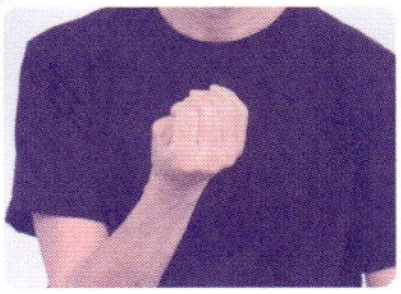

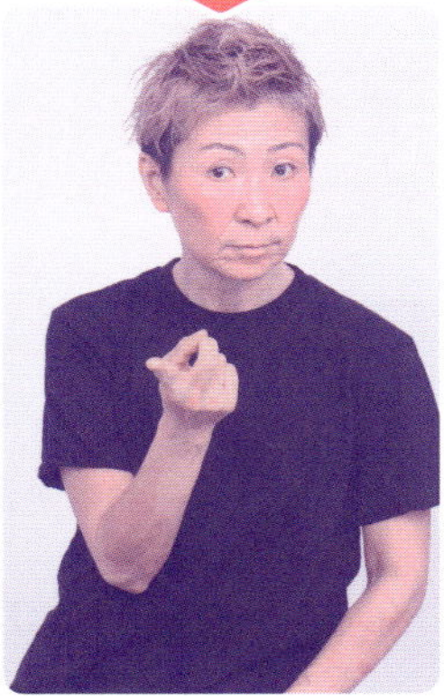

あなた

のばした人さし指で相手を指す。

8さいだよ

わたし

のばした人さし指で自分を指す。

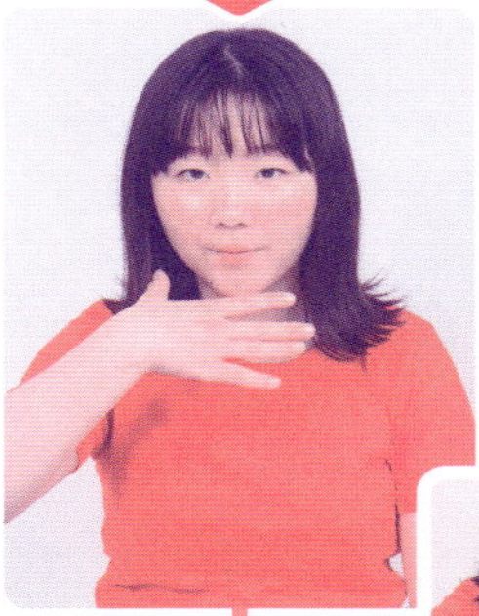

年れい

あごの下に片手を置き、親指から順に折り曲げてにぎる。

同 ～さい、年

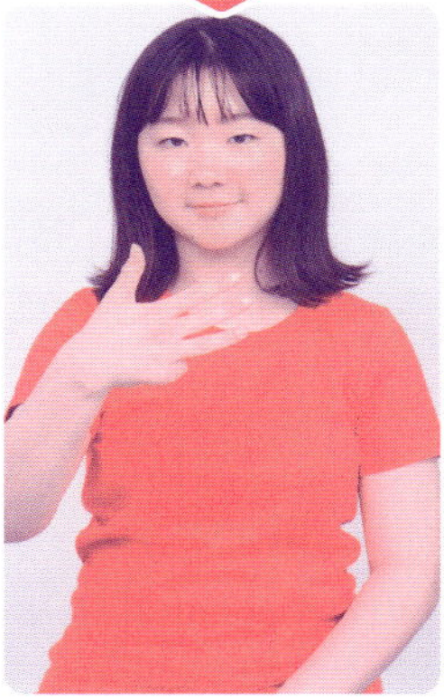

8

手のこうを前に向けて親指を立て、人さし指、中指、薬指《くすりゆび》を横にのばす。

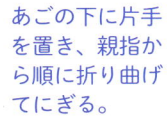

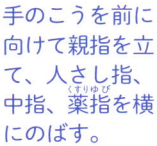

誕生《たんじょう》日《び》はいつ？

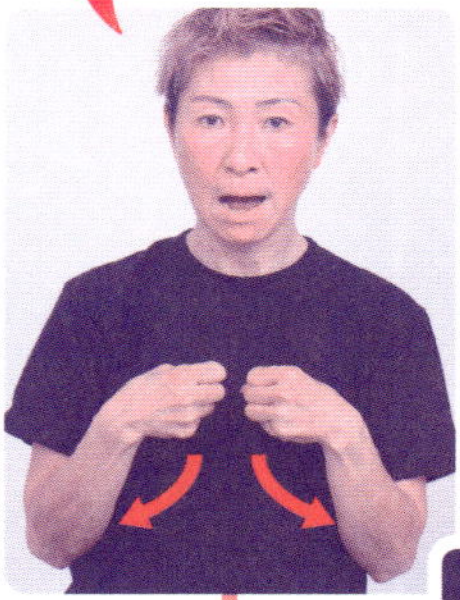

生まれる

両手《りょうて》をおなかにあて、手首をひねって前にはらう。おなかから出てくるイメージ。同 産む、出産《しゅっさん》、出身《しゅっしん》

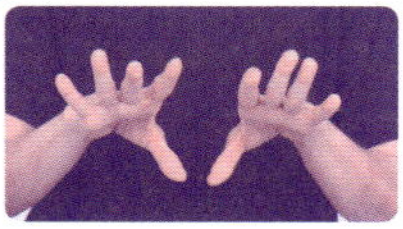

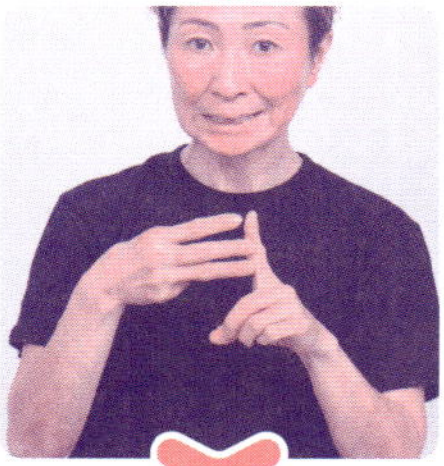

日

のばした左手の人さし指に、のばした右手の人さし指、中指、薬指をあてる。「日」の漢字を表す。

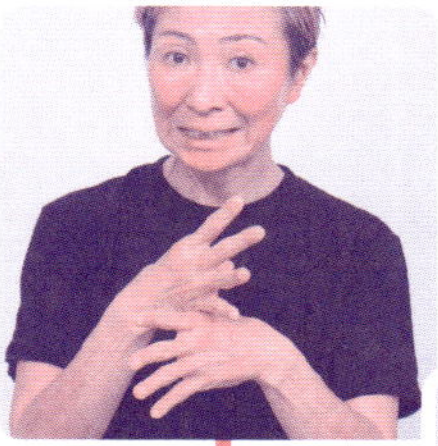

いつ？

指を開いて両手を上下にかまえ、小指から順に折り曲げる。

あなた

のばした人さし指で相手を指す。

10月23日だよ

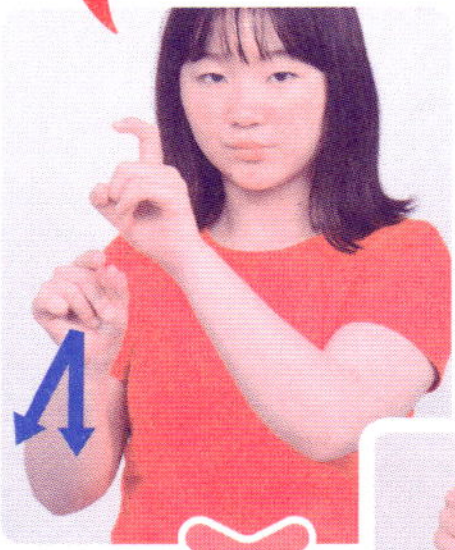

10月

左手の人さし指を軽く曲げ、その下で親指と人さし指を付けた右手を指先をはなしながら下げる。

20

左手はそのままで、右手の人さし指と中指を立ててから軽く曲げる。

3

右手の人さし指、中指、薬指をのばして立てる。

月名《つきめい》は数字（指文字）と「月」の手話で表すよ。

5月5日だよ

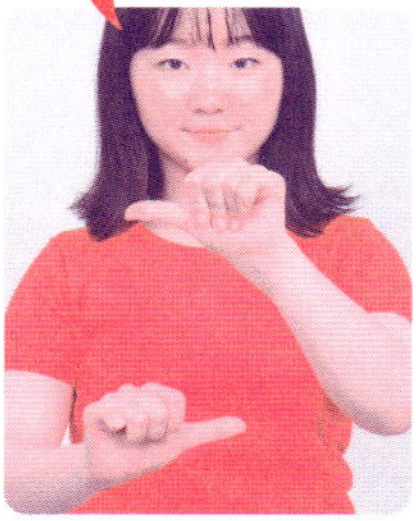

5月5日

両手の親指をのばして横にたおし、上下にかまえる。上の手が月を、下の手が日を表す。片手だけだと「5」の意味（P37参照）。同 こどもの日

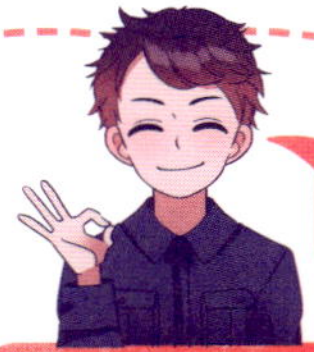

数字の「指文字」を覚えていこう！

1
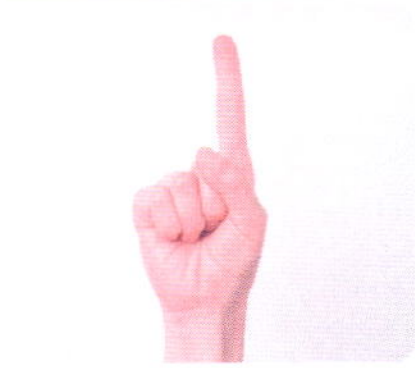

人さし指をのばして立てる。

2
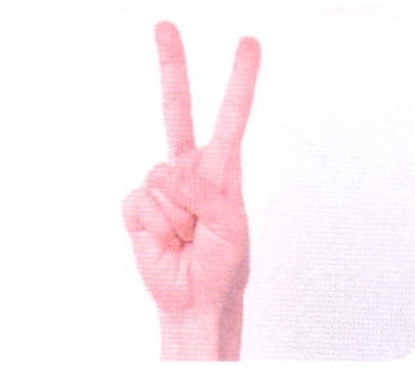

人さし指と中指をのばして立てる。

3

人さし指、中指、薬指をのばして立てる。

4
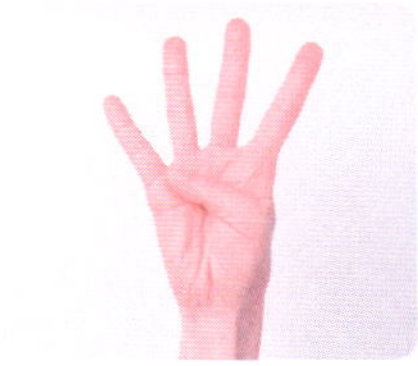

人さし指、中指、薬指、小指をのばして立てる。

5
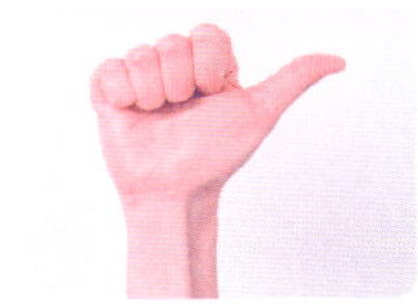

親指を横にのばす。

6

手のこうを前に向けて親指を立て、人さし指を横にのばす。

7
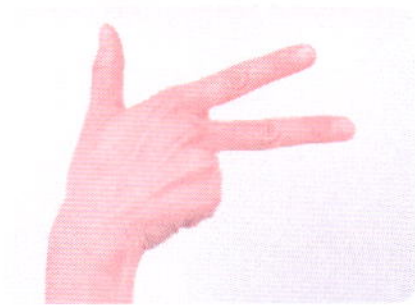

手のこうを前に向けて親指を立て、人さし指、中指を横にのばす。

8
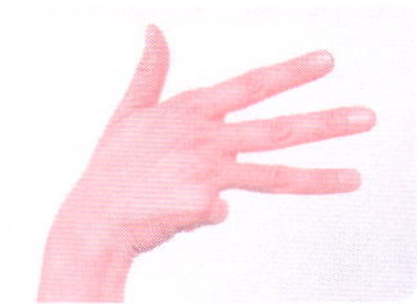

手のこうを前に向けて親指を立て、人さし指、中指、薬指を横にのばす。

9
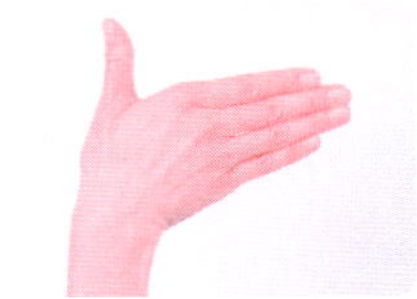

手のこうを前に向けて親指を立て、その他4指をそろえて横にのばす。

10

立てた人さし指を軽く曲げる。

11

立てた人さし指を軽く曲げる。

人さし指をのばして立てる。

20
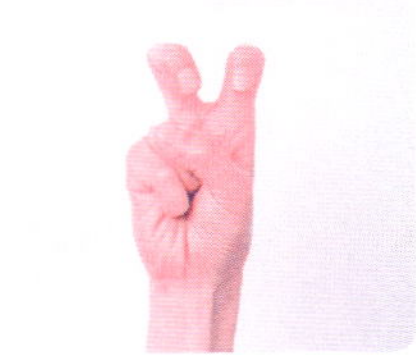

立てた人さし指と中指を軽く曲げる。

30
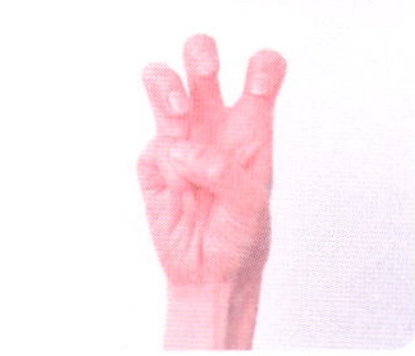

立てた人さし指、中指、薬指を軽く曲げる。

40
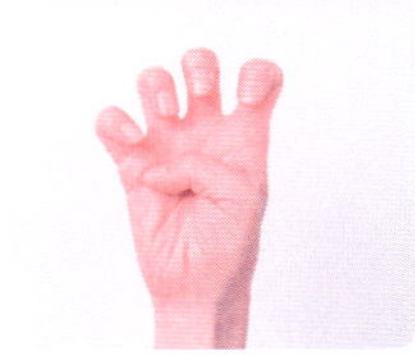

立てた人さし指、中指、薬指、小指を軽く曲げる。

50
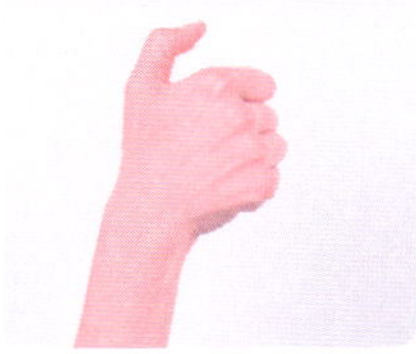

立てた親指を軽く曲げる。

60

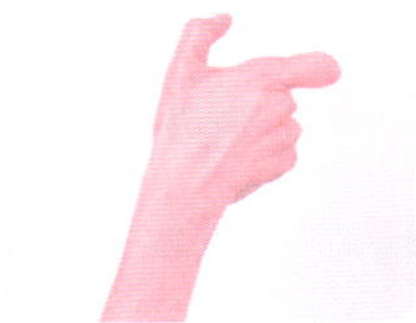

手のこうを前に向けて親指《おやゆび》を曲げ、人さし指を曲げる。

70

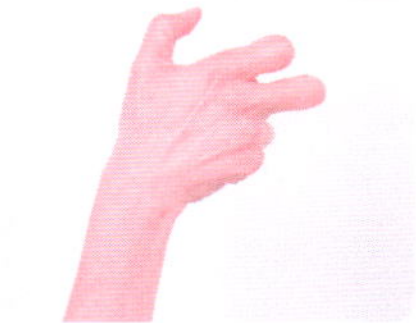

手のこうを前に向けて親指を曲げ、人さし指と中指を曲げる。

80

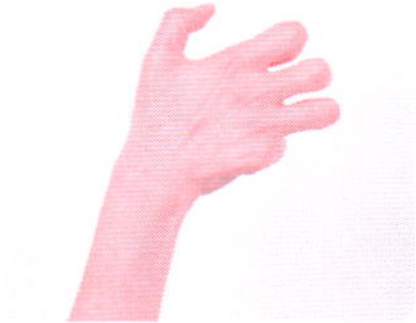

手のこうを前に向けて親指を曲げ、人さし指、中指、薬指を曲げる。

90

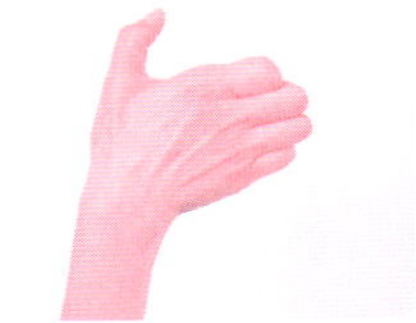

手のこうを前に向けて親指を曲げ、その他《た》4指も曲げる。

100

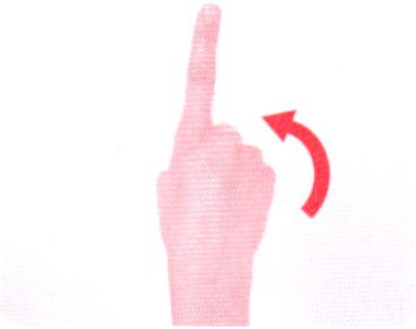

人さし指を下にのばして、手首をひねって上にはね上げる。

101

人さし指を下にのばして、手首をひねって上にはね上げる。

人さし指をのばして立てる。

200

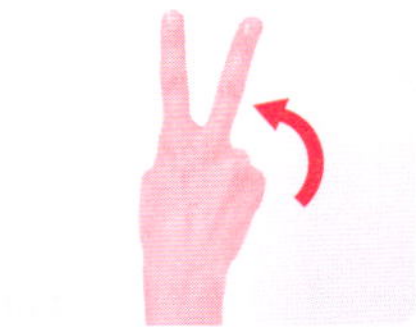

人さし指と中指を下にのばして、手首をひねって上にはね上げる。

※300～900も同じ。

1000

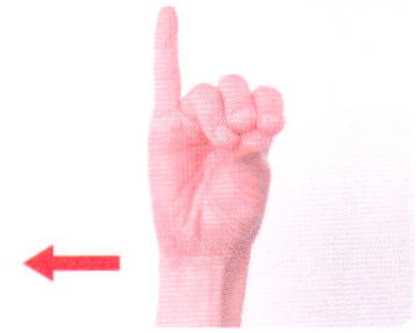

小指を立て、その他4指はくっつけて、横に動かす。

2000

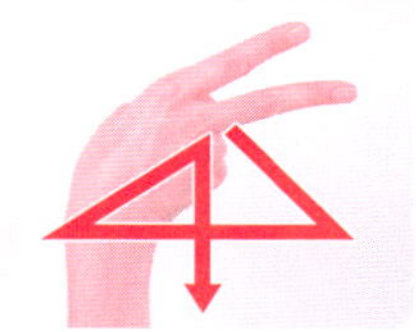

人さし指と中指を横にのばし、「千」と書く。

※P41の「2000」の手話でもよいです。

1万

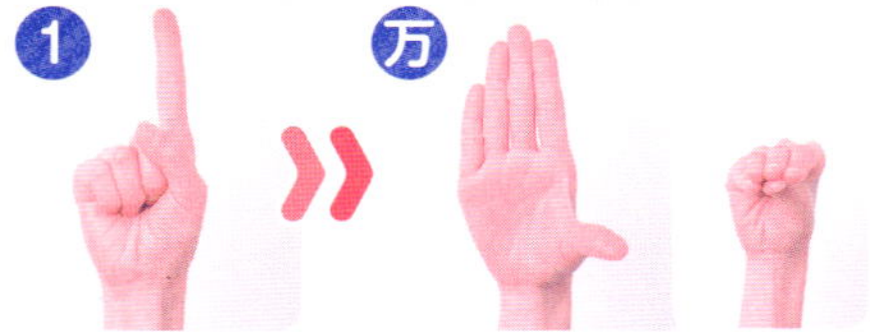

人さし指をのばして立てる。

指をそろえ開いた手のひらを前に向け、指をすぼめる。

100万

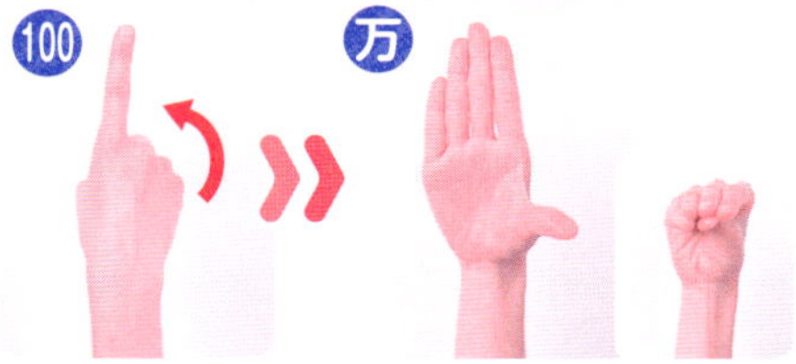

「100」の手話を表す。

指をそろえ開いた手のひらを前に向け、指をすぼめる。

1億

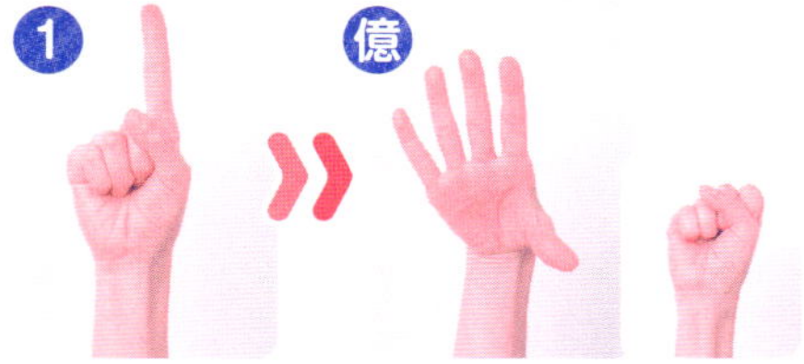

人さし指をのばして立てる。

指を開いた手のひらを前に向け、そのままにぎる。

兆《ちょう》

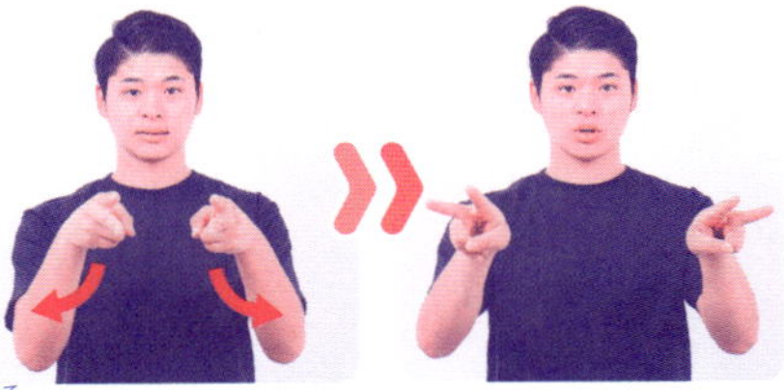

両手《りょうて》の人さし指と中指を前に向けてのばし、外側へはらう。

0

すべての指を軽く曲げて「0」の形を作る。

小数点《しょうすうてん》

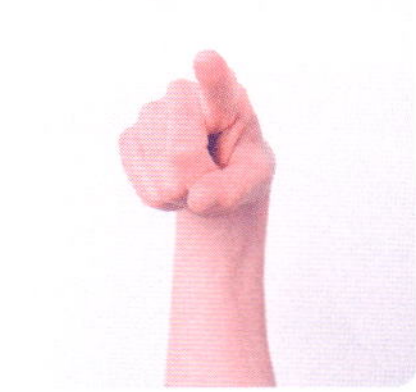

人さし指を前にのばし、チョンっと点を打つ。

手話クイズ②

手話のクイズを出すよ。何を表《あらわ》しているか当ててみよう！

▶答えは58ページにあるよ！

Q1

両手とも人さし指、中指、薬指をのばして上下にかまえる。

Q2

両手とも親指、人さし指、中指をのばして上下にかまえる。

Q3

左手の親指以外の4指を横にのばし、その下で親指と人さし指を付けた右手をはなしながら下げる。

左手はそのままで、右手の人さし指、中指、薬指を立ててから軽く曲げる。

学校《がっこう》・ようち園《えん》・ほいく園の手話を覚えていこう！

ようち園

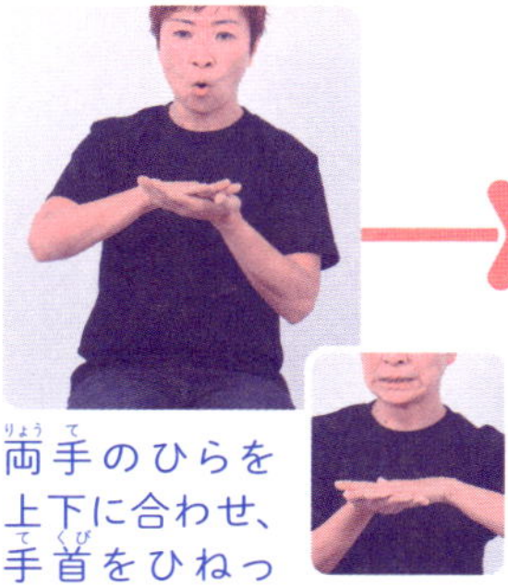

両《りょう》手《て》のひらを上下に合わせ、手《て》首《くび》をひねって上下を入れかえる。

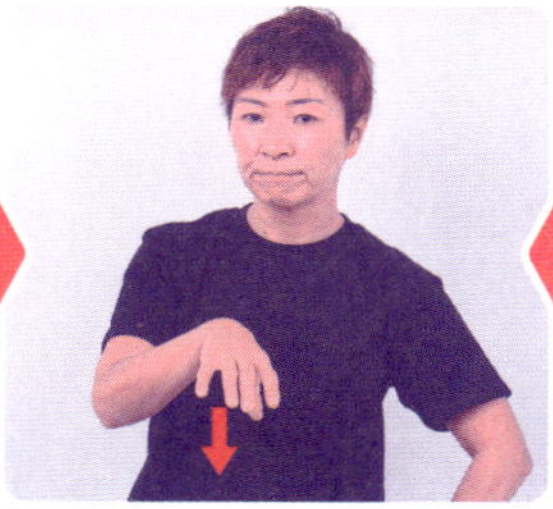

片《かた》手《て》のすべての指《ゆび》を軽く曲げて下に向け、少し下げる。

同 場所、～所、～場

ほいく園

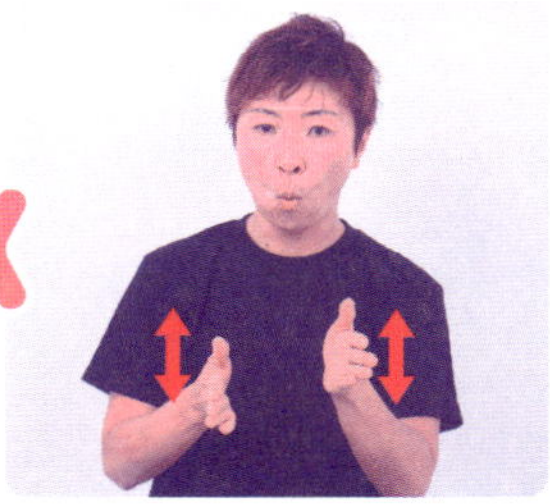

両手のひらを向かい合わせて、交ごに上下に動かす。

同 世話

小学校

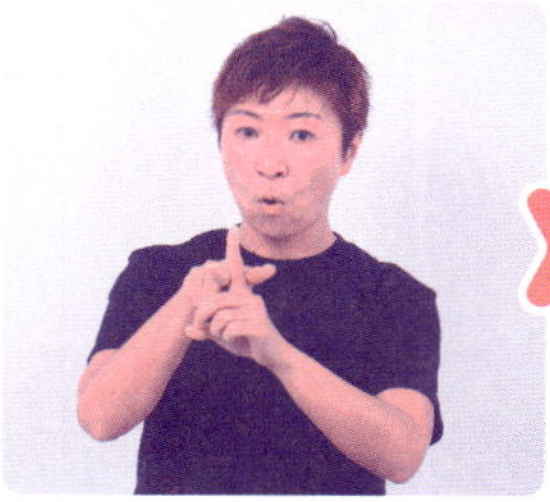

左手の人さし指を、右手の人さし指と中《なか》指《ゆび》で後ろからはさむ。

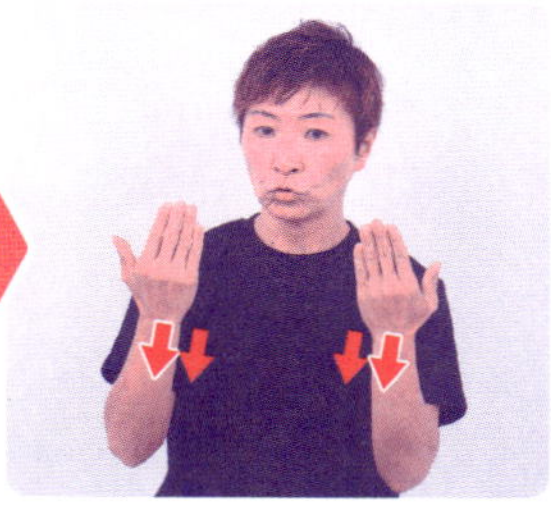

両手のひらを自分に向け、同時に2回下げる。

同 勉強、学校、学ぶ、授業

高校

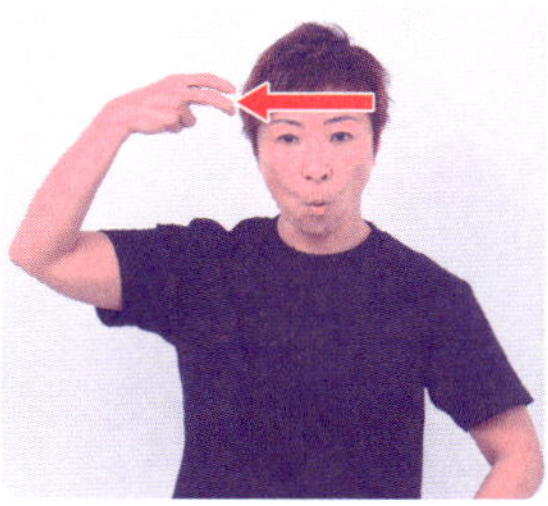

片手の人さし指と中指を軽く曲げてひたいの前に置き、横に引く。

中学校

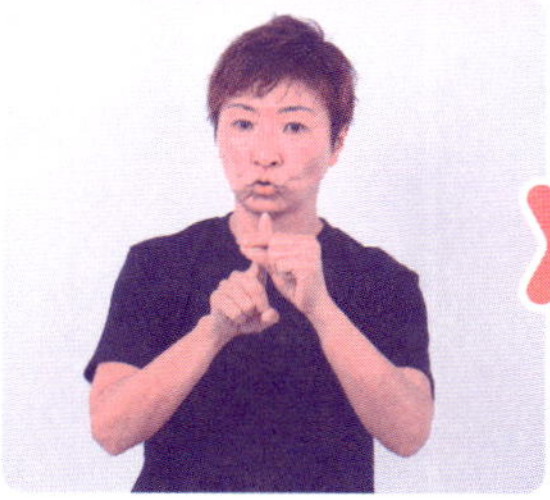

右手の人さし指に、左手の親指と人さし指をあてる。

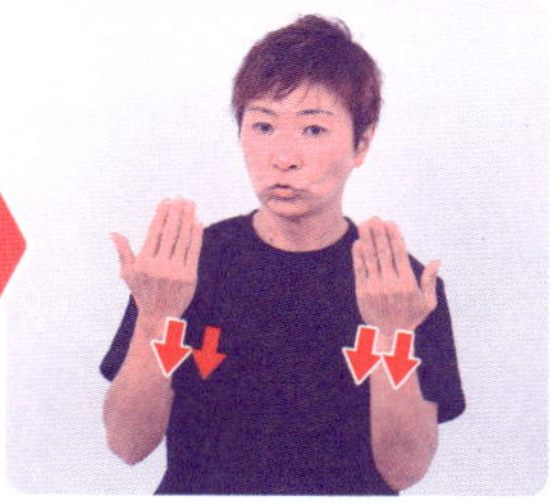

両手のひらを自分に向け、同時に2回下げる。

同 勉強、学校、学ぶ、授業

大学

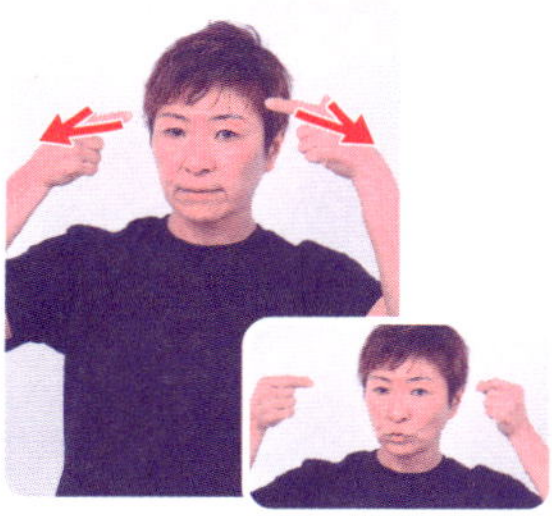

ひたいの前で、両手の親指と人さし指をのばし、ななめ前に出しながら付ける。

西暦《せいれき》・和暦《われき》の手話を覚えていこう！

2024年

人さし指と中指を横にのばし、2回下げる。※P38の「2000」の手話でもよいです。

立てた人さし指と中指を軽く曲げる。

人さし指、中指、薬指、小指をのばして立てる。

昭和《しょうわ》

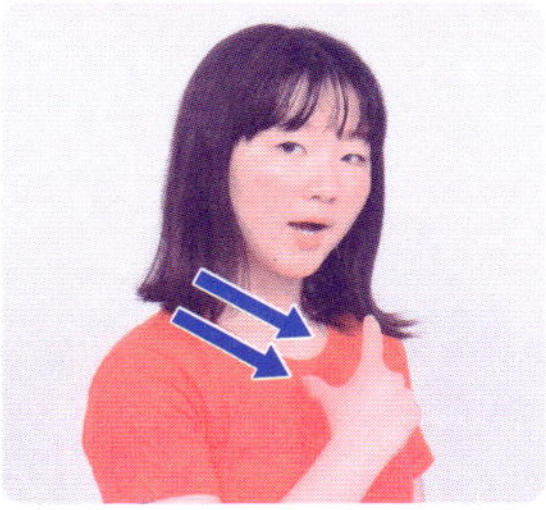

片手の親指と軽く曲げた人さし指を首にあて、2回前に出す。

昭和初期に流行した「ハイカラー」というえりを表しているよ。

平成《へいせい》

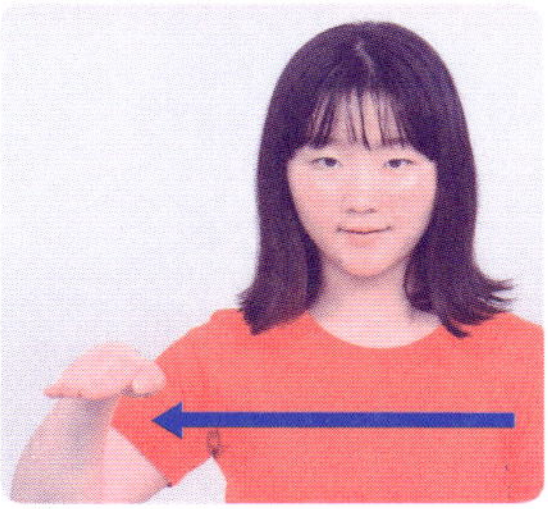

下に向けた片手のひらを横にまっすぐに動かす。平らな様子を表す。

令和《れいわ》

片手のひらを上に向け、すべての指の先を付けてすぼめる。

手を前に出しながら、指先をゆっくり開く。

花のつぼみがゆるやかに開く様子を表《あらわ》しているよ。

干支《えと》の手話を覚えていこう！

子《ね》（ネズミ）

人さし指と中指を軽く曲げ、前に向けて口元に置く。

同 グレー

丑《うし》（ウシ）

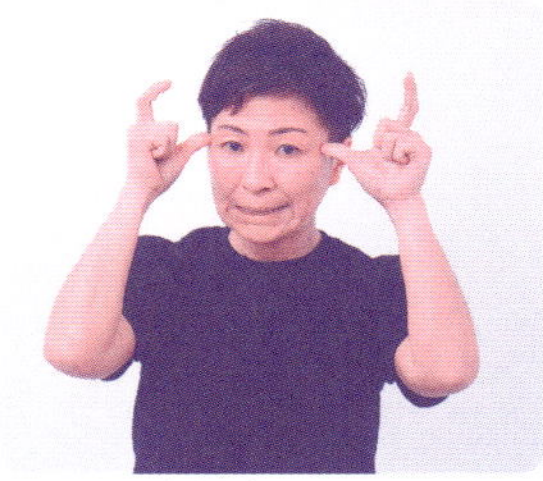

両《りょう》手《て》とも親指《おやゆび》と人さし指でコの字形を作り、こめかみあたりにあてる。

寅《とら》（トラ）

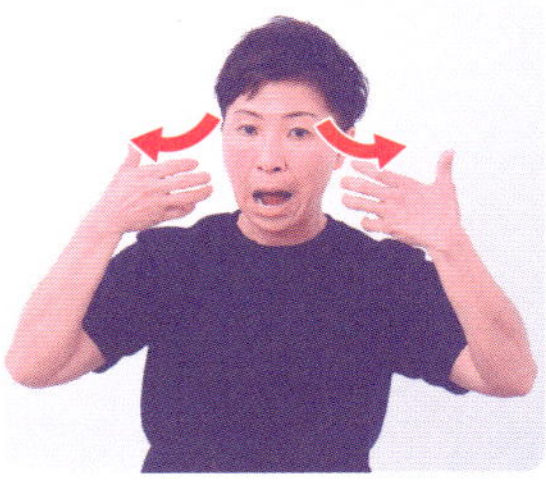

両手のこうを前に向け、指先を軽く曲げ、ほおのあたりから横に引く。

卯《う》（ウサギ）

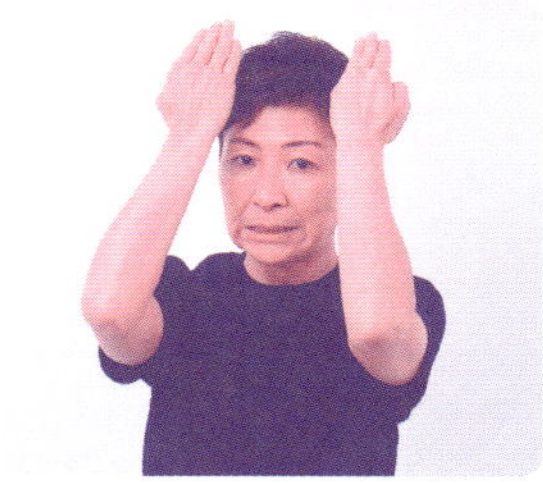

両手ともこうを前に向けて耳の上に置き、少し後ろにはらう。

辰《たつ》（竜《りゅう》）

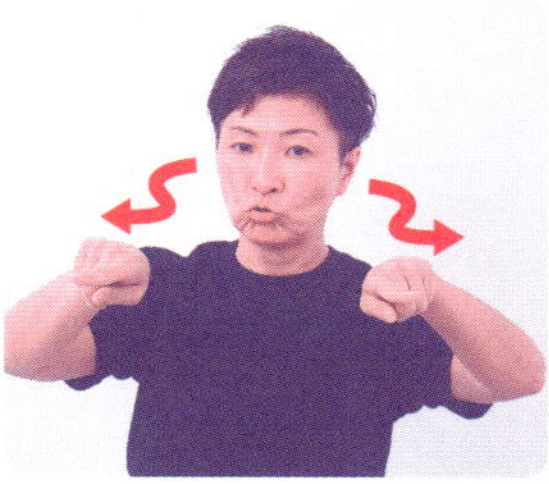

両手とも人さし指をのばし、竜のひげをえがくように口元から前に出す。

巳《み》（ヘビ）

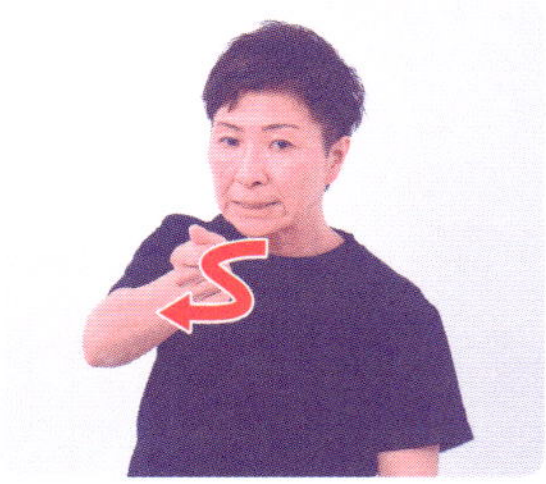

親指をのばしたこぶしを、手首を左右にゆらしながら前に出す。

午《うま》（ウマ）

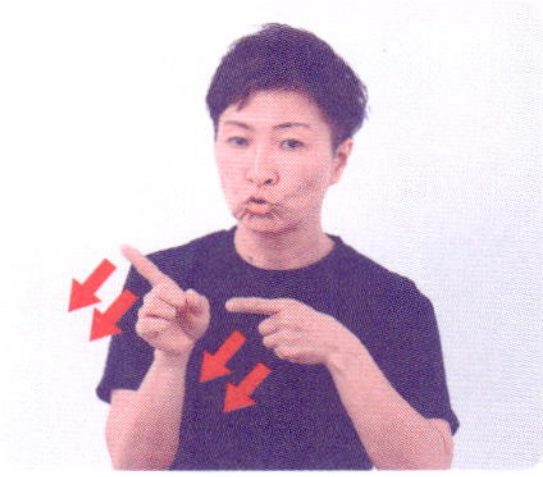

両手の人さし指をのばし、2回軽くふり下ろす。

同 群馬

未《ひつじ》（ヒツジ）

両手とも人さし指をのばし、羊《ひつじ》の角《つの》をえがくように顔の横で前から後ろに回す。

申《さる》（サル）

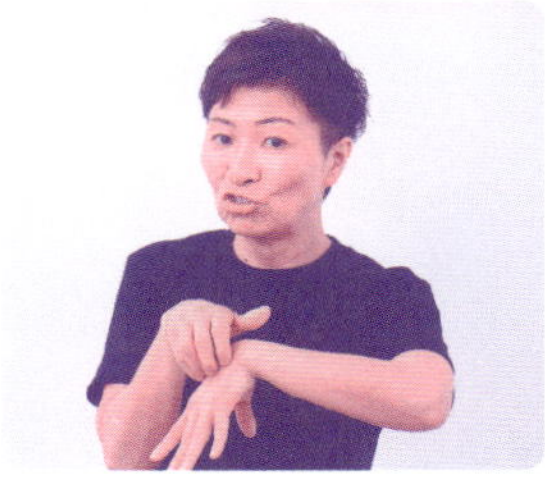

右手で左手をかく。

酉《とり》（トリ）

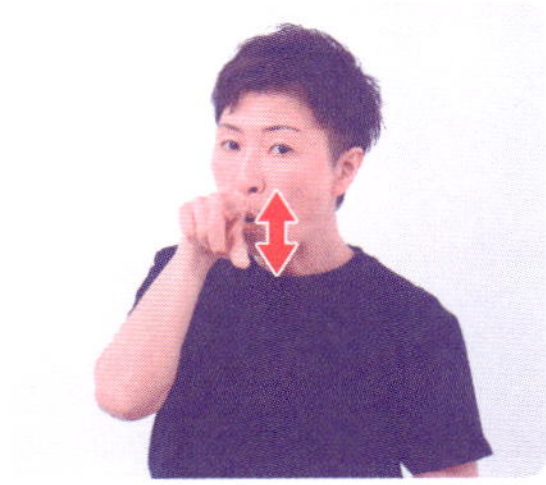

親指と人さし指をのばして指先を付け、口元に置いて付けたりはなしたりする。

戌《いぬ》（イヌ）

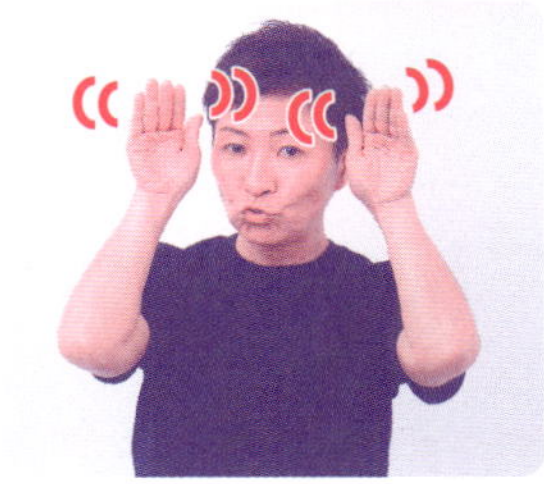

開いた両手をひたいの横あたりに置き、軽く前後にふる。

亥《い》（イノシシ）

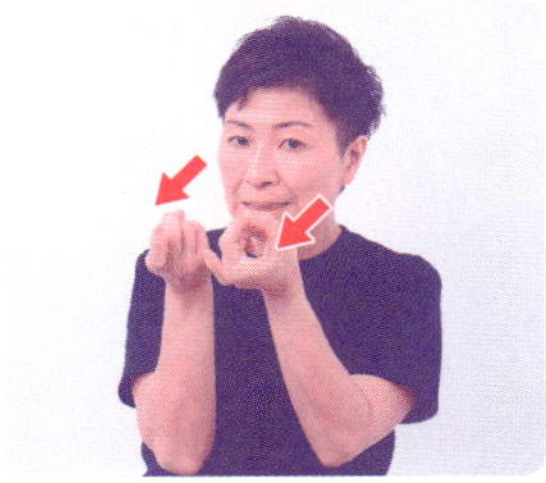

両手とも人さし指をカギ形にして口元に置き、少し前に出す。

兄弟《きょうだい》はいる？

あなた

のばした人さし指で相手を指す。

兄弟

両《りょう》手《て》とも中指を立て、左右で上下にかまえる。

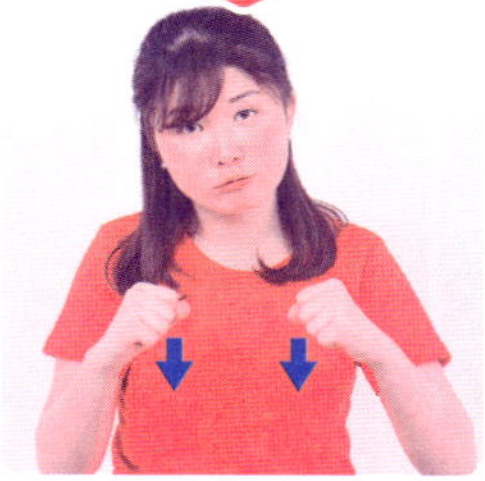

いる？

両手のこぶしを体の前でかまえ、少し下げる。

同 存在《そんざい》

お兄ちゃんと妹がいるよ

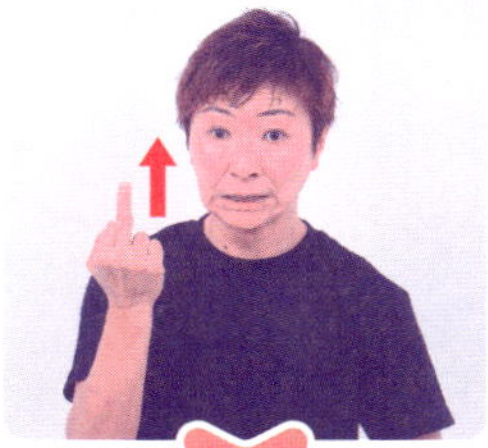

兄

手のこうを前に向けた片手の中指を立てて、少し上げる。

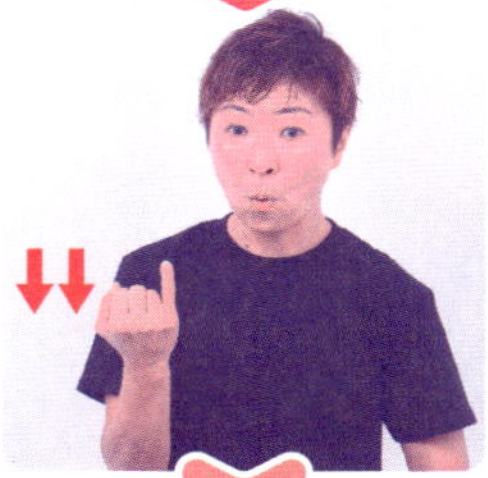

妹

手のこうを前に向けた片手の小指を立てて、2回下げる。

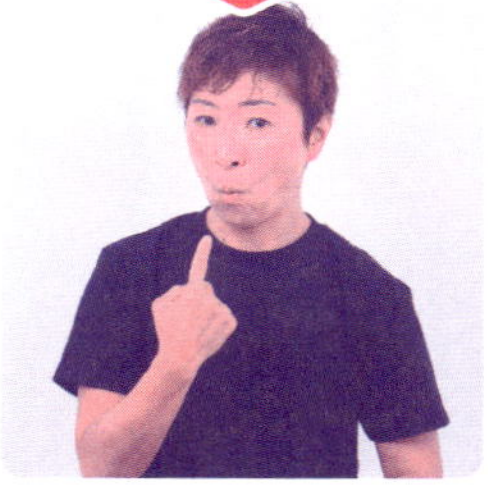

わたし

のばした人さし指で自分を指す。

手話では、関係性を具体的に説明しよう！

手話では、人間関係について具体的に説明します。

例えば、姉や弟というときには、誰《だれ》の姉、弟なのかということが重要《じゅうよう》になってきます。「わたしの姉」なのか、「あの人の姉」なのかをはっきり伝える必要があるのです。同じように、「おじ」ならば「わたしの母の兄」と表します。

ほかに、「次女」ならば、「何人兄弟で、男女が何人いる、その中の何番目なのか」を説明します（P46 参照）。そうすることで、伝えまちがいがないようにするのです。

家族《かぞく》に関《かん》する手話を覚えていこう！

家族

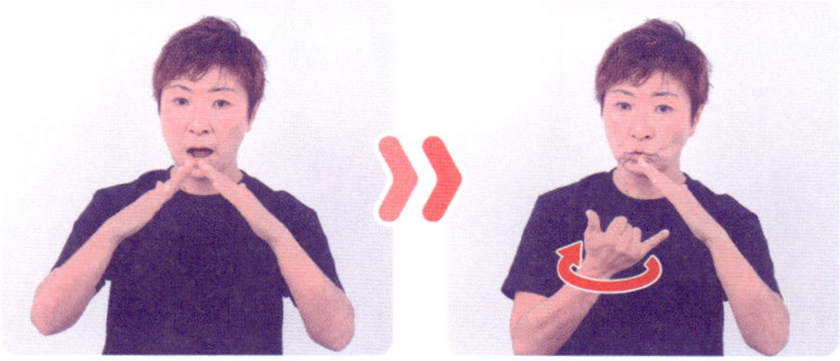

指をそろえた両手のひらで屋根の形を作る。
同 家

左手はそのままで、右手は親指と小指をのばし、手首を半回転ひねる。

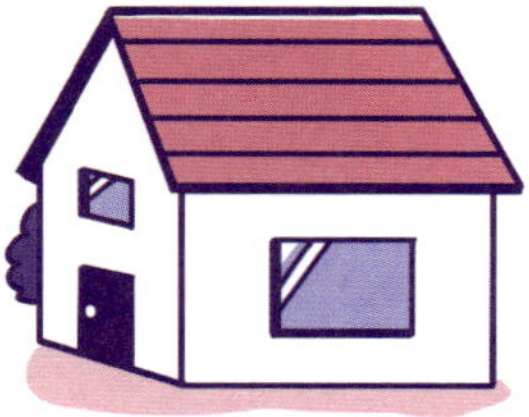

父

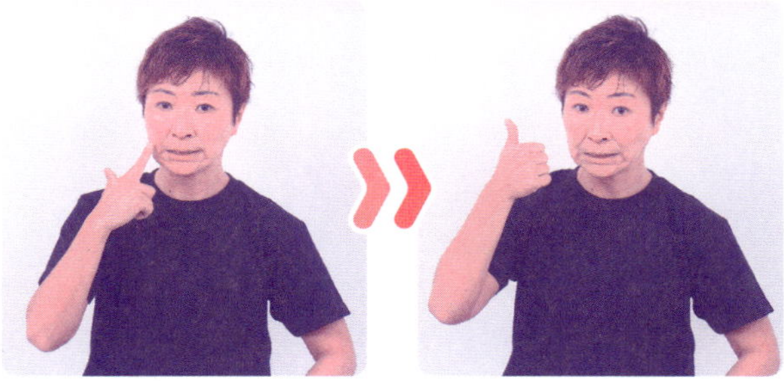

片手の親指《おやゆび》と人さし指をのばし、ほおにあてる。

片手の親指を立てる。
同 男

姉

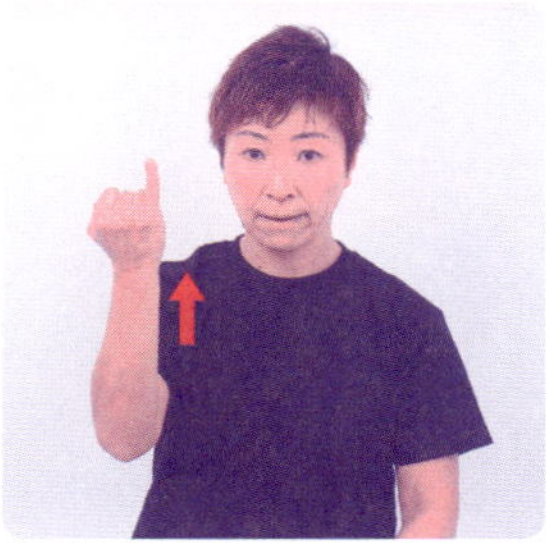

手のこうを前に向けた片手の小指を立てて、少し上げる。

母

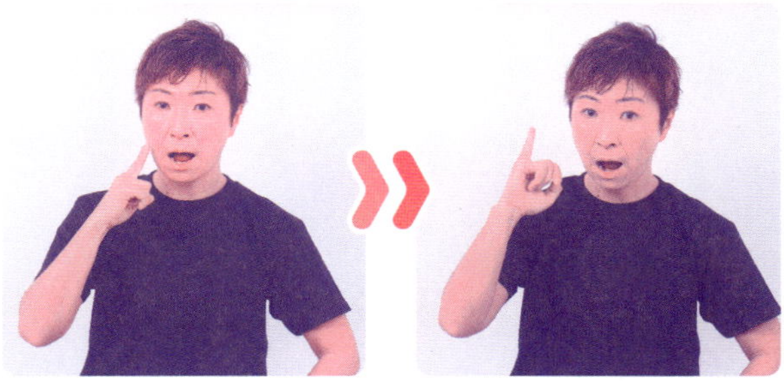

片手の親指と人さし指をのばし、ほおにあてる。

片手の小指を立てる。
同 女

弟

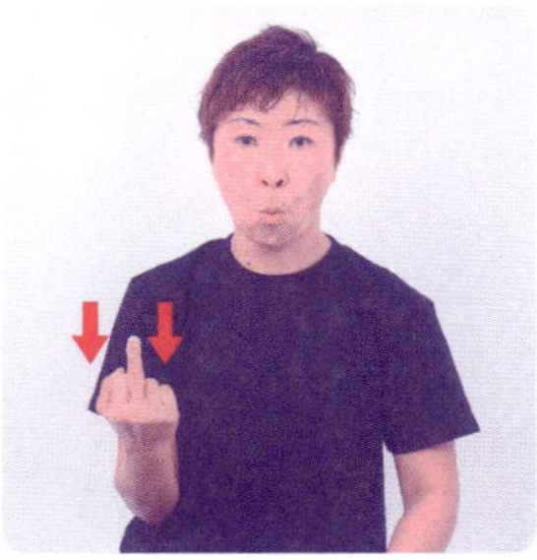

手のこうを前に向けた片手の中指を立てて、2回下げる。

おじいさん

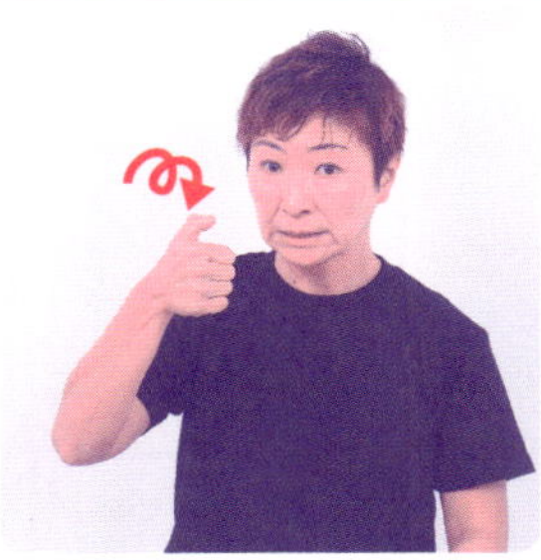

片手《かたて》の親指《おやゆび》をカギ形《がた》に折り曲げて、2回小さく回す。

おばあさん

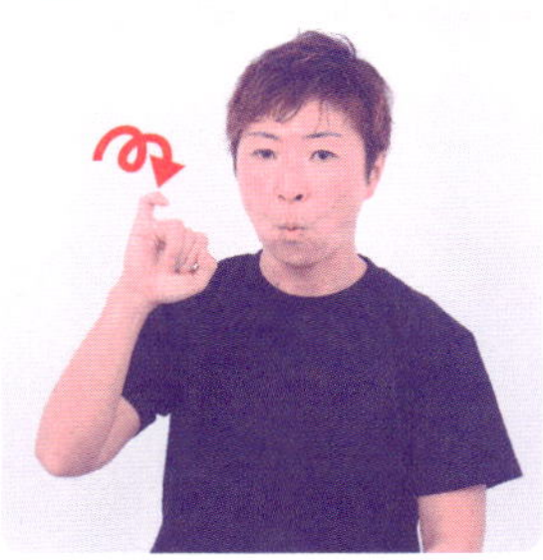

片手の小指をカギ形に折り曲げて、2回小さく回す。

孫《まご》

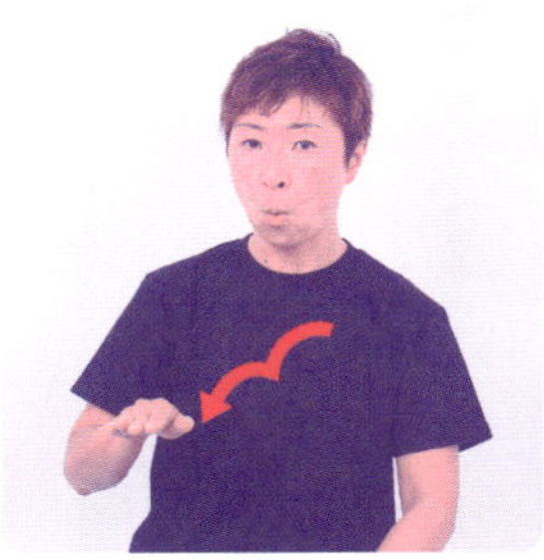

下に向けた片手のひらを2回階段《かいだん》を下りるように下げる。

おじ

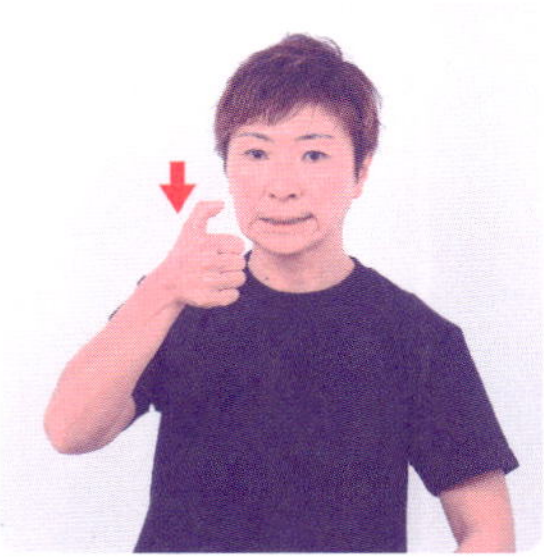

片手の親指をカギ形に折り曲げて、1回下げる。

おば

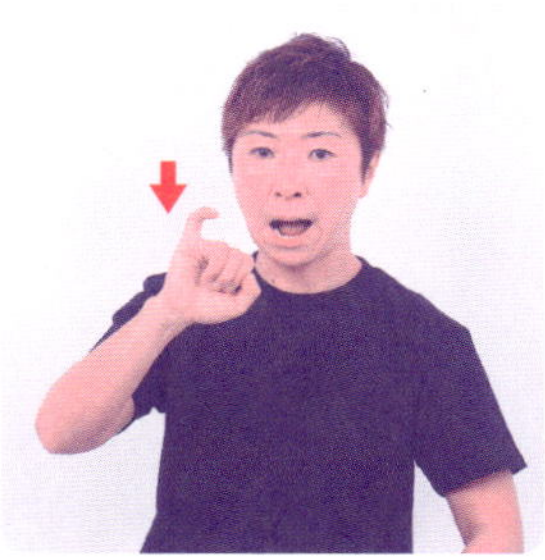

片手の小指をカギ形に折り曲げて、1回下げる。

親せき

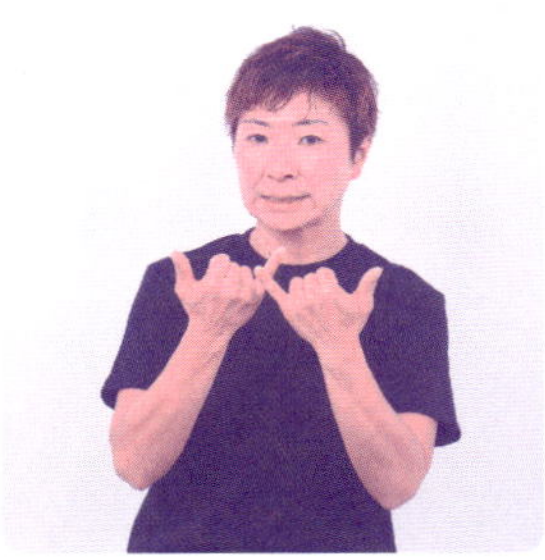

両手《りょうて》の親指と小指を立て、中央《ちゅうおう》で2回あてる。

同 似《に》る、〜みたい

ふたご

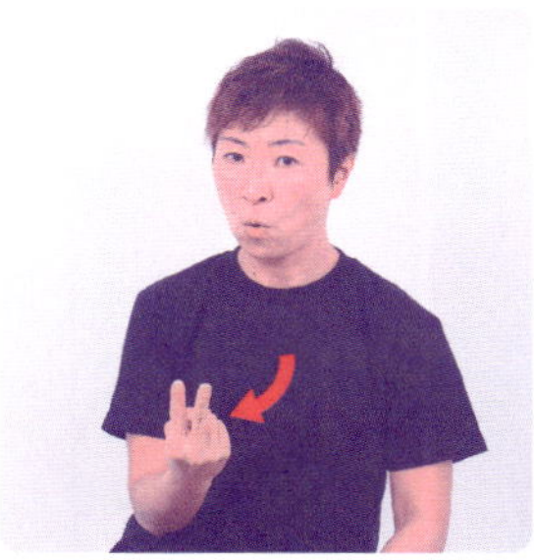

片手のこぶしをおなかの前に置き、人さし指と中指を前にのばしながら、手を前に出す。

次女（三姉妹の次女）

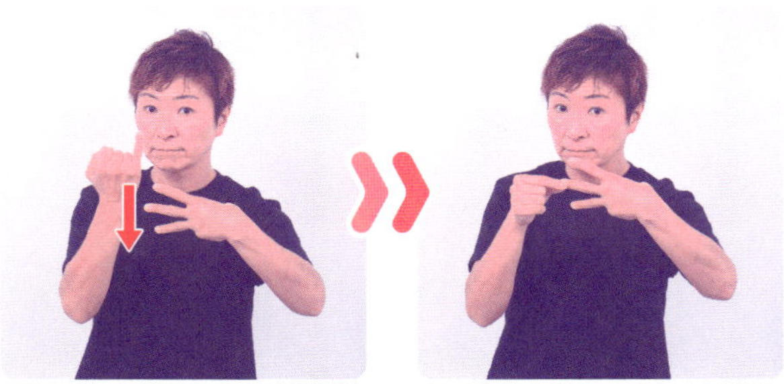

左手の人さし指、中指、薬指《くすりゆび》を横にのばし、右手の小指を立てて下げる。

左手はそのままで、右手で左手の中指をつまむ。

どこに住んでるの？

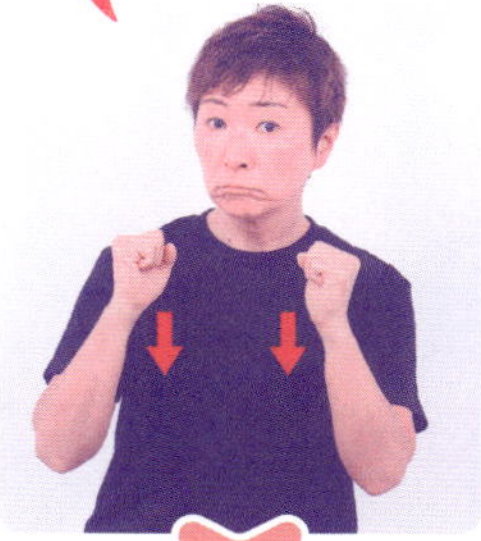

住む

両手のこぶしを体の前でかまえ、少し下げる。

同 いる、存在

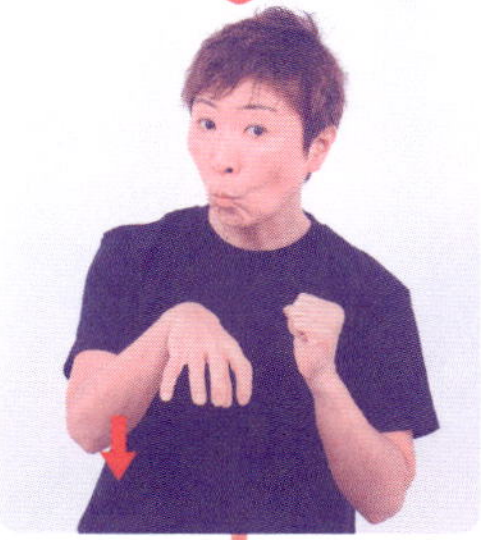

場所

片手のすべての指を軽く曲げて下に向け、少し下げる。

同 ～所、～場

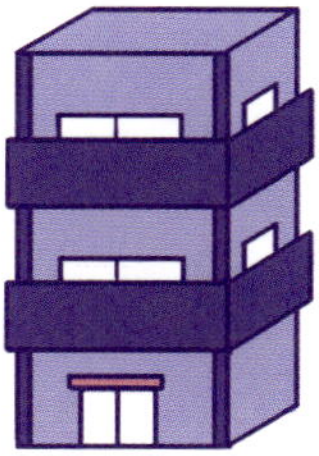

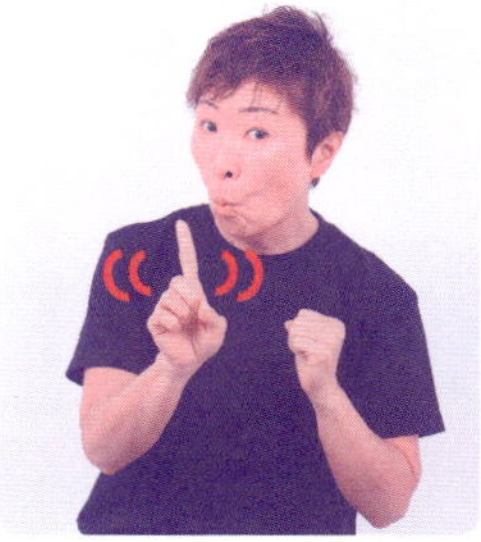

どこ？

片手の人さし指をのばして立て、軽く数回ふる。

同 何、どう、どうした

東京《とうきょう》の新宿《しんじゅく》区《く》だよ

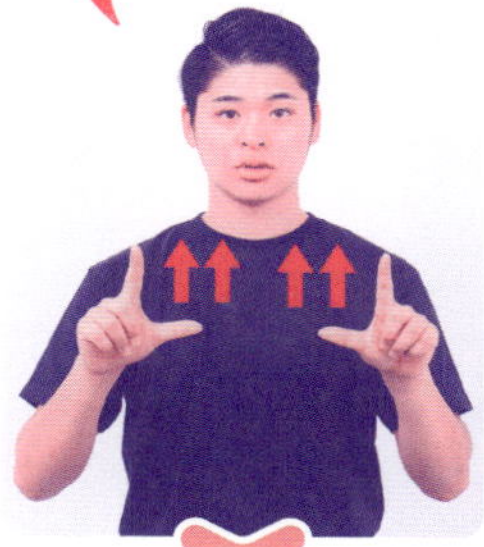

東京

両手とも親指と人さし指でL字形を作り、むねの前に置き、同時に２回上げる。

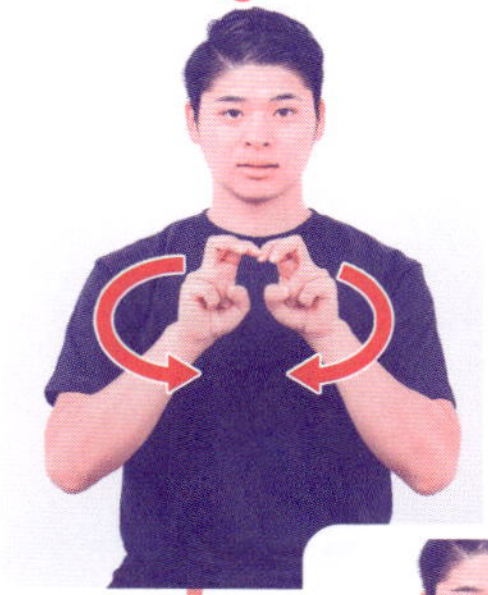

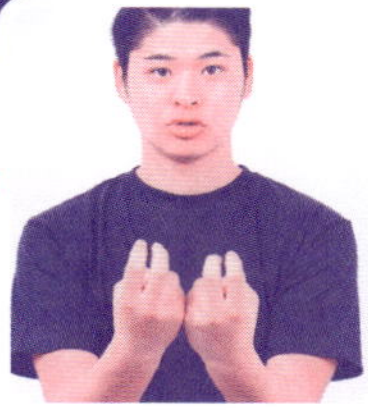

新宿

両手とも人さし指と中指をカギ形にして、中央で合わせ、手首を返しながら弧《こ》をえがく。

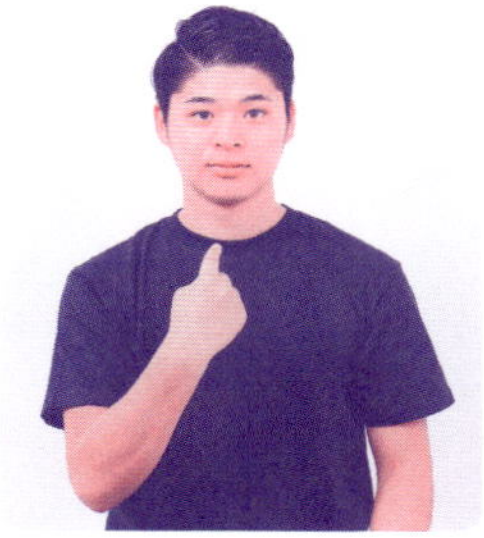

わたし

のばした人さし指で自分を指す。

生まれた(出身地)のはどこ?

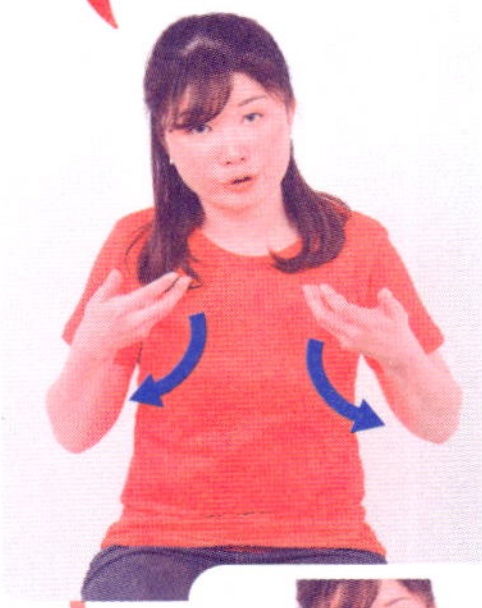

生まれる

両手《りょうて》をおなかにあて、手首をひねって前にはらう。おなかから出てくるイメージ。同 産む、出《しゅっ》産《さん》、出身《しゅっしん》

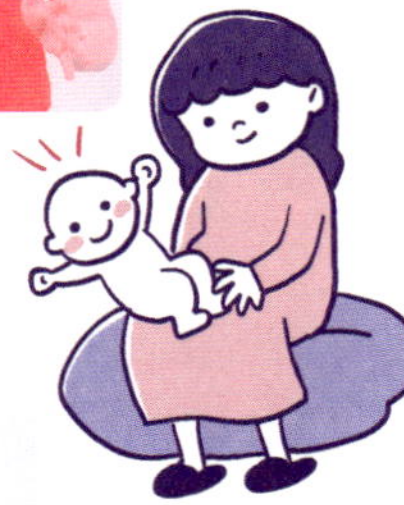

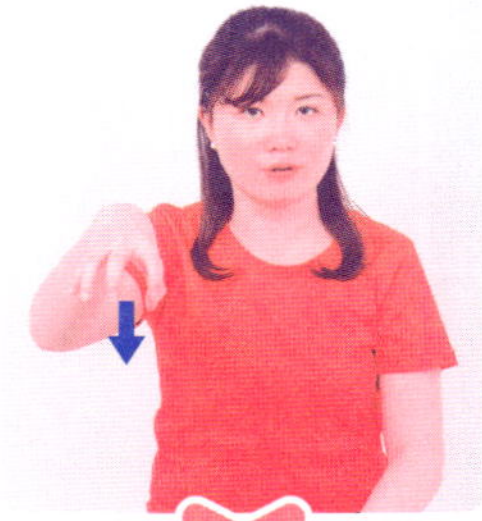

場所

片手《かたて》のすべての指を軽く曲げて下に向け、少し下げる。

同 ～所、～場

どこ?

片手の人さし指をのばして立て、軽く数回ふる。

同 何、どう、どうした

神奈川《かながわ》だよ

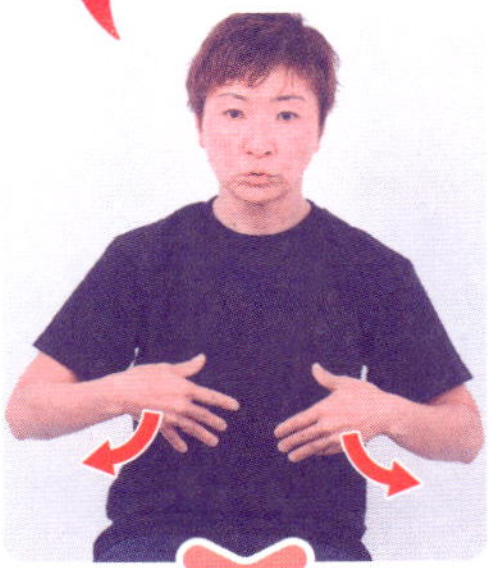

生まれる

開いた両手のひらをおなかにあて、手首をひねって前にはらう。おなかから出てくるイメージ。同 産む、出産、出身

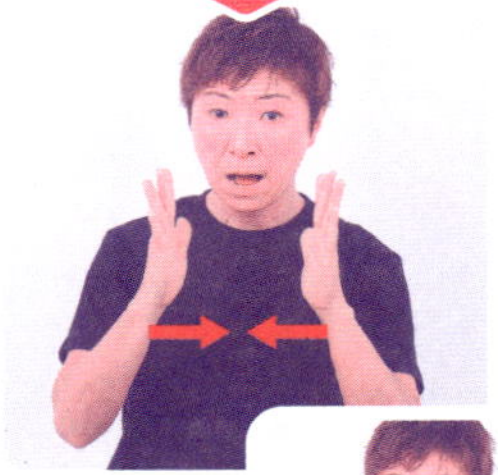

神奈川

開いた両手のひらを向かい合わせ、中央《ちゅうおう》で合わせる。

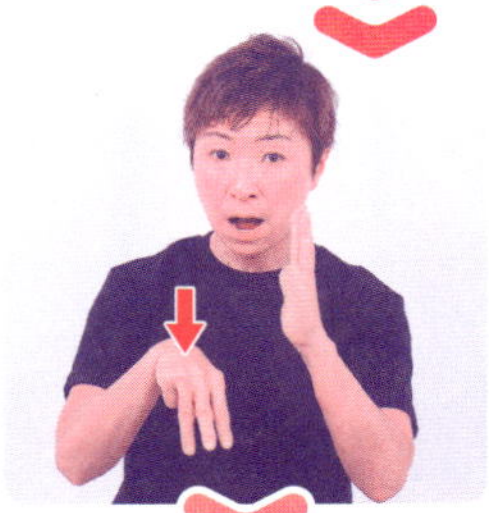

片手の人さし指、中指、薬指《くすりゆび》をのばし、川の字を書くように下げる。

川

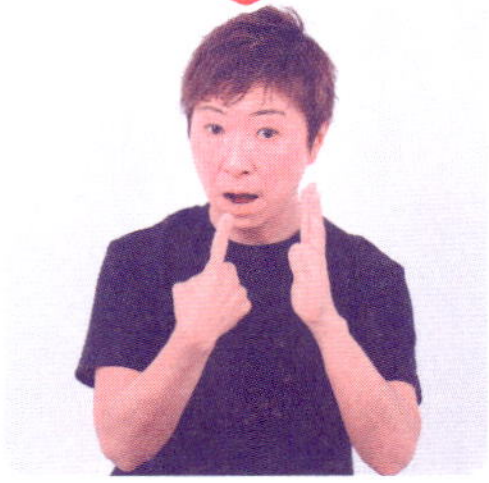

わたし

のばした人さし指で自分を指す。

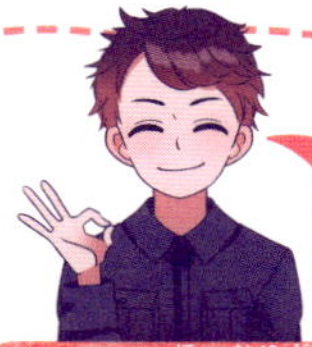

都《と》道《どう》府《ふ》県《けん》の手話を覚えていこう！

北海道《ほっかいどう》

両手の人さし指と中指をのばしてそろえ、ひし形をえがくように下げる。

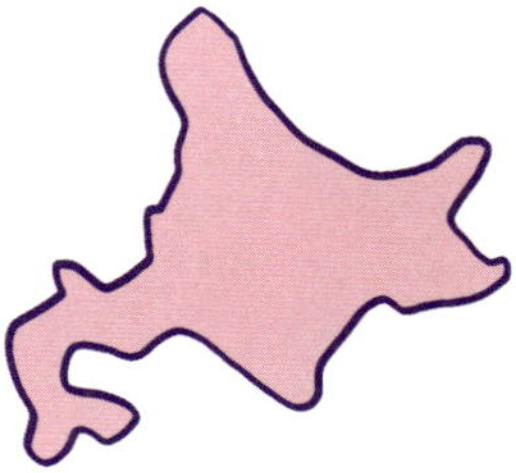

秋田《あきた》

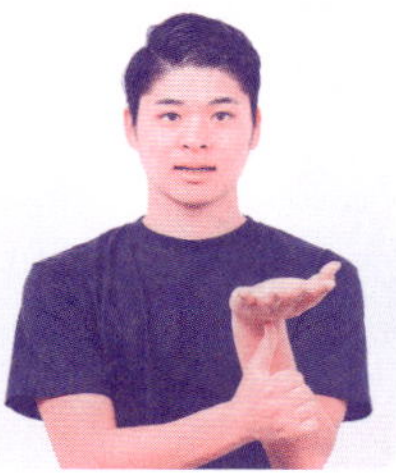

上に向けた左手のこうに、立てた右手の親指をあてる。

青森《あおもり》

片手のこうを前に向けて、指先を口元に置き、後ろに引く。 同 青

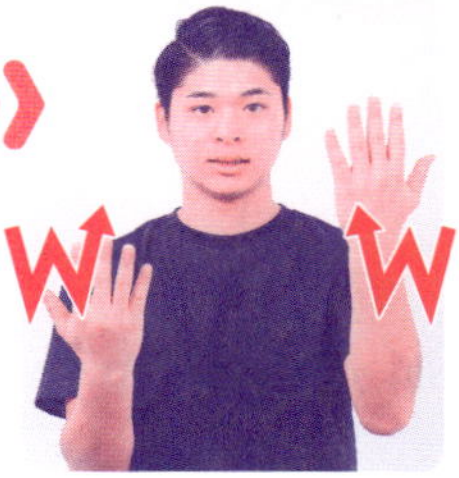

両手ともこうを前に向け、交ごに上下させる。 同 森

岩手《いわて》

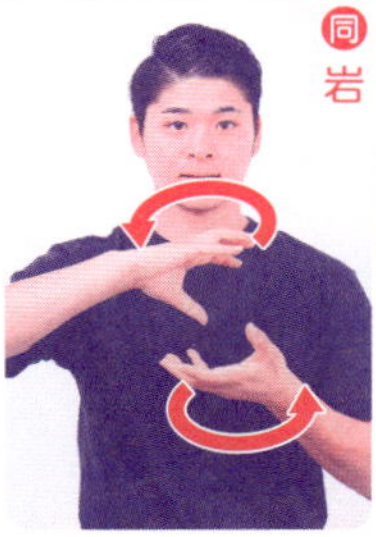

軽く指を曲げた両手を上下に向かい合わせ、たがいちがいに回す。 同 岩

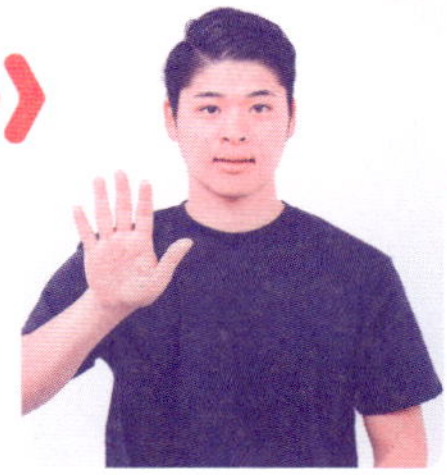

開いた片手のひらを前に向ける。 同 手

山形《やまがた》

つつ型に丸めた右手に、のばした左手の人さし指をあてる。 同 さくらんぼ

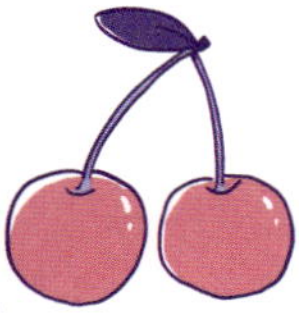

宮城《みやぎ》

両手とも指をのばして開き、ななめに組み合わせる。 同 宮

両手とも人さし指をカギ形にして向かい合わせる。 同 城、名古屋

福島《ふくしま》

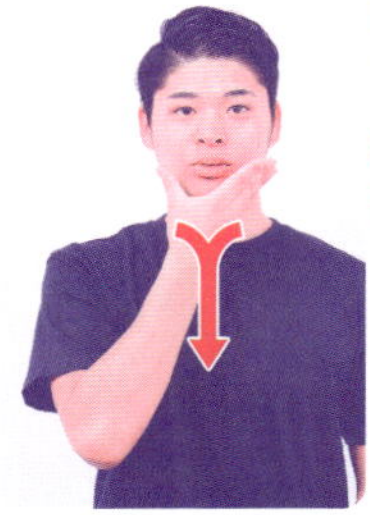

片手のすべての指をあごにあて、指をすぼめながら下げる。

同 福

左手のこぶしの上に、右手のひらを上に向けて置き、水平に1周回す。

同 島

茨城《いばらき》

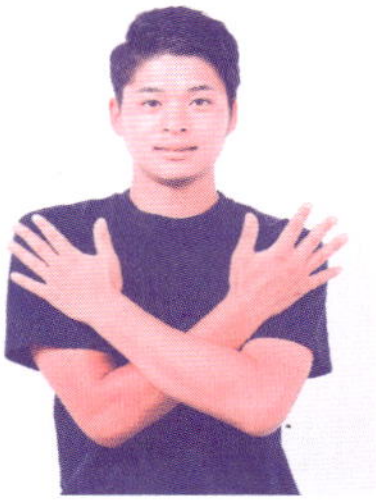

両うでを交差《こうさ》させ、手のひらをかたの前にあてる。

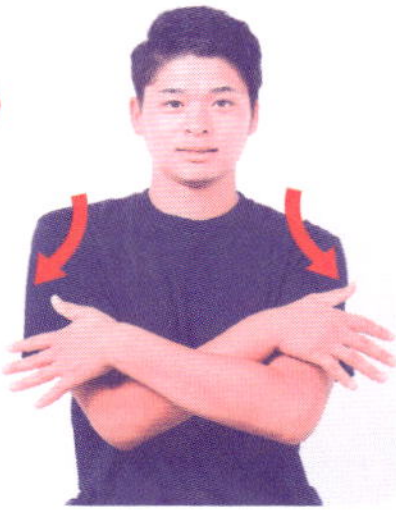

両手《りょうて》のひらを同時に下にはらう。

群馬《ぐんま》

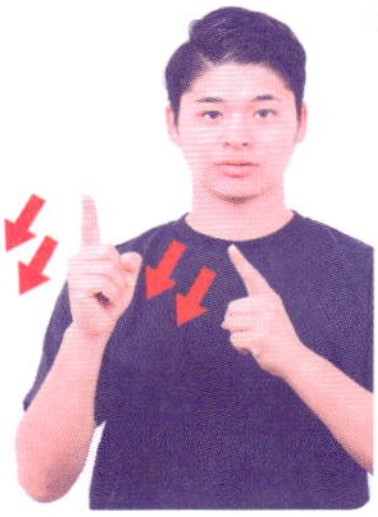

両手とも人さし指をのばし、2回軽くふり下ろす。

同 馬

千葉《ちば》

のばした右手の親指《おやゆび》と人さし指に、左手の人さし指をあて、「千」の字を表す。

埼玉《さいたま》

開いた両手を上下で向かい合わせ、丸めるようにたがいちがいに回す。

栃木《とちぎ》

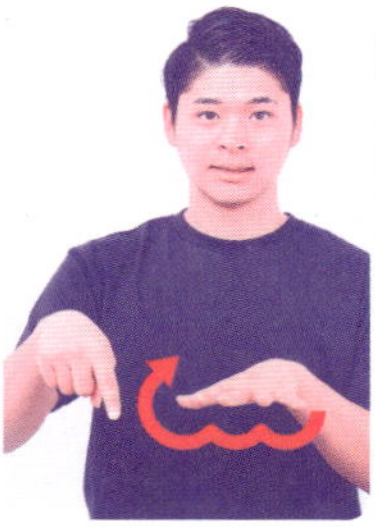

のばした右手の人さし指で、葉の形をえがくように左手の指にそってなぞる。

静岡《しずおか》

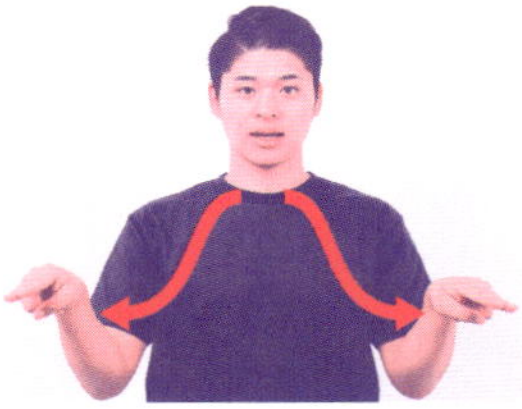

富士山の形をえがくように両手を下ろす。

山梨《やまなし》

下に向けた左手のひらの下に、右手を置き、ひねりながら下げて閉じる。同 ぶどう

下に向けた右手のひらで左から右へ、山をえがくように動かす。同 山

長野《ながの》

のばした人さし指で「ノ」の字をえがくように下ろす。

両手の親指と人さし指を付けて中央《ちゅうおう》で合わせ、左右に引く。同 長い

新潟《にいがた》

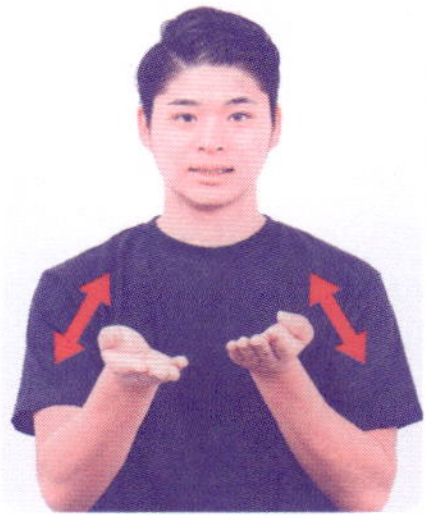

両手のひらを上に向け、交ごに前後に動かす。

富山《とやま》

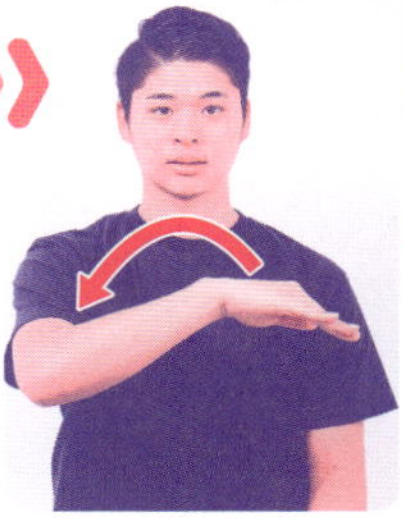

下に向けた右手のひらで左から右へ、山をえがくように動かす。同 山

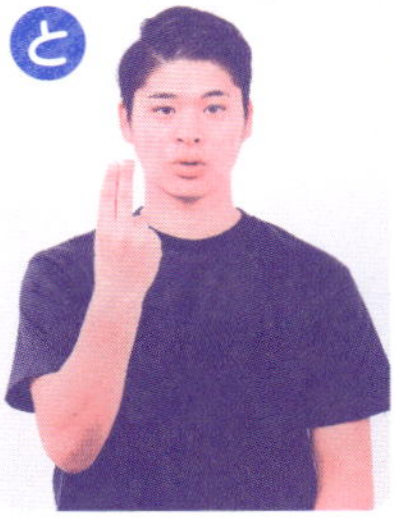

手のこうを前に向け、人さし指と中指を立てる。

石川《いしかわ》

片手の人さし指、中指、薬《くすり》指《ゆび》をのばし、川の字を書くように下げる。同 川

軽く指を曲げて上に向けた片手を、あごにあてる。

石の別パターン

「石」は立てた左手のひらに、右手のすべての指先をあてる表現でもよい。同 石

「福」という手話は「幸せ」という意味もあるよ。「すき」という手話にも似《に》ているんだけど、「福」は5指すべてをあごにあてて、「すき」は親指と人さし指だけをあごにあてるんだ。

福井《ふくい》

両手《りょうて》とも人さし指と中指をのばし、組み合わせて「井」の字形を作る。

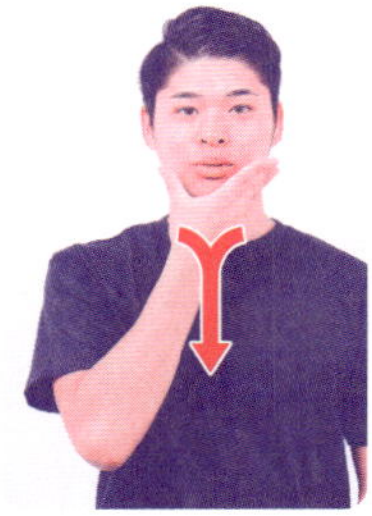

すべての指をあごにあて、指をすぼめながら下げる。

同 福

三重《みえ》

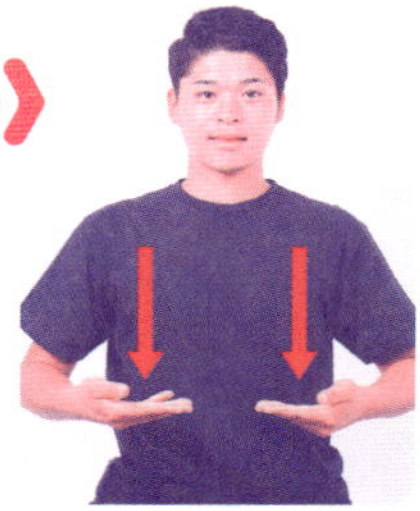

両手のひらを上に向け、同時にいきおいよく下げる。

同 重い、重さ

片手の人さし指、中指、薬《くすり》指《ゆび》を横にのばす。

愛知《あいち》

左手の親指《おやゆび》を立て、その上で、下に向けた右手のひらを回す。

岐阜《ぎふ》

片手の親指、人さし指、中指をのばして、口元に置き、付けたりはなしたりする。

滋賀《しが》

軽くにぎった両手を左右でかまえ、楽器のびわをひくしぐさをする。

京都《きょうと》

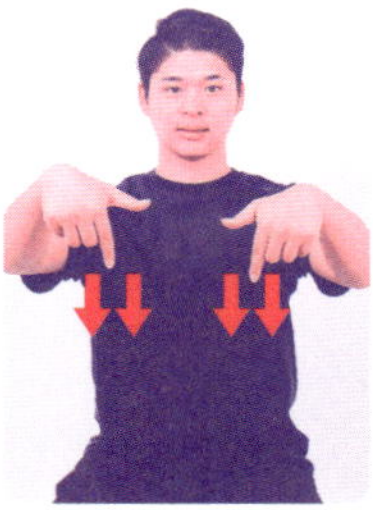

両手とも親指と人さし指でL字形を作り、下に向け、同時に2回下げる。

東の都《みやこ》「東京（47ページ）」が人さし指で上を指していたのと逆に、西の都「京都」は下を指すんだ。

大阪《おおさか》

片手の人さし指と中指をそろえて軽く曲げ、頭の横で2回前に出す。

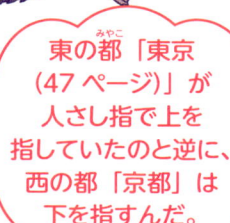

奈良《なら》

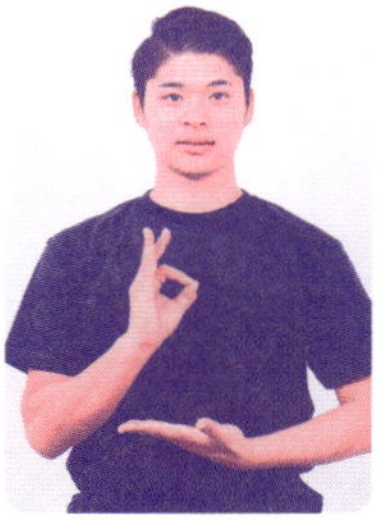

大仏のように、右手は親指と人さし指で輪《わ》を作り、左手のひらを上に向ける。

兵庫《ひょうご》

両手のこぶしを上下に置き、むねにあてる。むねの前に銃《じゅう》を持っている様子《ようす》を表す。

和歌山《わかやま》

片手のひらを前に向けて口元に置く。歌う様子を表す。

山口《やまぐち》

下に向けた右手のひらで左から右へ、山をえがくように動かす。 同 山

片手の親指と人さし指で輪を作り、口元に置く。

鳥取《とっとり》

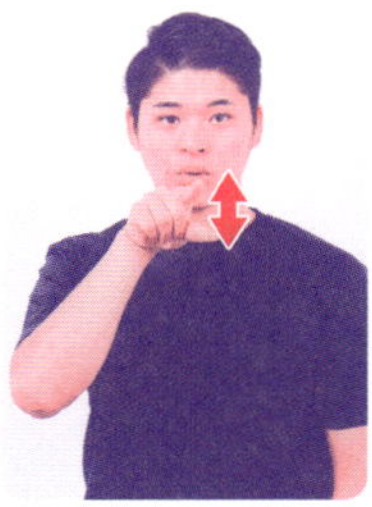

親指と人さし指を付け、口元で付けたりはなしたりする。 同 鳥

下に向けた片手のひらを体の前に置き、引きながらにぎる。 同 取る

岡山《おかやま》

軽くにぎった両手を交差《こうさ》させ、2回はじくように指を開く。

島根《しまね》

左手のこぶしの上に、右手のひらを上に向けて置き、水平に1周回す。 同 島

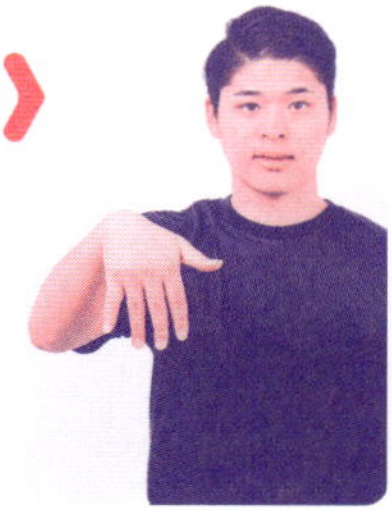

片手の指先をすべてのばし、下に向ける。 同 根

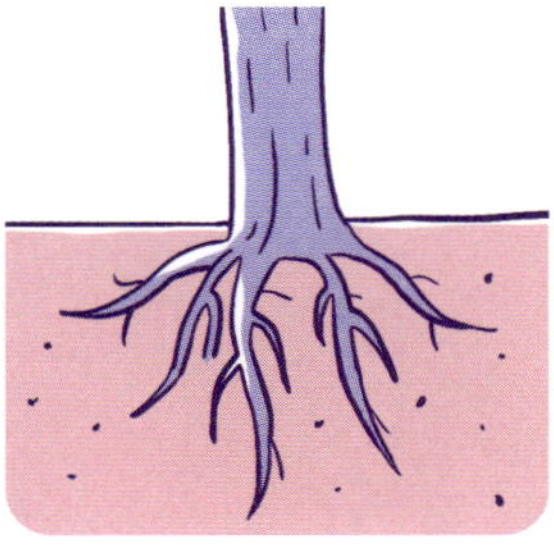

広島《ひろしま》

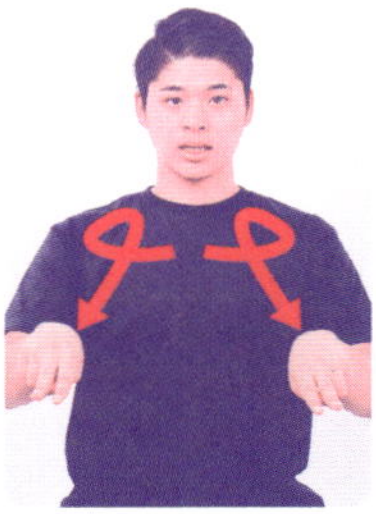

両手《りょうて》の人さし指と中指をのばして中央《ちゅうおう》で合わせ、鳥《とり》居《い》の形をえがく。

同 神社

徳島《とくしま》

親指《おやゆび》と人さし指でL字形《がた》を作った片手を立て、親指をあごに2回あてる。

香川《かがわ》

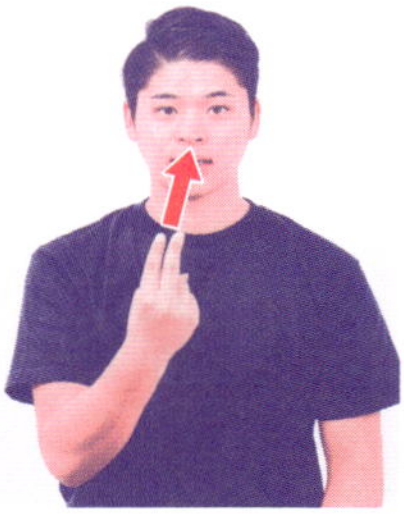

人さし指と中指をのばして鼻に近づける。

同 香り

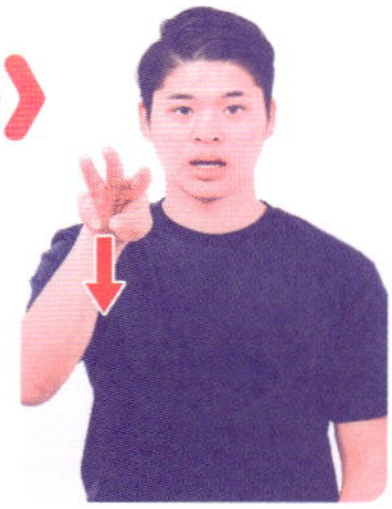

片手の人さし指、中指、薬《くすり》指《ゆび》をのばし、川の字を書くように下げる。

同 川

高知《こうち》

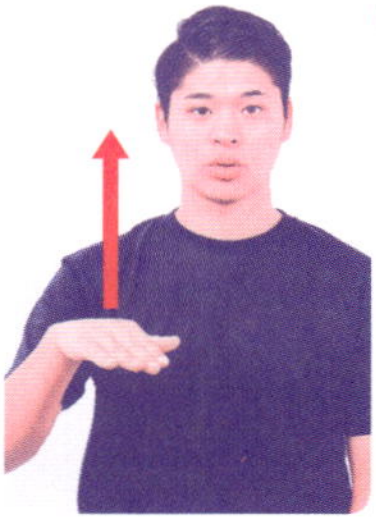

下に向けた片手のひらをむねの前に置き、上げる。

同 高い

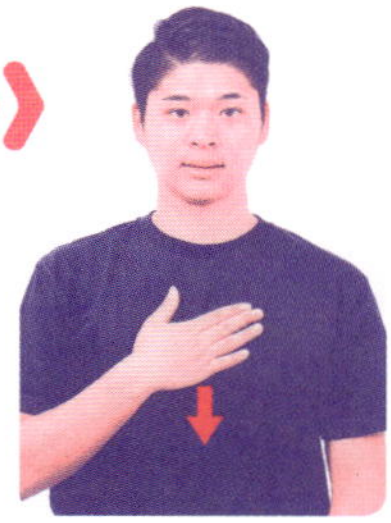

片手のひらをむねにあて、なでるように下げる。

同 わかる、知る

愛媛《えひめ》

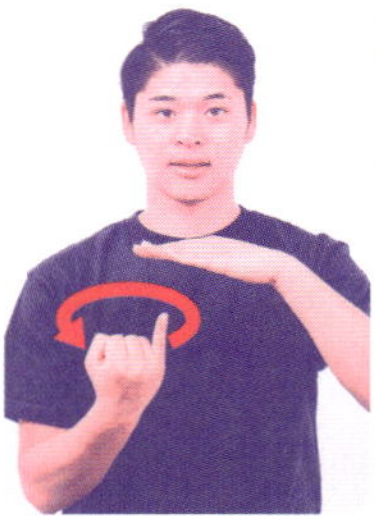

下に向けた左手のひらの下で、小指をのばした右手を水平《すいへい》に回す。

福岡《ふくおか》

右手の親指と人さし指でコの字形《がた》を作り、おなかの前で左から右へ引く。

「愛媛」の手話は
「愛知」（52 ページ）に似ているよ。
愛媛は小指、愛知は親指を
立てるんだ。
まちがえないように注意！

長崎《ながさき》

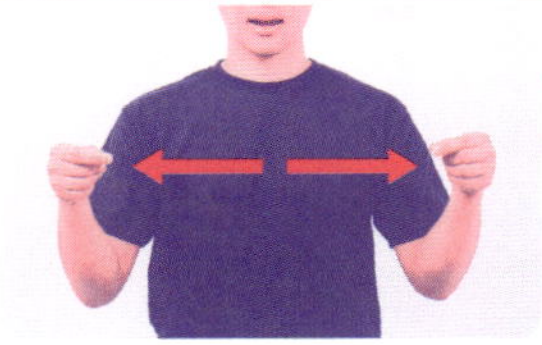

両手の親指と人さし指を付けて中央《ちゅうおう》で合わせ、左右に引く。同 長い

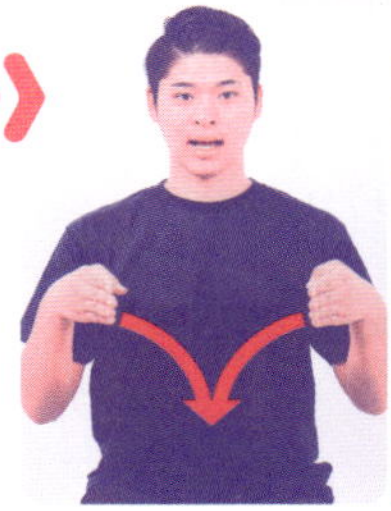

両手ともすべての指をのばしてそろえ、手を前に出しながら指先を付ける。同 先

「長崎」と「宮崎」の「崎（先）」という手話は、「みさき」が由来となっているんだ。

宮崎《みやざき》

両手とも指をのばして開き、ななめに組み合わせる。同 宮

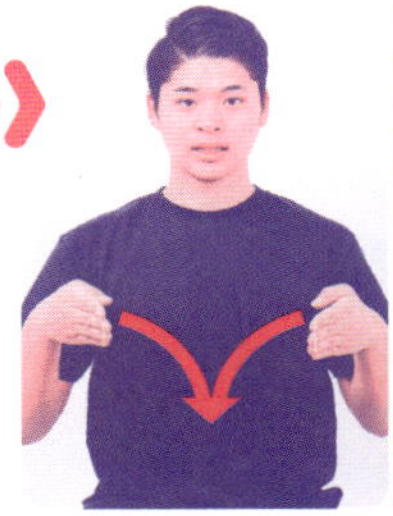

両手ともすべての指をのばしてそろえ、手を前に出しながら指先を付ける。同 先

熊本《くまもと》

両手とも親指と人さし指でL字形を作り、下に向け、おなかにあてる。

鹿児島《かごしま》

両手とも親指、人さし指、中指をのばし、上下にかまえる。

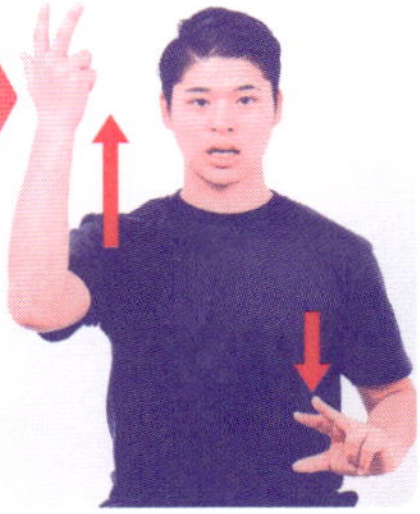

両手をひねりながら、上の手は上げ、下の手は下げる。

佐賀《さが》

片《かた》手《て》の人さし指をのばしてこめかみにあて、その他4指をパッと開く。

「佐賀」の手話の由来となったのは、佐賀出身の大隈重信《おおくましげのぶ》がかぶった帽子という説や、猫怪談《ねこかいだん》で猫が化《ば》ける姫《ひめ》のつけていたかんざしという説があるよ。

大分《おおいた》

右手の親指《おやゆび》と人さし指で輪を作り、左手のこうの上にのせる。

沖縄《おきなわ》

両手とも人さし指と中指を立て、ひねりながら、上の手は上げ、下の手は下げる。

都《と》

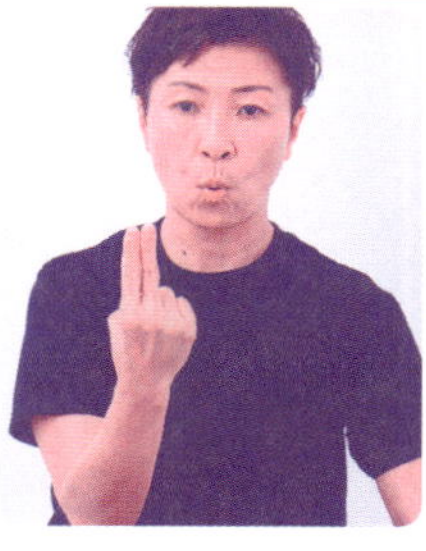

手のこうを前に向け、人さし指と中指を立てる。

府《ふ》

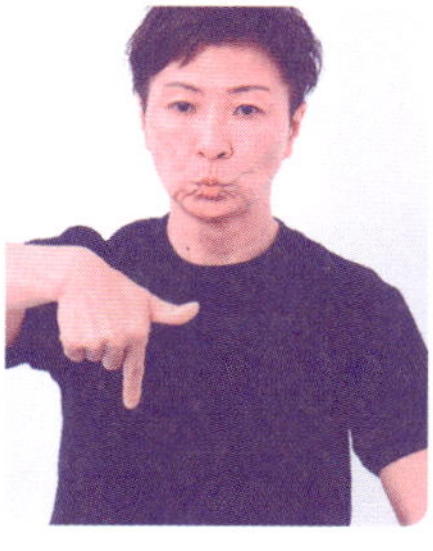

親指を横にのばし、人さし指を下に向ける。

区《く》

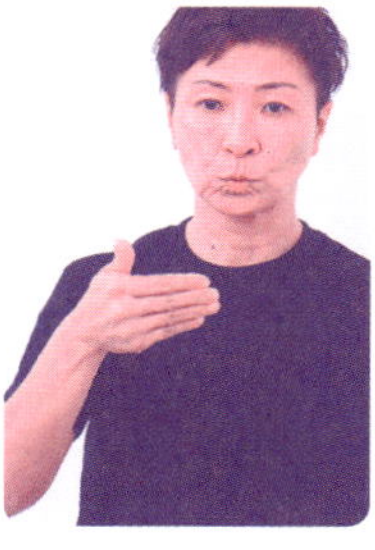

手のこうを前に向け、親指は立て、その他4指はそろえて横にのばす。

市《し》

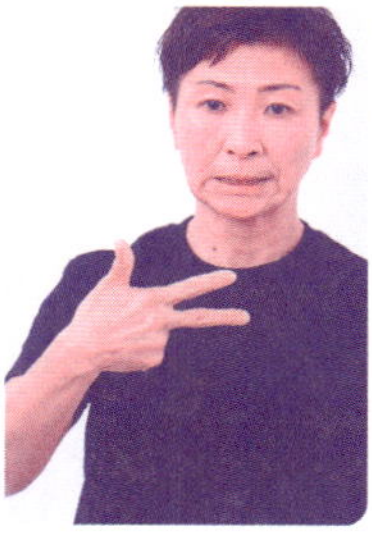

手のこうを前に向け、親指を上に、人さし指、中指を横にのばす。

57ページで「県」「町」「村」の手話をしょうかいしていますが、「都」「府」「区」「市」「郡」はすべて指文字で表《あらわ》すよ。

県

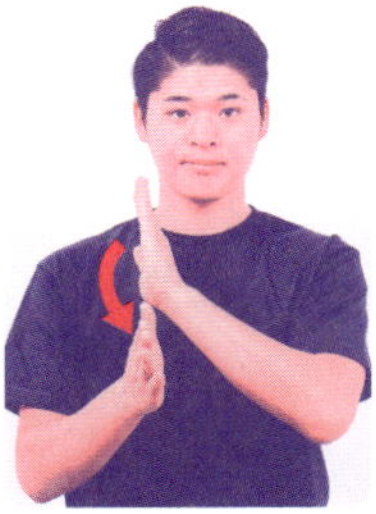

頭の横で両手のひらを合わせ、たがいちがいにずらす。同 省、政府

町

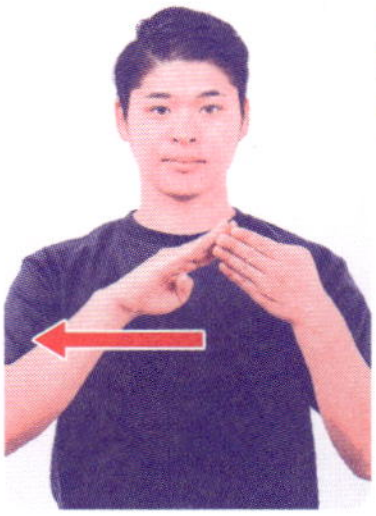

両手で屋根の形を作り、左から右へ手首をひねりながら動かす。

村

左手のすべての指を軽く曲げて下に向け、右手の人さし指を付け、手前に引く。

関東

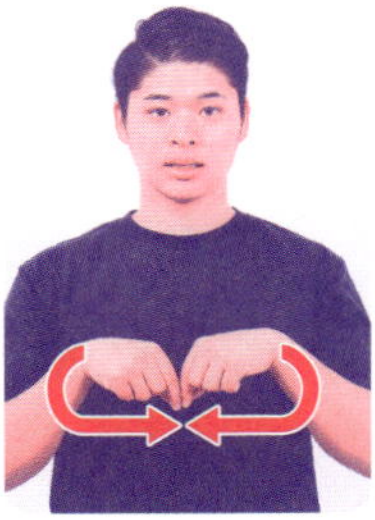

両手の親指と人さし指を付け、半円《はんえん》をえがきながら前に出す。

»

両手とも親指と人さし指でL字形《がた》を作り、同時に1回上げる。同 東

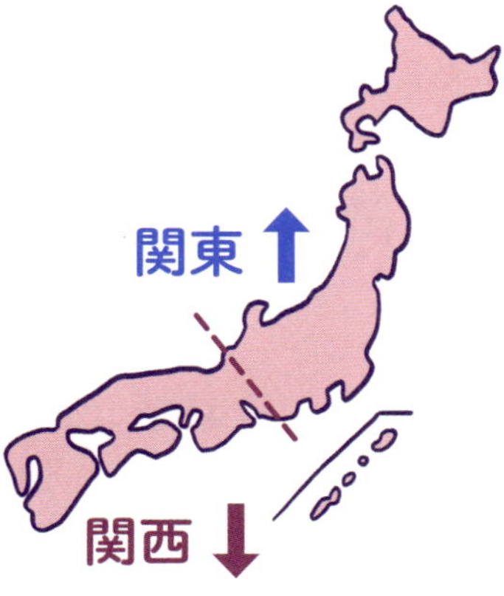

関西

両手の親指と人さし指を付け、半円をえがきながら前に出す。

»

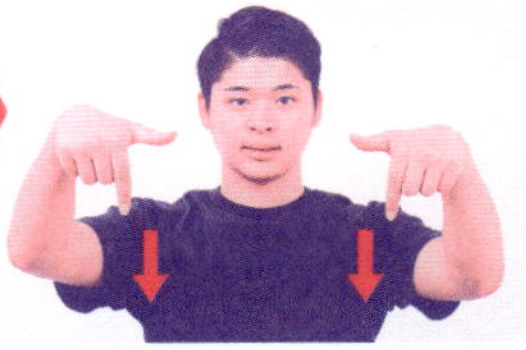

両手とも親指と人さし指でL字形を作り下に向け、同時に1回下げる。同 西

コラム

ろう者《しゃ》の日常生活《にちじょうせいかつ》での工夫《くふう》あれこれ

はるとくん

ろう者は音が聞こえない生活を送っているんだよね？ 生活の中で困ることがたくさんあるんじゃないかな？ 例《たと》えばチャイムが聞こえないとか。

モンキー高野

ろう者はいろいろな工夫をしているんだ。チャイムの代わりに、ライトが点灯《てんとう》するようにしているよ。ほかにも、目覚まし時計のアラーム音が聞こえないから、振動《しんどう》（バイブレーション）して時間を知らせてくれる時計があるんだ。

ゆいちゃん

なるほど！　テレビを見るときはどうしてるんですか？

モンキー高野

字幕《じまく》を表示させればアニメやドラマも楽しめるし、同時に手話通訳《しゅわつうやく》をしているニュース番組もあるよ。

はるとくん

ぼく、手話ニュースを見たことがあるよ！
レストランや買い物に行ったときはどうするんだろう？

モンキー高野

身ぶり手ぶりで伝えることもできるし、場合によっては筆談《ひつだん》で伝えるよ。たとえ手話を知らない、できない人ともコミュニケーションは取れるんだ！

クイズの答え

P33 → ❶あおい　❷はる　❸りん
P39 → ❶3月3日（ひなまつり）　❷7月7日（たなばた）　❸4月30日

3章《しょう》

すきなことについて話《はな》そう

君《きみ》はどんなことを手話《しゅわ》で伝《つた》えてみたい?
すきなスポーツやしゅみ、食《た》べ物《もの》、おしゃれ、夢《ゆめ》……。
自分《じぶん》や相手《あいて》のことについてたくさんおしゃべりしよう!

- スポーツ・習《なら》いごと
- 季節《きせつ》・天気《てんき》
- 料理《りょうり》・食《た》べ物《もの》
- おしゃれ
- 将来《しょうらい》の夢《ゆめ》
- 旅行《りょこう》・国《くに》

スポーツ・習《なら》いごと

何か習いごとをしてる？

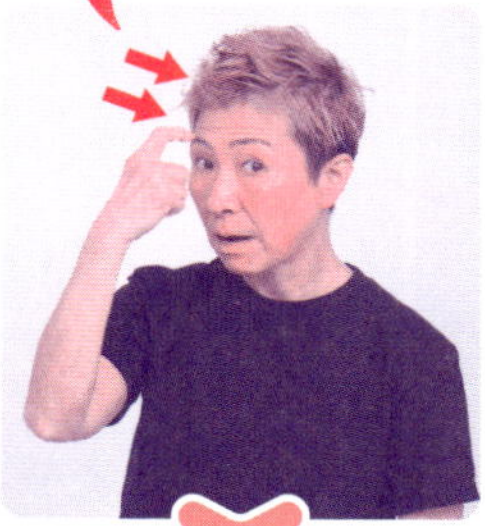

習う

片手《かたて》の人さし指をひたいの前あたりで２回ふる。

同 教わる

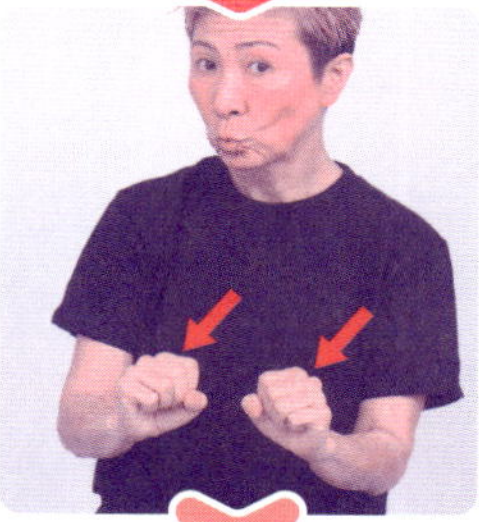

している

両手《りょうて》のこぶしを下向きにして、同時に前に出す。

同 する、行う、実行

何？

片手の人さし指をのばして立て、軽く数回ふる。

同 どう、どうした、どこ

最近《さいきん》ピアノ教室《きょうしつ》に通《かよ》っているよ

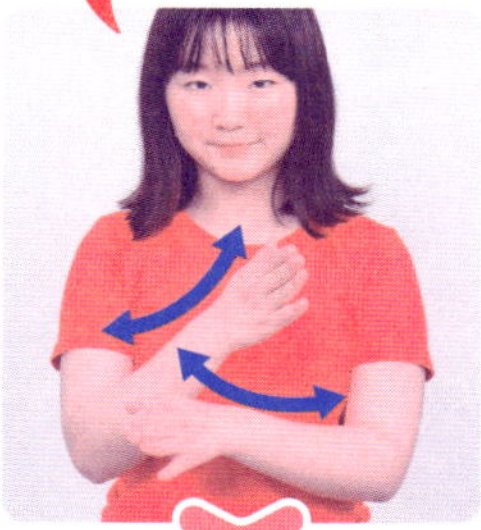

最近

両手のひらを左右で向かい合わせ、中央《ちゅうおう》で交差《こうさ》させ、また開く。

同 そろそろ

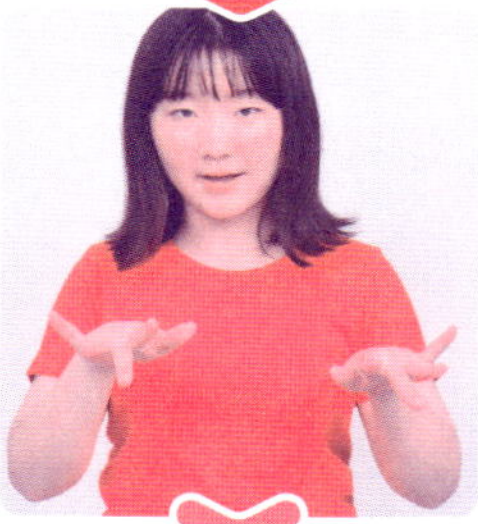

ピアノ

両手とも下に向け、ピアノをひくように指を動かしながら左右に動かす。

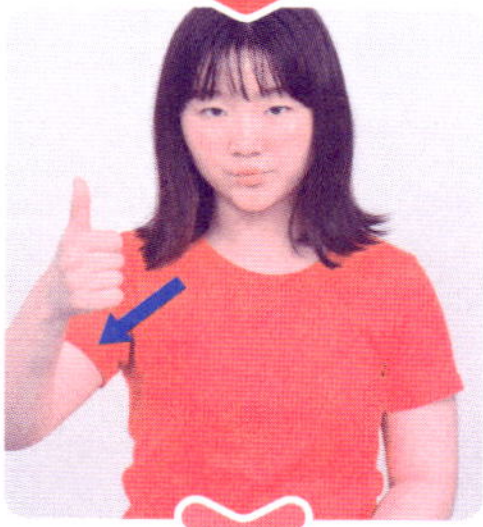

通う

片手の親指《おやゆび》を立て、むねの前から数回少し前に出す。

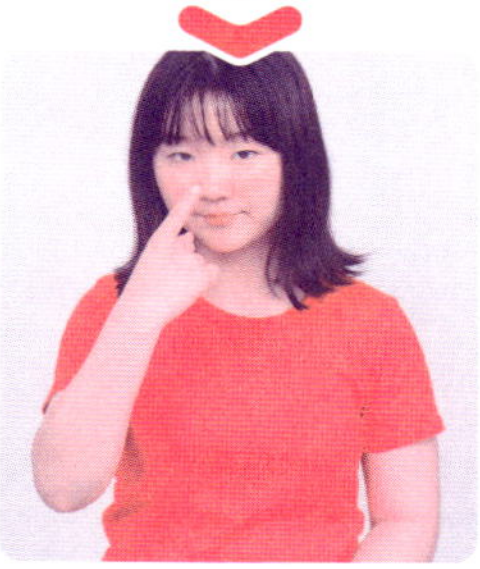

わたし

のばした人さし指で自分を指す。

しゅみや習いごとの手話を覚えていこう！

バレエ

両手のひらを自分に向け、指先を下に向ける。

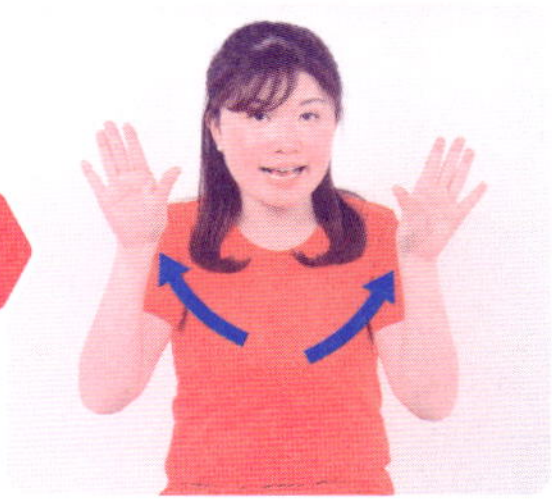

両手とも同時に手首をひねって、前に向ける。

ダンス

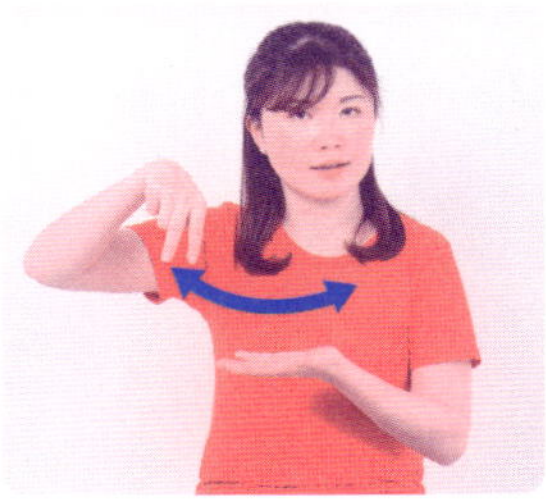

右手の人さし指と中指を下に向け、左手のひらの上で左右にふる。

書道

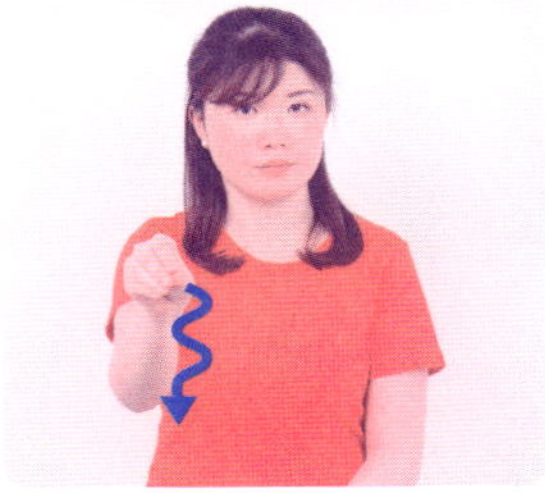

親指、人さし指、中指の指先を付け、筆で字を書くように下げる。

バイオリン

両手とも軽くにぎり、バイオリンをひくようにかまえ、片手を左右に動かす。

英会話

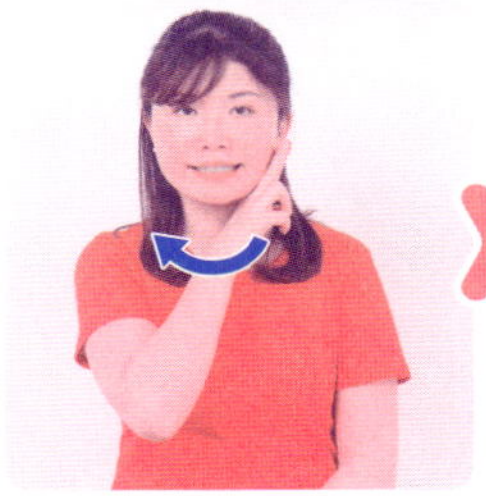

人さし指と中指を左ほおにあて、あごにそって右に動かす。同 イギリス

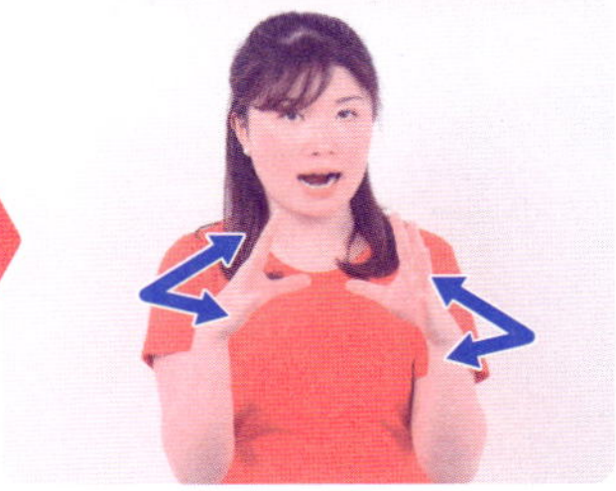

両手を左右で向かい合わせ、数回同時に開いたり閉じたりする。同 会話、おしゃべり、話し合い

スポーツ・習《なら》いごと

釣《つ》り

左手の人さし指を、人さし指をのばした右手でにぎり、手首を上に向ける。

将棋《しょうぎ》

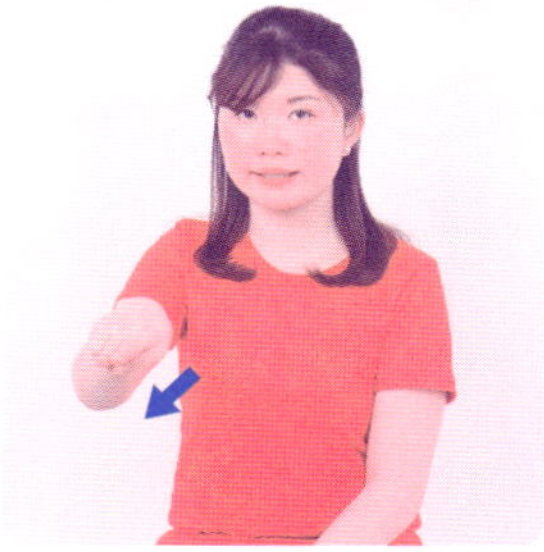

片手の人さし指と中指を前にのばし、少し前に出す。

囲碁《いご》

片手の人さし指と中指をからめて前にのばし、ポンと下げて、横に動かす。

映画《えいが》

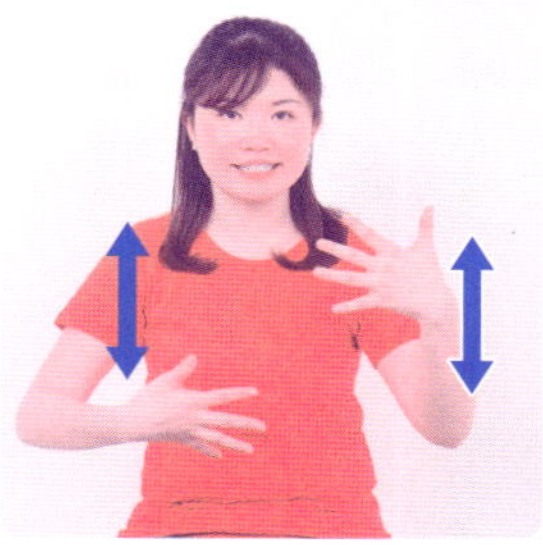

両手《りょうて》のひらを自分に向けて上下にかまえ、たがいちがいに上下させる。

観劇《かんげき》

両手のこぶしを左右でかまえ、手首をひねって向きを変える。 同 芝居、ドラマ、芸、演じる

親指《おやゆび》と人さし指で輪を作り、目の前から少し前に出す。 同 見る

コンサート

両手とも人さし指と中指をそろえてのばし、口元から前に出す。

プラモデル

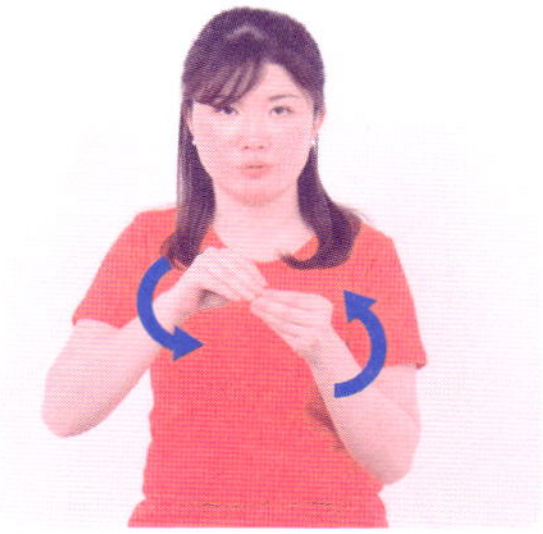

両手とも指先をすぼめて指先を付け、たがいちがいに手首をひねる。 同 組み立てる

マンガ

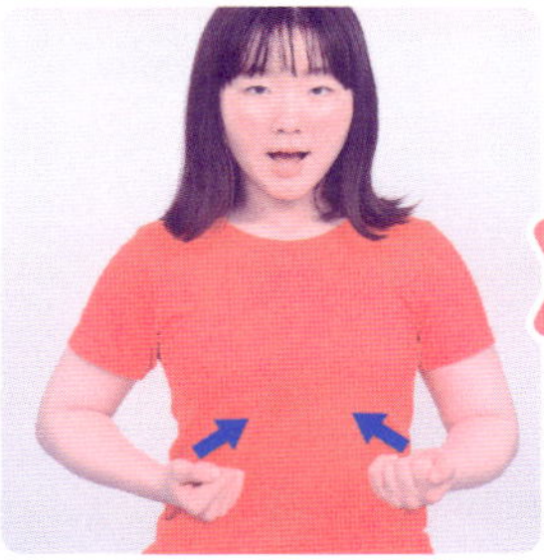

両手のこぶしをおなかの前に置き、同時に数回おなかをたたく。同 おもしろい

両手のひらを合わせて、同時に左右に1回開く。
同 本、メニュー

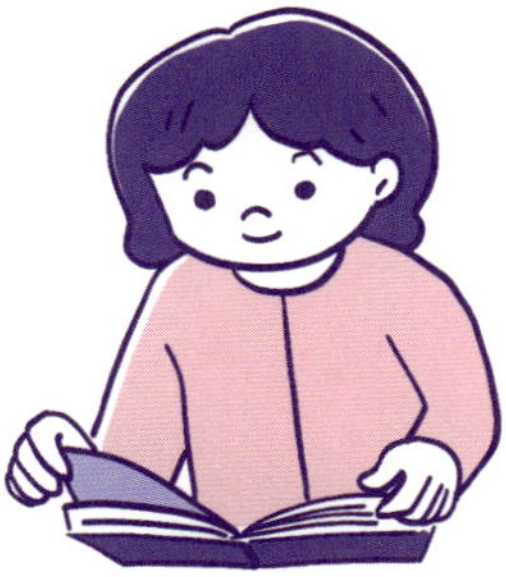

読書

両手のひらを合わせて、同時に左右に1回開く。
同 本、メニュー

右手の人さし指と中指をのばし、左手のひらの上で上下させる。同 読む

横書きの読み物を読むときは、のばした人さし指と中指を左右に動かそう。

ゲーム

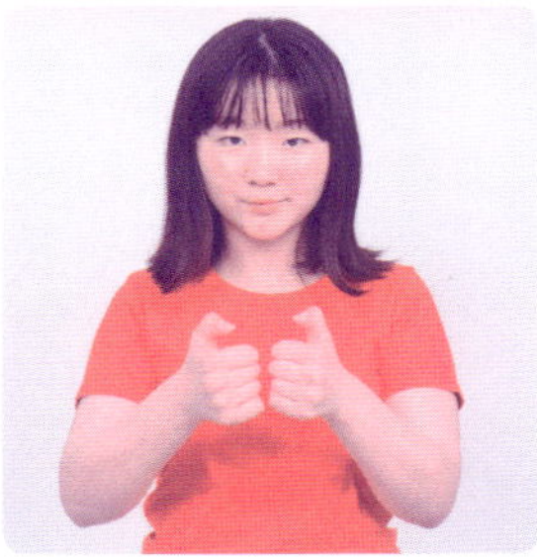

両手のこぶしを向かい合わせ、両手とも親指だけ立ててボタンをおすように動かす。

YouTube

立てた左手のひらの横で、親指と小指をのばした右手を上下に回す。

左手を指文字「Y」(32ページ)にすることもあるよ。

スポーツの手話を覚えていこう！

サッカー

左手のひらの上で、中指《なかゆび》を下にのばした右手を前後にふる。

バスケットボール

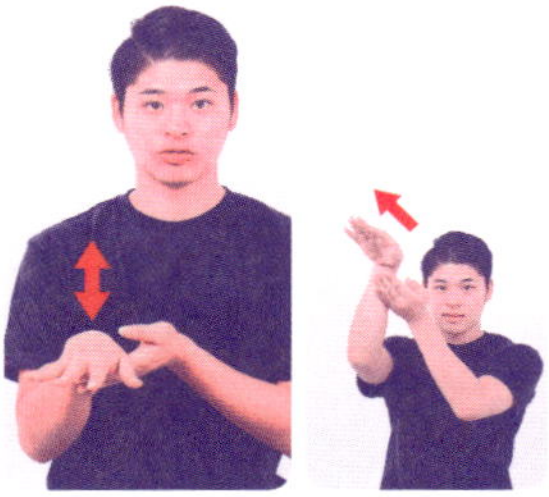

バスケットボールをドリブルしてシュートする動きをする。

なわとび

両手《りょうて》とも軽くにぎり、なわを回すように、体の横で手首を回す。

ドッジボール

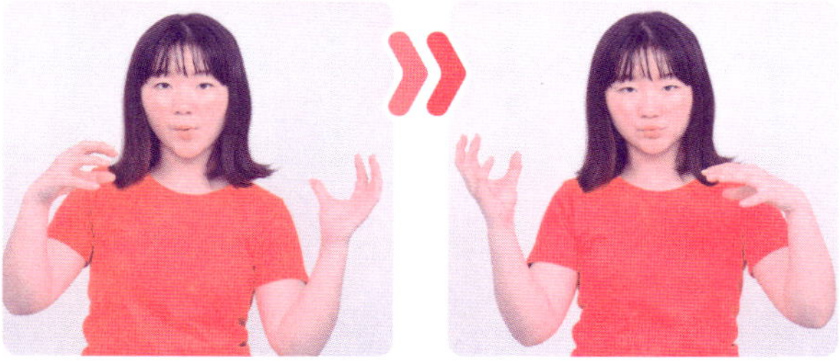

両手のひらを左右に開いて向かい合わせ、同時に左にかたむける。

手の形はそのままで、同時に右にかたむける。

テニス

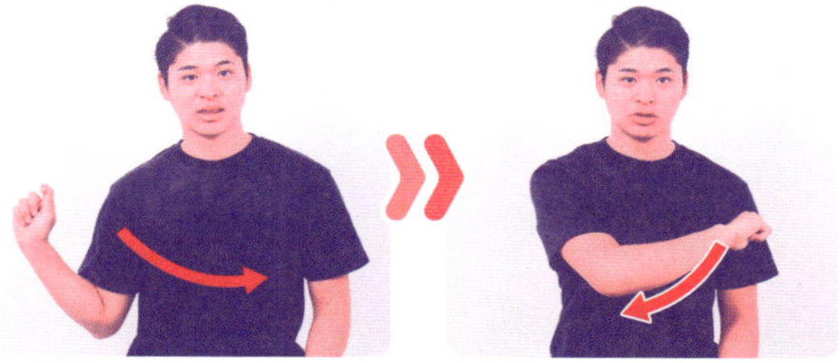

片手を軽くにぎり、ラケットをふるように、後ろから前へ動かす。

反対側でも手を後ろから前へふる。

水泳

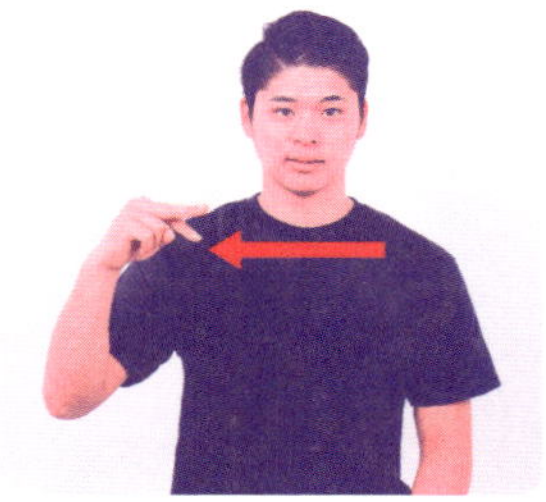

片手の人さし指と中指を横にのばし、交ごに動かしながら横に動かす。

バレーボール

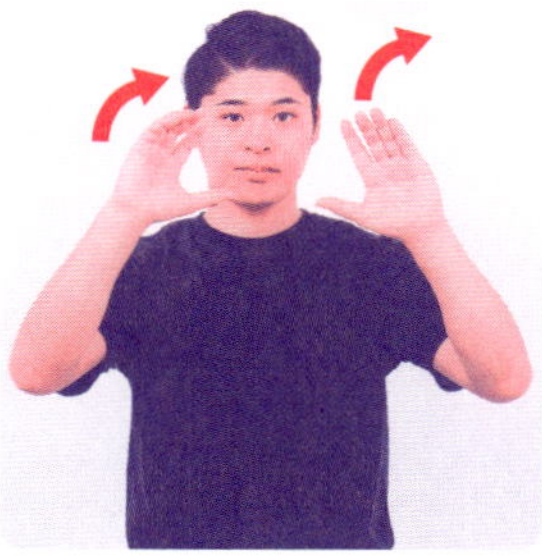

両手のひらをひたいの前でかまえ、トスするように少し上げる。

卓球《たっきゅう》

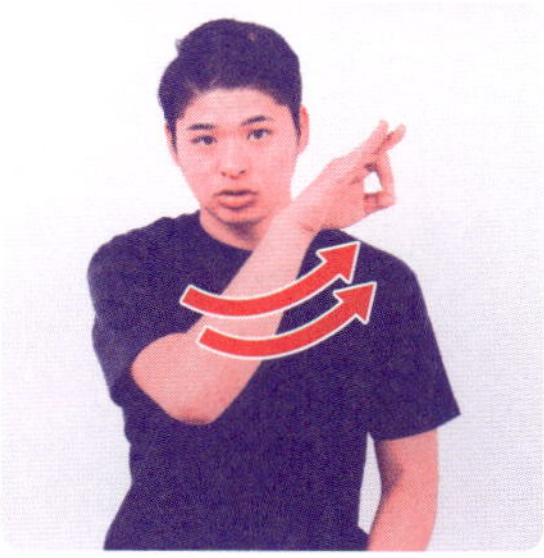

片手の親指《おやゆび》と人さし指で輪を作り、その他3指は開き、ななめ上に2回上げる。

自転車《じてんしゃ》

両手のこぶしを下に向け、左右交ごに回す。

剣道《けんどう》

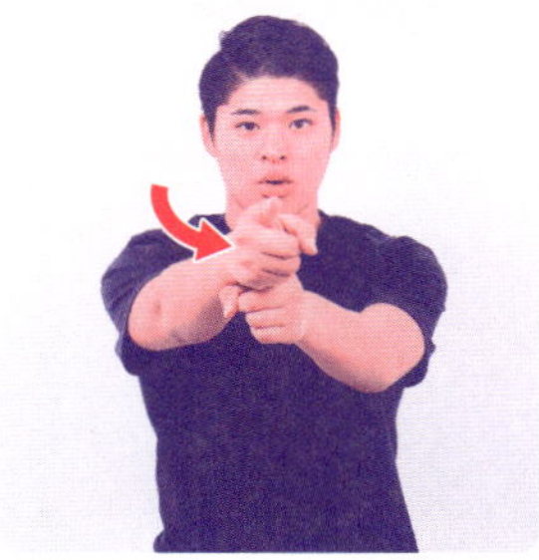

両手とも人さし指をのばして上下にかまえ、顔の前に置き、竹刀《しない》をふるように前に出す。

柔道《じゅうどう》

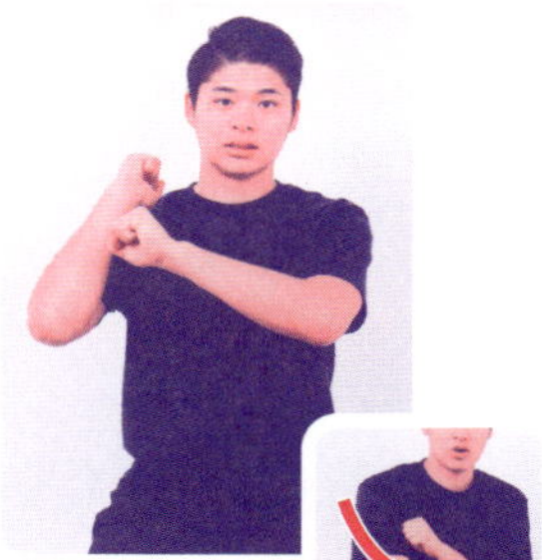

両手のこぶしをかたの前でかまえ、ななめ下にふり下ろす。

空手《からて》

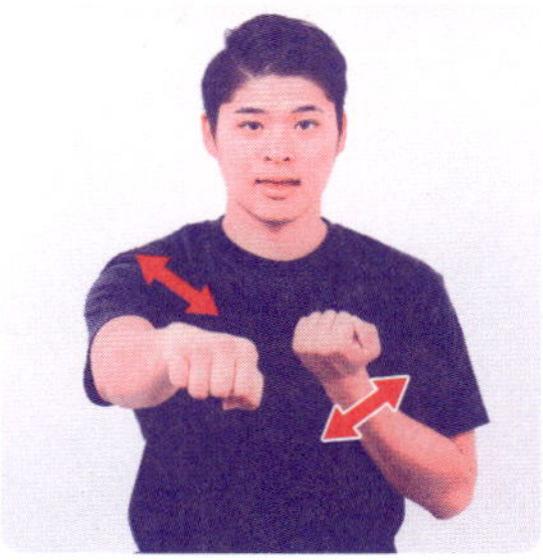

両手のこぶしを上向きにかまえて、手首をひねって交ごに前に出す。

スケート

両手のひらを向かい合わせ、たがいちがいに前後に出す。

スキー

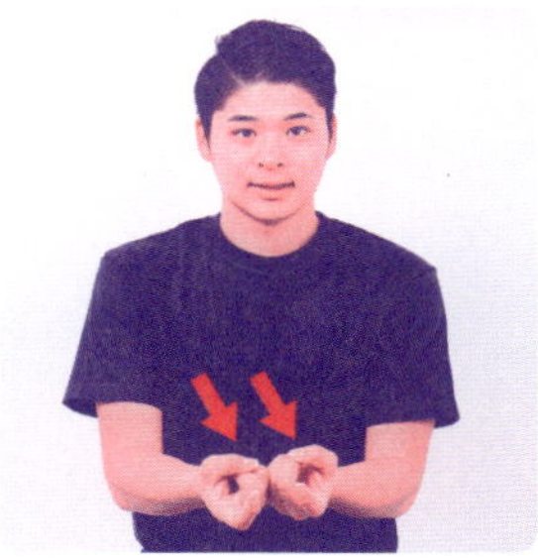

両手とも人さし指をカギ形《がた》に曲げて前に向け、同時に前に出す。

スノーボード

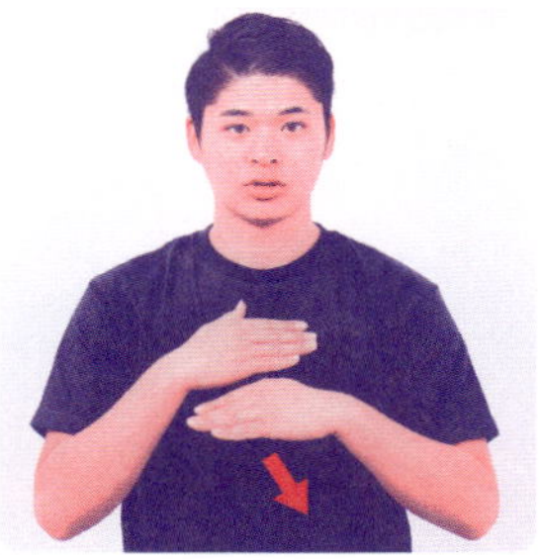

両手のひらを下に向け、前後にかまえ、同時に少し前に出す。

Q 手話クイズ③

手話のクイズを出すよ。
何を表《あらわ》しているか当ててみよう！
▶答えは 92 ページにあるよ！

Q1

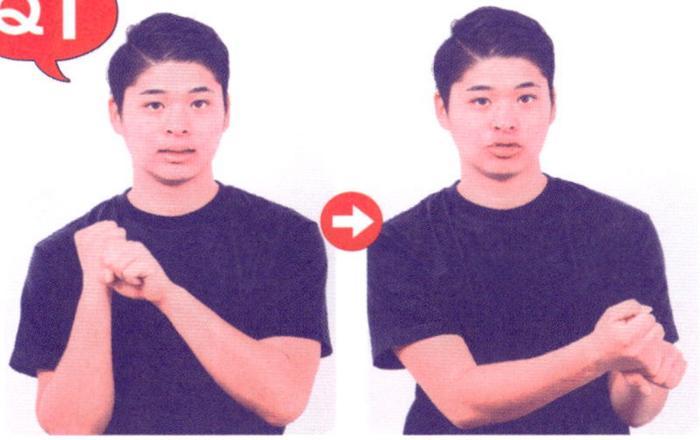

両《りょう》手《て》のこぶしを上下に合わせ、何かをふるように同時に下げる。

何かを持って
ふってるんだね

Q2

両手のひらを前に向けて、交ごに前に出す。

両手を前につき
出す動きという
ことは…

Q3

両手のこぶしをわきの前にかまえ、同時に軽く上下に動かす。

ろう者に人気の趣《しゅ》味《み》

ろうの子どもたちも、ゲームやスポーツが大すき！　耳が聞こえなくても、やり方やルールを工夫して競技するデフスポーツ（92 ページ）を楽しんでいるよ。リズムを感じながら、ダンスだってできるんだ。
スポーツや趣味の手話は、その動きと指文字で表すと通じるよ。

季節《きせつ》・天気《てんき》

どの季節がすき？

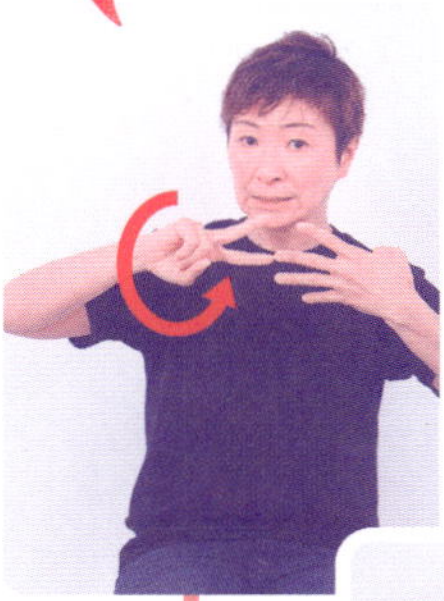

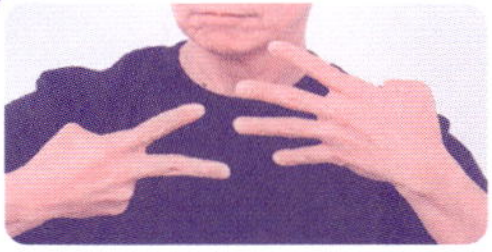

季節

片手の親指《おやゆび》以外《いがい》の４指をのばして横に向け、もう片方の手の人さし指と中指をのばして、ひねりながら下げる。同 四季《しき》

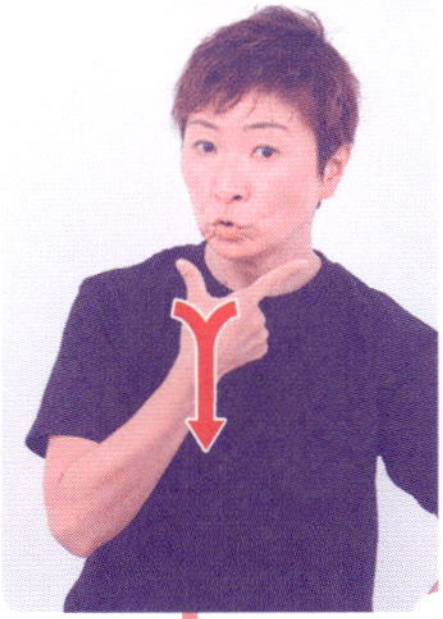

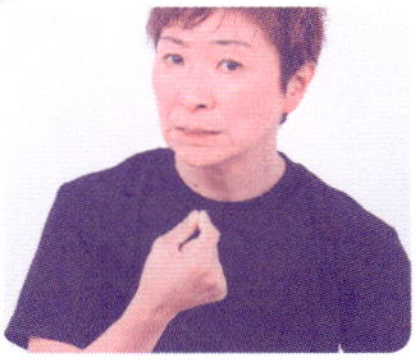

すき

親指と人さし指をのばして（その他の指は軽くにぎり）あごの前あたりにかまえ、指をすぼめながら手を下げる。同 ～したい、希《き》望《ぼう》、欲《ほ》しい

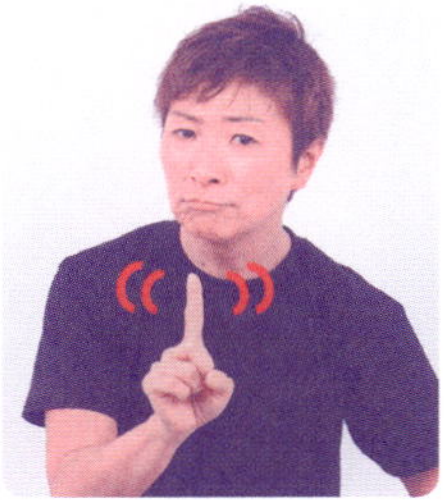

何？

片手の人さし指をのばして立て、軽く数回ふる。

同 どう、どうした、どこ

春がすきだよ

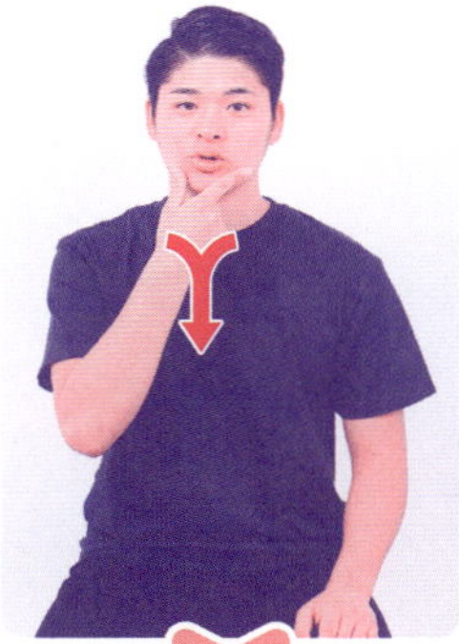

すき

親指と人さし指をのばしてあごの前あたりにかまえ、指をすぼめながら手を下げる。同 ～したい、希望、欲しい

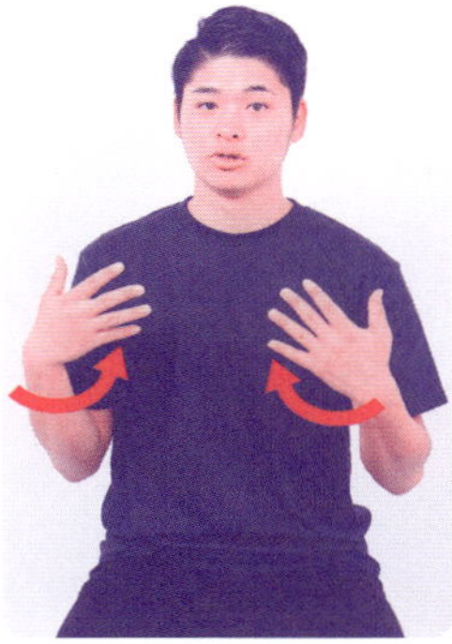

春

両手のひらをおなかの前あたりに置き、ふわりとあおぐように数回すくい上げる。同 暖《あたた》かい

いい天気だね

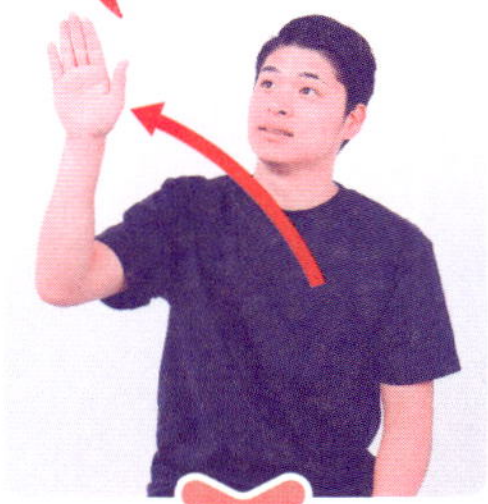

天気

手のひらを前に向けてむねの前あたりに置き、弧《こ》をえがくように手を上げる。

同 空

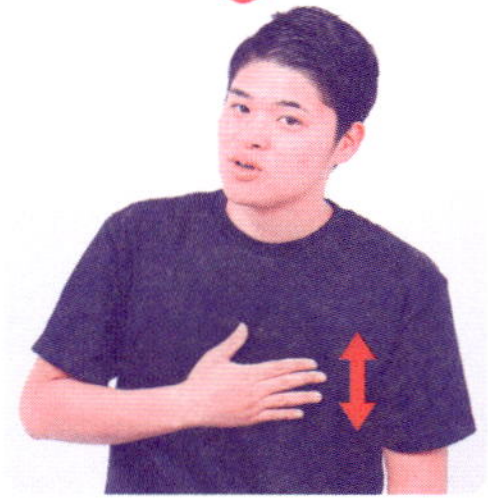

気分がよい

手のひらをむねにあて、２回上下させる。

同 心地よい

雨が降《ふ》りそうだね

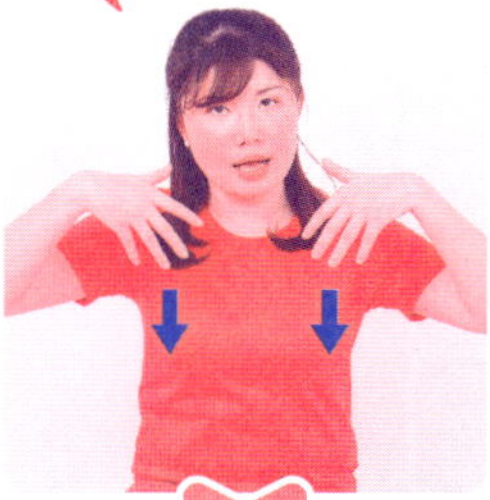

雨

指先を下に向けて両手《りょうて》を顔の前あたりでかまえ、同時に上下させる。

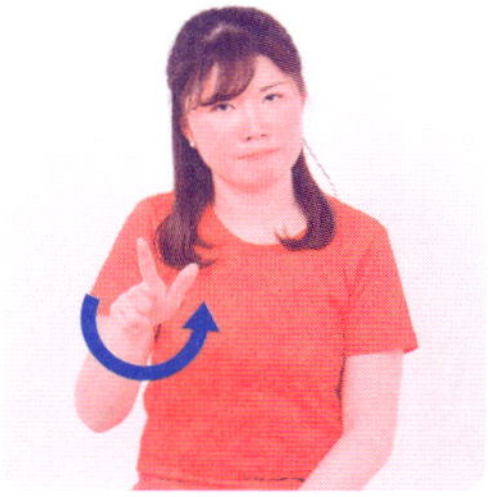

ちがう?

人さし指と親指《おやゆび》をのばし（その他《た》の指は軽くにぎり）、前に向け、手首をひねる。

かさを持ってる?

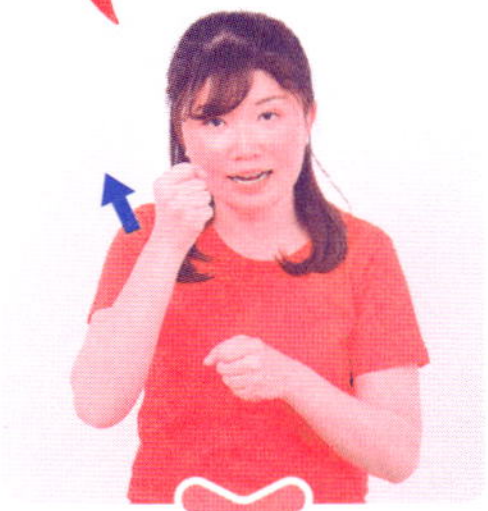

かさ

かさを持っているように両手のこぶしを上下にかまえ、かさを開くように上の手を少し上げる。

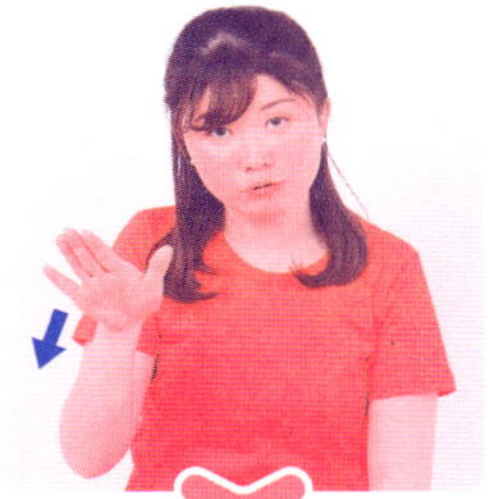

ある?

手のひらを下に向けてむねの前あたりに置き、少し下げる。

あなた?

のばした人さし指で、相手を指す。

暑いね

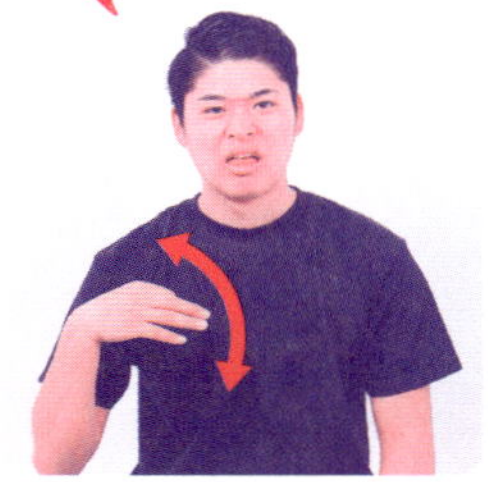

暑い

手を軽くにぎり、顔の横であおぐように手を２回ほど上下にふる。

同 南、夏

季節や天気の手話を覚えていこう！

夏

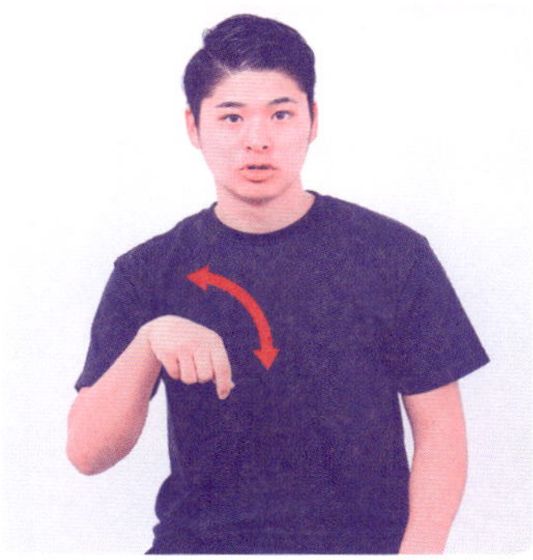

手を軽くにぎり、顔の横であおぐように手を2回ほど上下にふる。 同 南、暑い

秋

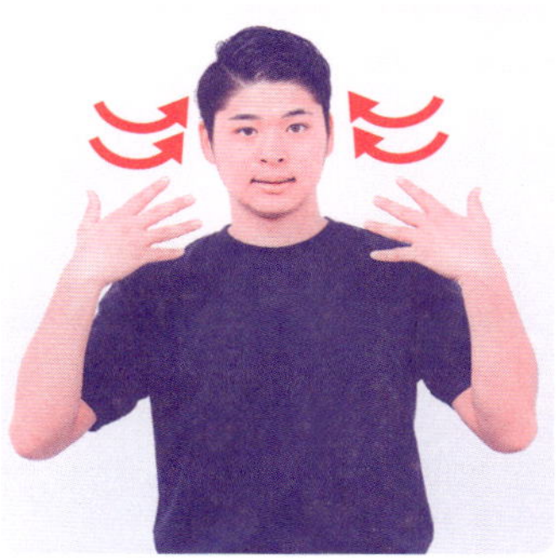

両手のひらをかたのあたりでかまえ、顔に風を送るように数回あおぐ。 同 涼しい

冬

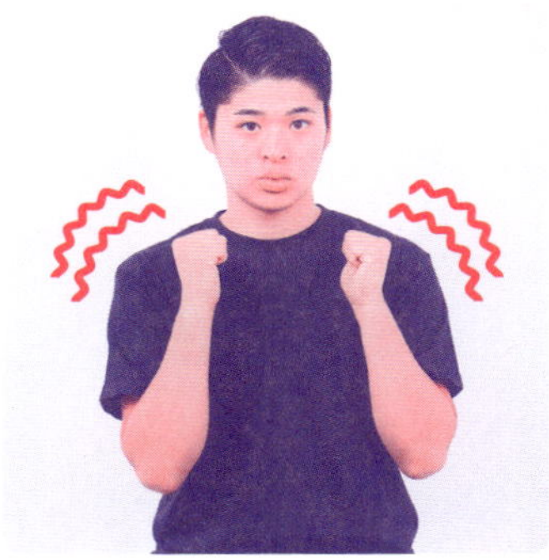

かたをすぼめ、にぎった両手をむねの前にかまえ、体をふるわせる。 同 寒い、冷たい

太陽

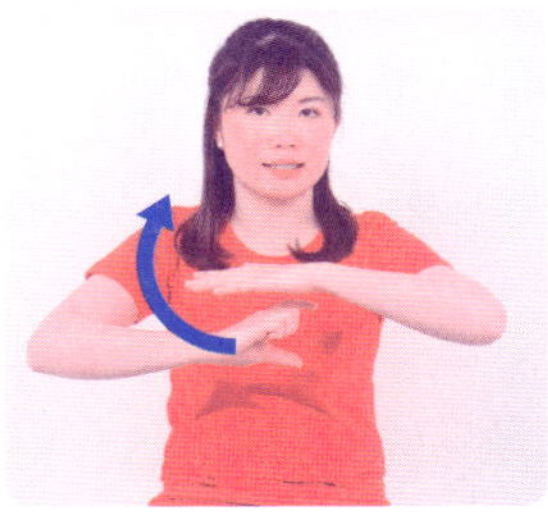

親指と人さし指をのばした右手を、左手のひらの下から上げる。

くもり

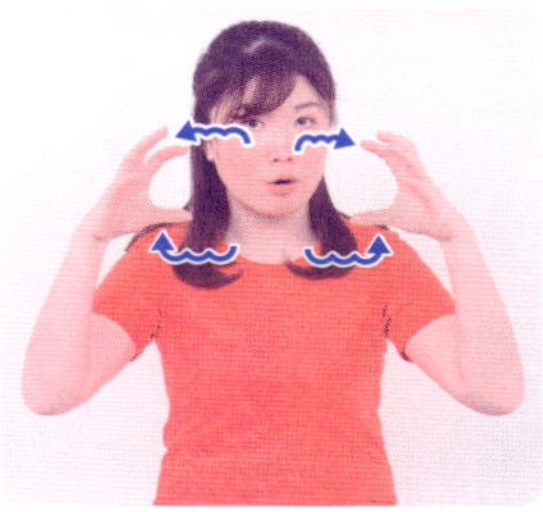

わん曲させた両手を向かい合わせ、指を曲げたり開いたりしながら横に引く。 同 雲

晴れ

両手を交《こう》差《さ》させ、同時に左右に開く。 同 明るい、始まる

天気予報《よほう》

片手のひらを前に向けて、むねの前から弧《こ》をえがくように上げる。同 天気、空

片手のひらを上に向けて、雲をえがくようにゆらしながら上げる。同 想像《そうぞう》

台風《たいふう》

両手《りょうて》の人さし指をのばして上下に向かい合わせ、たがいちがいに回す。

両手のひらを前に向けて顔の横にかまえ、ななめ下に下げる。同 風

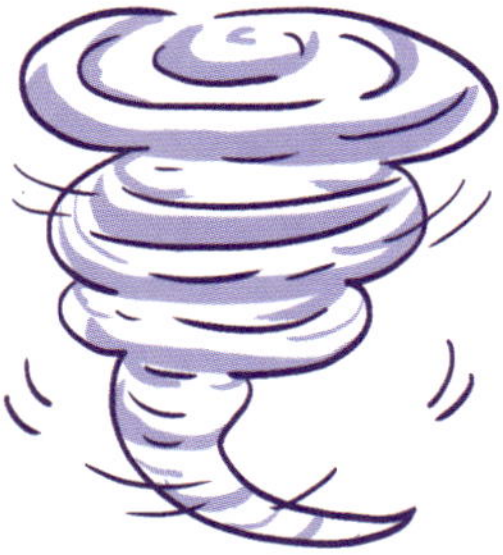

にじ

右手の親指《おやゆび》、人さし指、中指をのばし、左から右へ弧をえがく。

きり

両手のひらを合わせたあと、たがいちがいに回してはなす。

梅雨《つゆ》

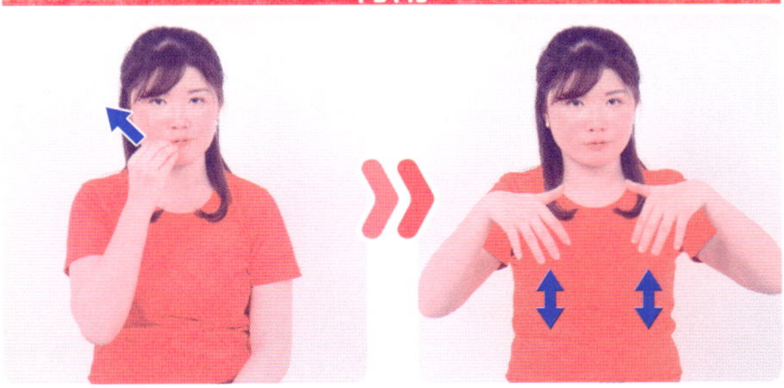

片手のすべての指先を口元に付け、ほおに上げる。同 梅

両手の指先を下に向けて顔の前あたりでかまえ、同時に上下させる。同 雨

気温

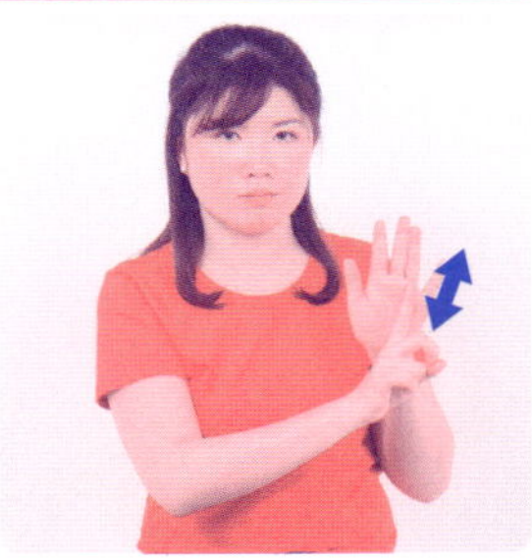

左手のひらを前に向け、その前で、右手の人さし指をのばして上下させる。同 温度

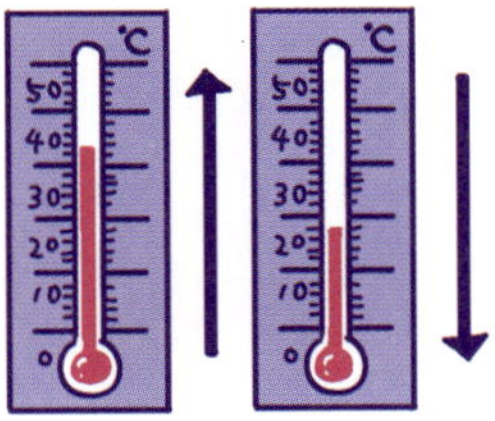

℃
50
40
30
20
10
0
℃
50
40
30
20
10
0

しめっぽい

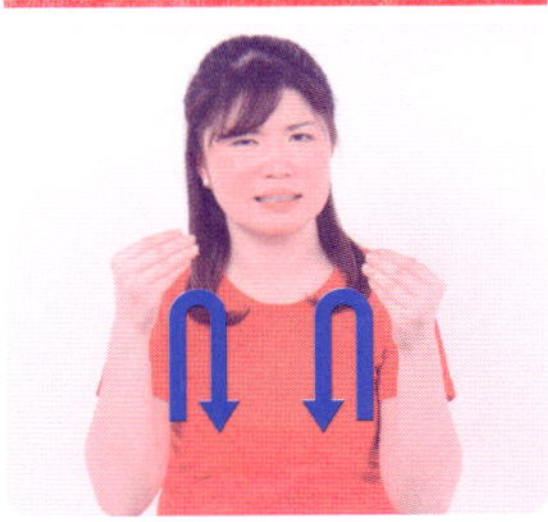

両手を向かい合わせ、指先を付け、指先をはなしながら上げ、手を下げながら再び指先を付ける。

かんそう

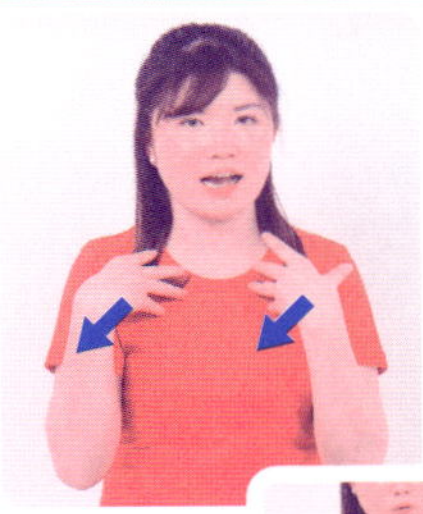

両手をかたの前にあて、指をすぼめながら前に出す。

ゲリラ豪雨《ごうう》

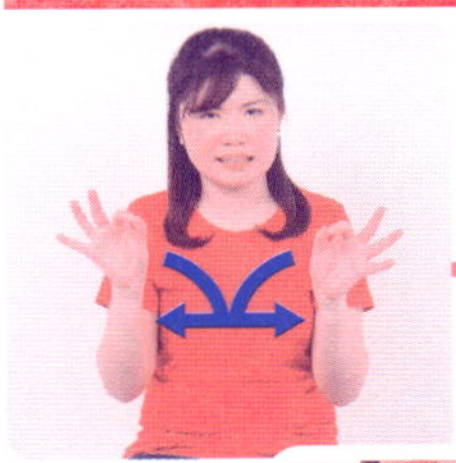

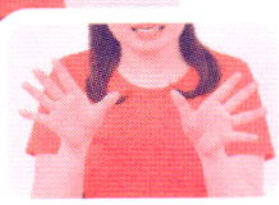

両手とも親指と人さし指で輪を作り、中央でぶつけてから手を開く。同 いきなり、急に、いっしゅん

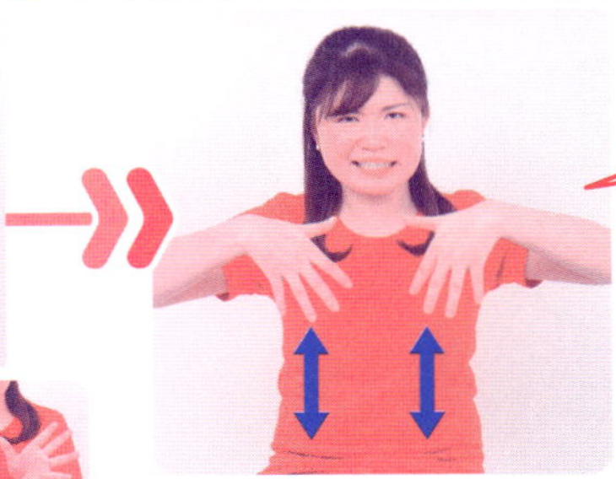

両手の指先を下に向けて顔の前あたりでかまえ、同時に激しく上下させる。

気持ちや強弱を、
手話で伝えるときには、
表情《ひょうじょう》もとても
大事だよ!

手話クイズ ④

手話のクイズを出すよ。
何を表《あらわ》しているか当ててみよう！

▶答えは 92 ページにあるよ！

Q1

両手《りょうて》とも親指《おやゆび》と人さし指で輪を作り、ゆらゆらゆらしながら交ごに上下させる。

何かが降ってるのかな?

Q2

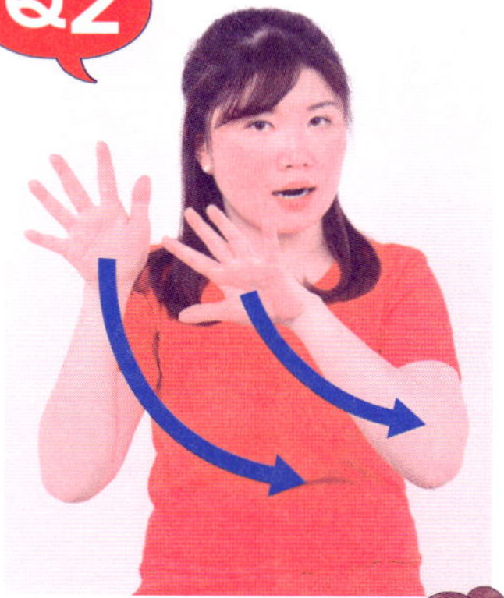

両手を前に向けて顔の横にかまえ、ななめ下に下げる。

空気がぶわっと流れる動きだね

Q3

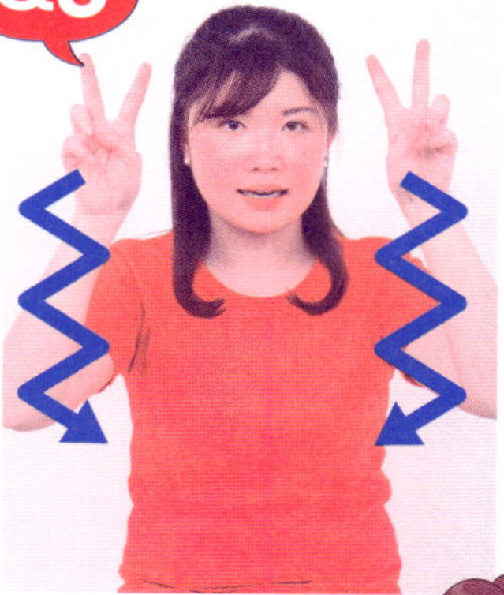

両手とも人さし指と中指を立てて、頭の横に置き、ジグザグに下げる。

手の動きに特ちょうがあるね

Q4

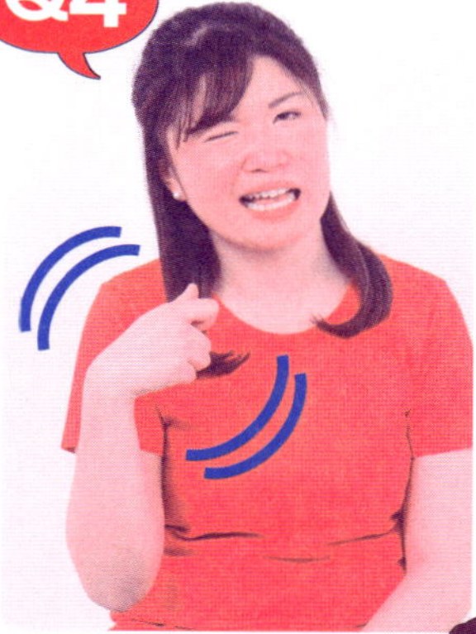

片手をにぎり、顔の横ではげしくあおぐように手を上下にふる。表情はけわしくする。

うちわであおいでるみたいな動きだね

料理《りょうり》・食《た》べ物《もの》

すきな食べ物は何？

食べる

片手の人さし指と中指をのばし、口元に数回すくい上げる。

同 食事、ご飯

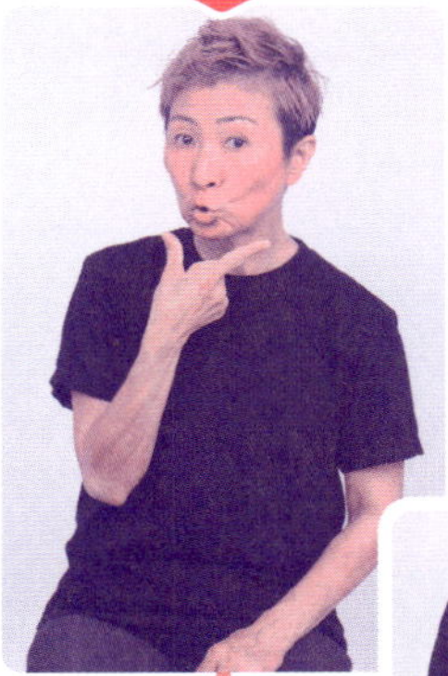

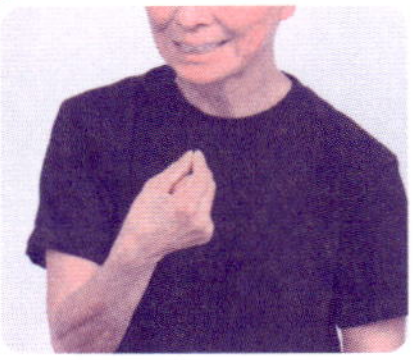

すき

親指と人さし指をのばしてあごの前あたりにかまえ、指をすぼめながら手を下げる。同 ～したい、希望《きぼう》、欲《ほ》しい

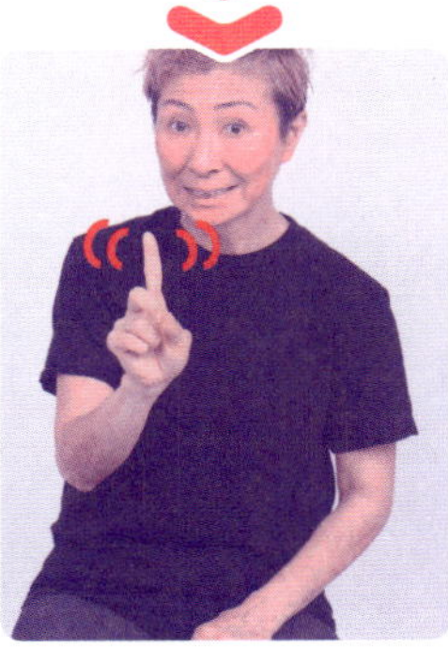

何？

片手の人さし指をのばして立て、軽く数回ふる。

同 どう、どうした、どこ

わたしはイチゴのショートケーキがすき！

イチゴ

すべての指を軽くすぼめた片手を鼻にあてる。

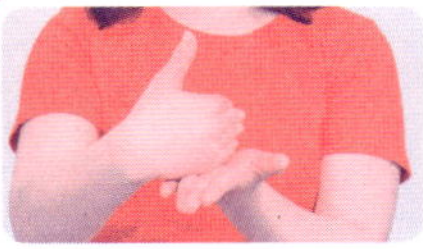

ケーキ

左手のひらの上で右手のひらを前向き、横向きにまっすぐあてる。

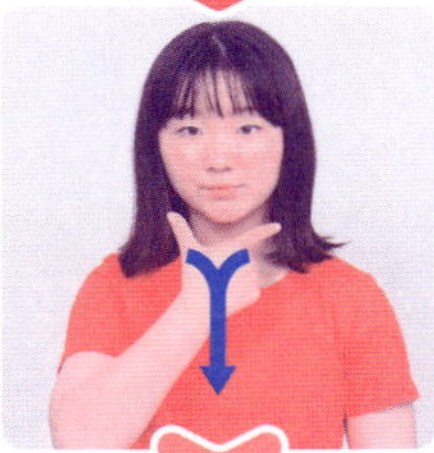

すき

親指と人さし指をのばしてあごの前あたりにかまえ、指をすぼめながら手を下げる。同 ～したい、希望、欲しい

わたし

のばした人さし指で自分を指す。

料理・食べ物の手話を覚えていこう！

食事

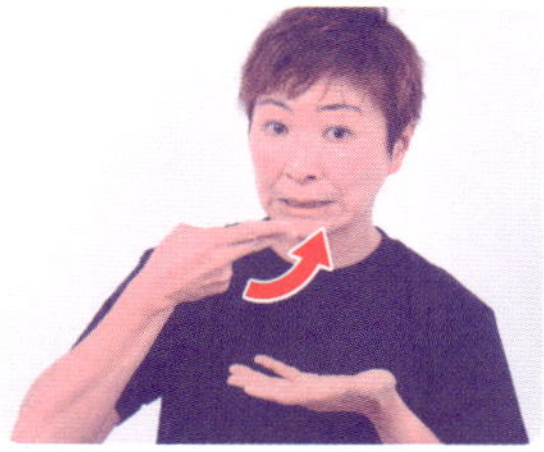

左手のひらを上に向けて、右手の人さし指と中指を口元に数回すくい上げる。

同 食べる、ご飯

お弁当《べんとう》

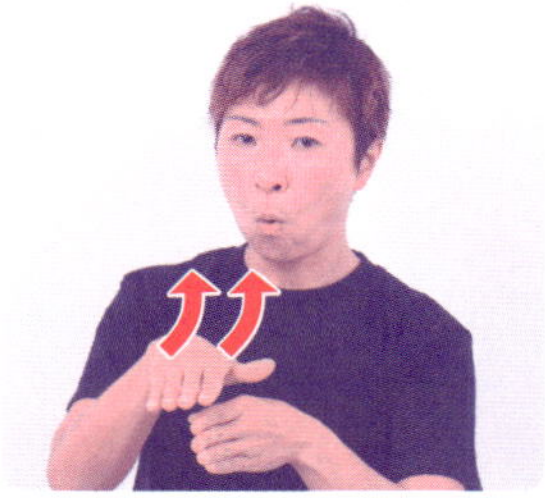

左手のひらを立て、左手の親《おや》指《ゆび》に右手のひらを2回こすりつける。

みそしる

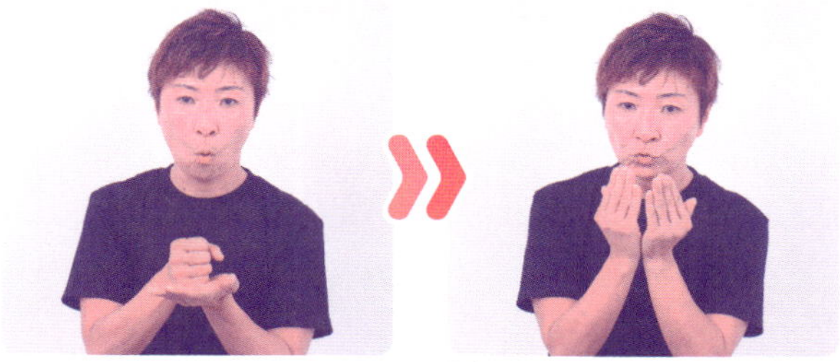

左手のひらの上に右手のこぶしを置き、回してこすりつける。

両《りょう》手《て》のひらを軽く曲げて口元に近づける。

おにぎり

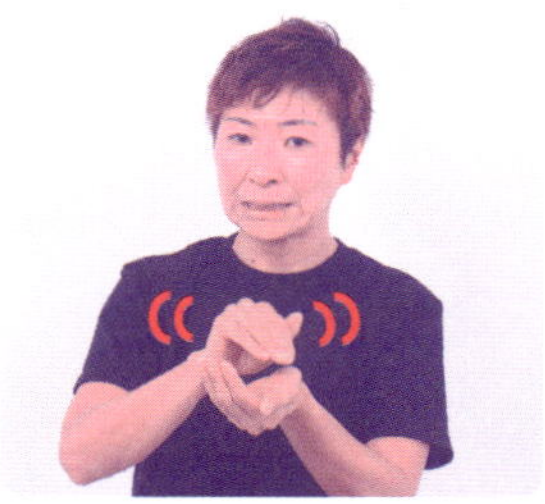

両手のひらを軽く曲げて、おにぎりをにぎるように上下に合わせる。

焼《やき》肉《にく》

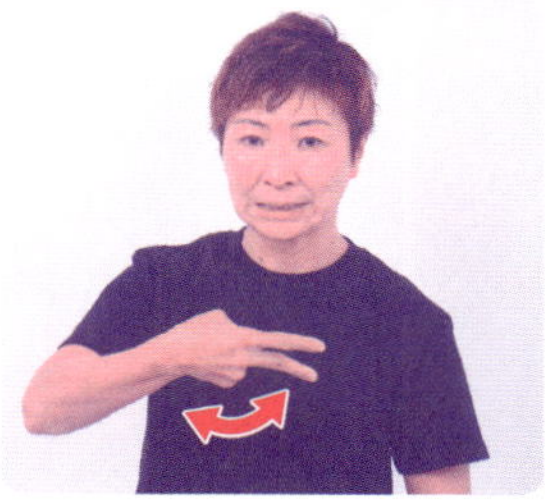

片手の人さし指と中指を少し開いて下に向け、左右前後に動かす。

すし

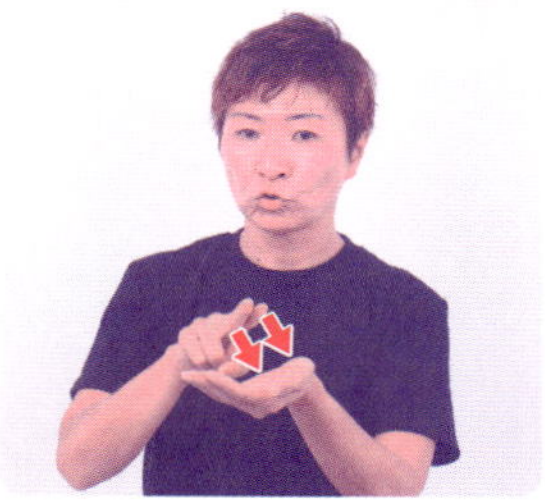

左手のひらを軽く曲げて上に向け、右手の人さし指と中指を2回あてる。

カレー

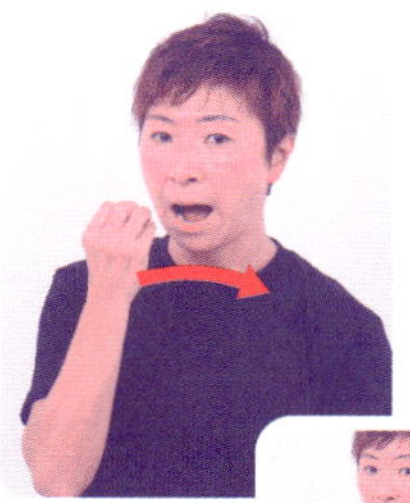

すぼめた片手を口元に置き、横にパッと開く。

パン

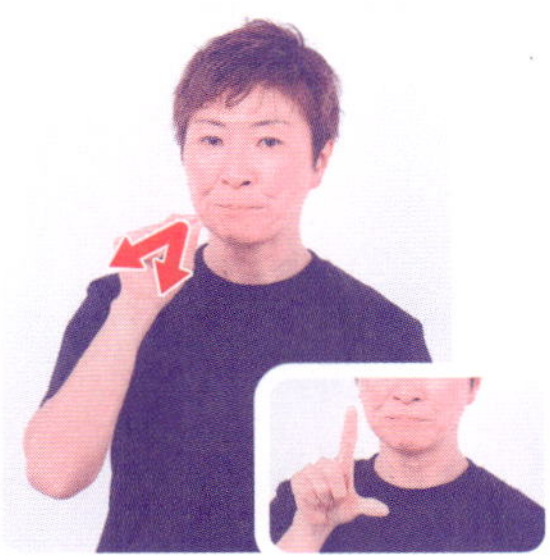

親指と人さし指を付けた片手を口元からいきおいよく前に出し、指先をはなす。

サンドイッチ

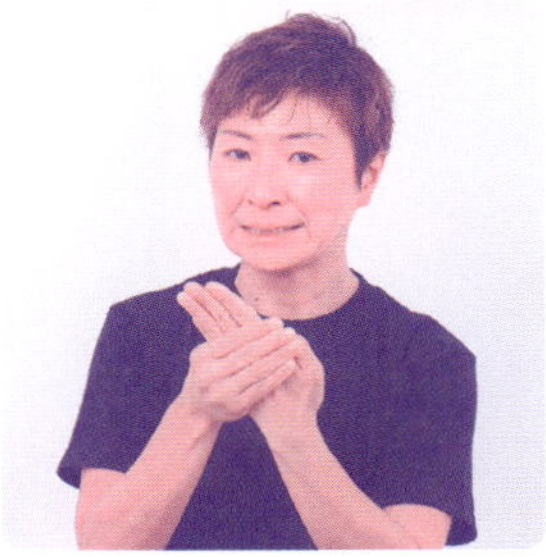

右手で左手のひらをはさむ。

ハンバーガー

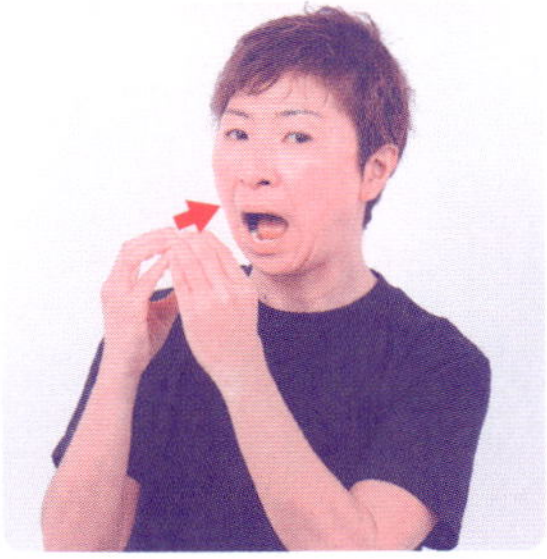

両手ともすべての指を軽く曲げ、口元に近づける。

ラーメン

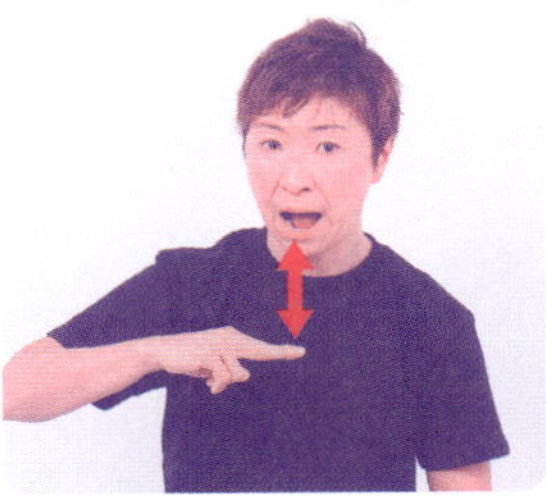

片手の人さし指と中指をそろえて横にのばし、口元に近づけたりはなしたりする。

同 うどん、そば

スパゲッティ

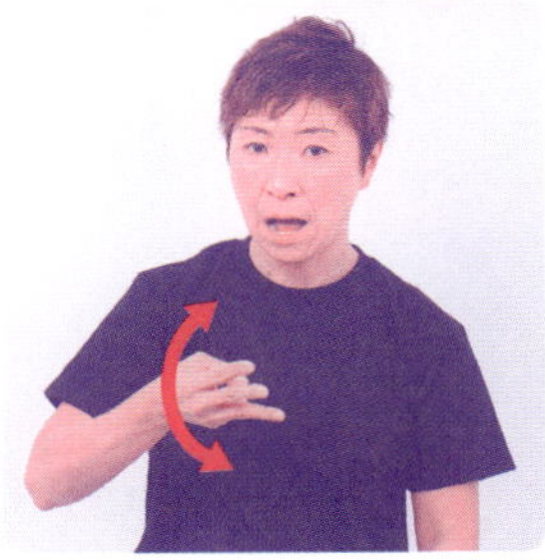

片手の人さし指、中指、薬指《くすりゆび》を下にのばし、手首を2回ひねる。

スープ

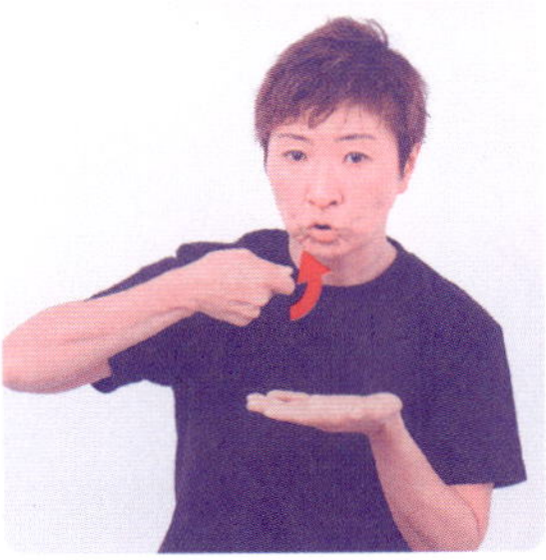

左手のひらを上に向け、右手はスプーンを持ってすくい上げるように動かす。

デザート

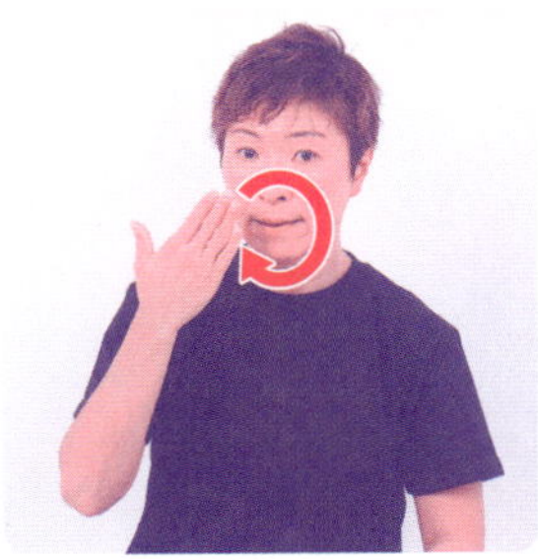

すべての指をそろえた片手のひらを、口元で1周半回す。

同 甘い、砂糖《さとう》、佐藤（名字）

くだもの

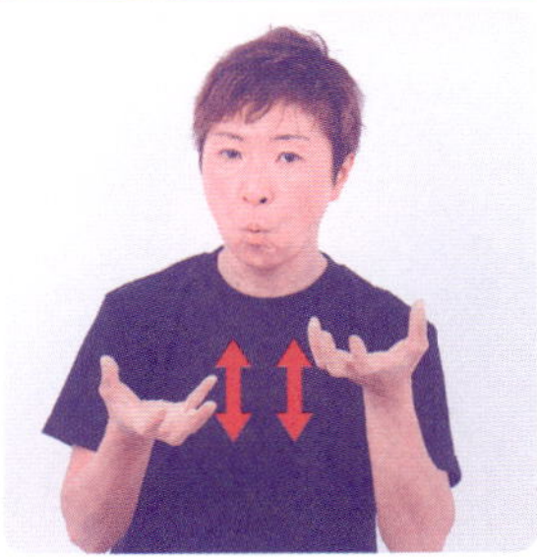

わん曲させた両手を上に向け、交ごに上下させる。

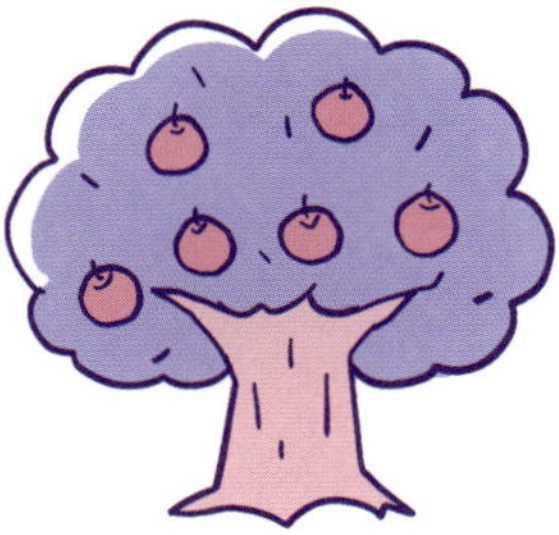

緑茶《りょくちゃ》

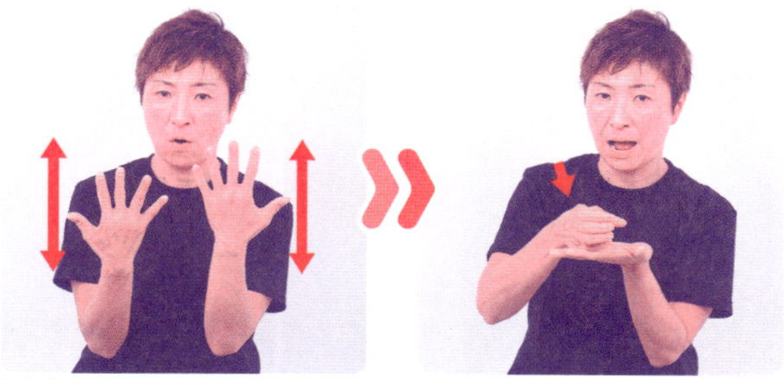

両手《りょうて》ともこうを前に向け、交ごに上下させる。

同 緑、草、芝生《しばふ》、森

左手のひらの上に、つつ型にした右手をあてる。

同 お茶

ウーロン茶

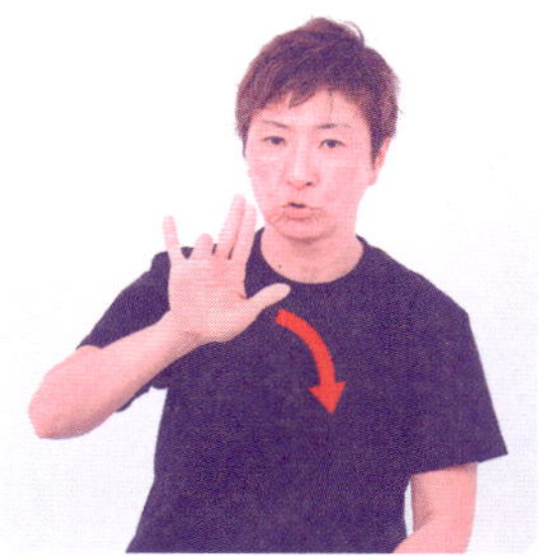

片手《かたて》の薬指《くすりゆび》以外の4指をのばし、手首をひねって下に向ける。

紅茶《こうちゃ》

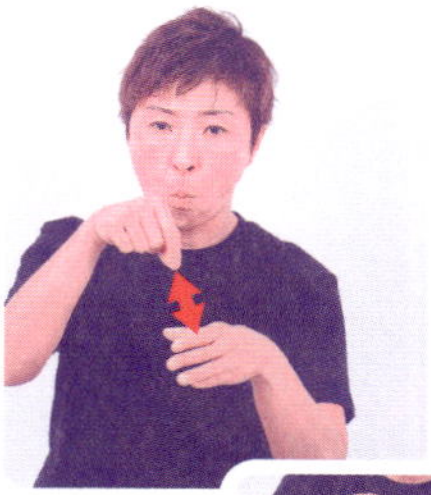

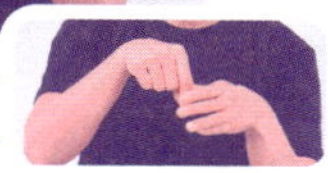

左手でカップ、右手でティーバッグを持つようにし、数回上下させる。

牛乳《ぎゅうにゅう》

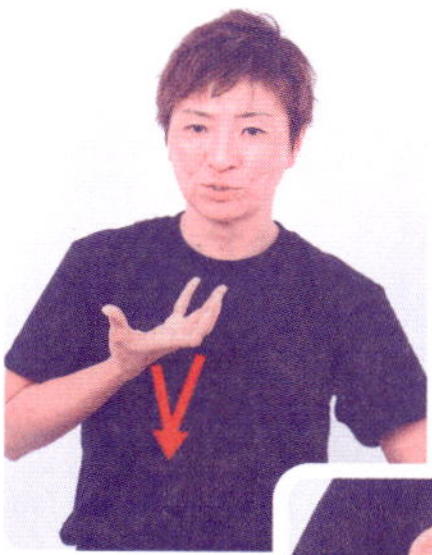

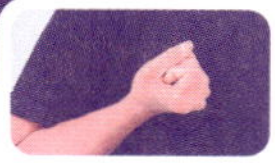

すべての指を軽く曲げた片手をむねの前に置き、にぎりながら下げる。

パフェ

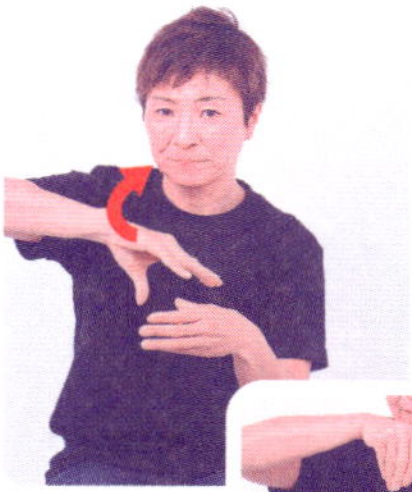

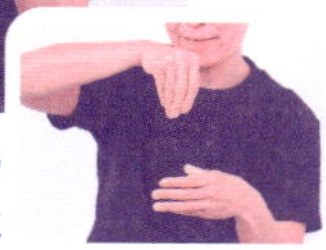

左手はグラスを持つようにかまえ、右手は下に向けてひねり上げながらすぼめる。

ジュース

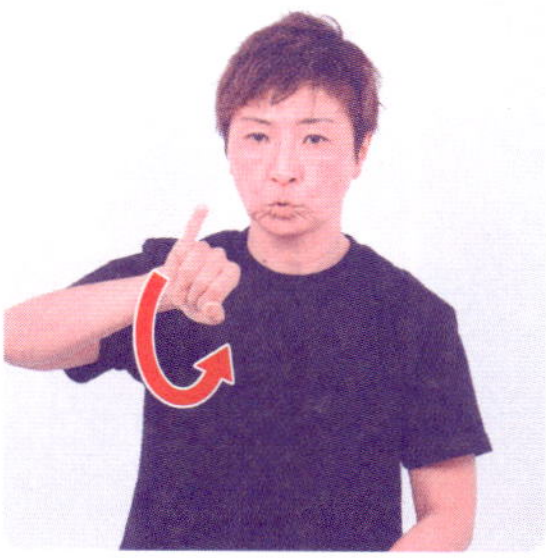

片手の小指を立て、手首をひねって「J」の字をえがく。

砂糖《さとう》

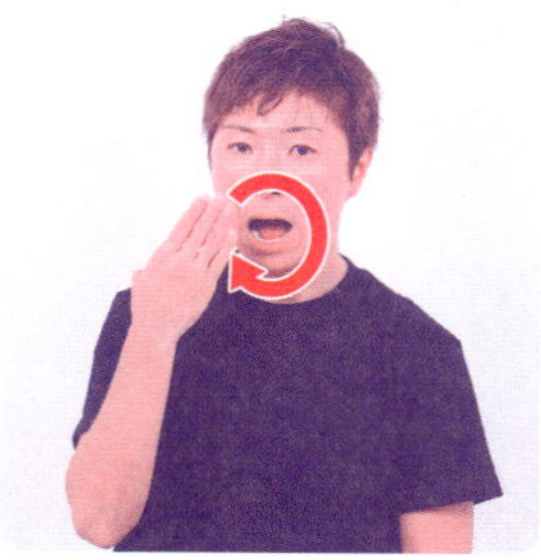

すべての指をそろえた片手のひらを、口元で1周半回す。

同 甘い、デザート、佐藤（名字）

塩《しお》

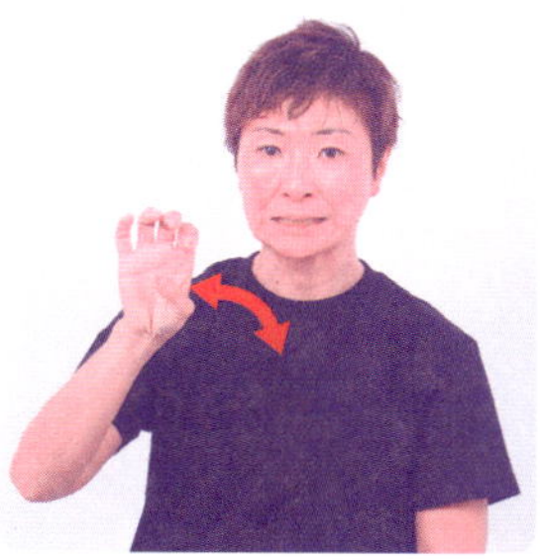

すべての指を軽く曲げた片手を、びんをふるように手首をじくに動かす。

手話クイズ⑤

手話のクイズを出すよ。
何を表《あらわ》しているか当ててみよう！

▶答えは 92 ページにあるよ！

Q1

片手のこぶしを前に向けて口元に置き、手首を内側にひねる。

何かをすくってるのかな?

Q2

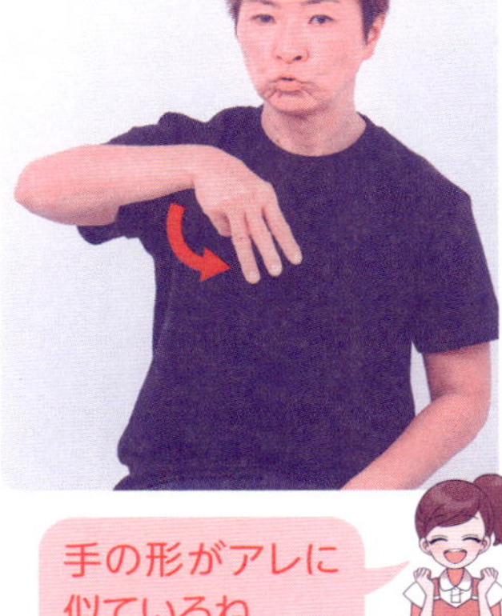

片手の人さし指、中指、薬指を前にのばし、手首をひねって手前によせる。

手の形がアレに似ているね

Q3

片手の人さし指と中指を前にのばし、開いたり閉じたりする。

2 本でつまむのかな?

Q4

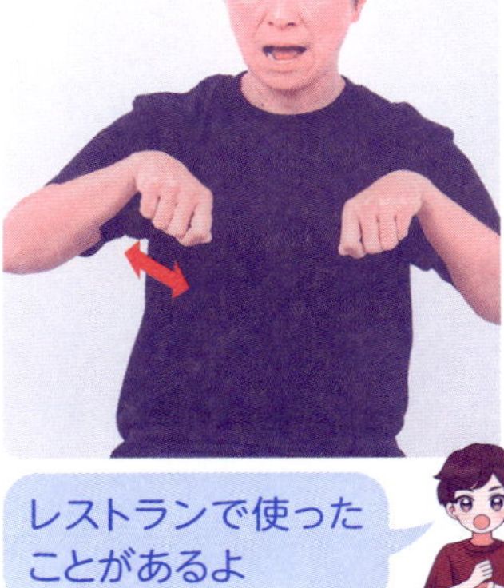

両手を軽くにぎって左右にかまえ、片手だけ前後に動かす。

レストランで使ったことがあるよ

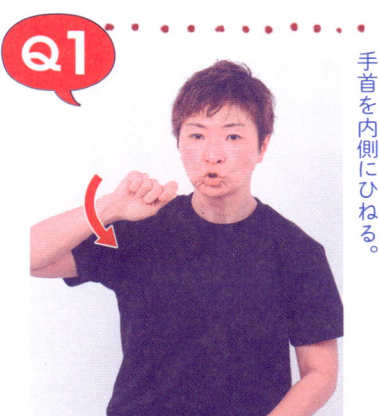

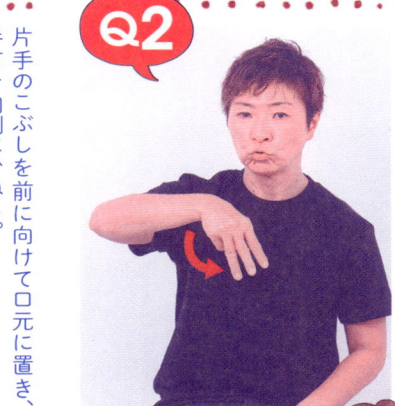

おしゃれ

その赤いシャツ、かわいいね！

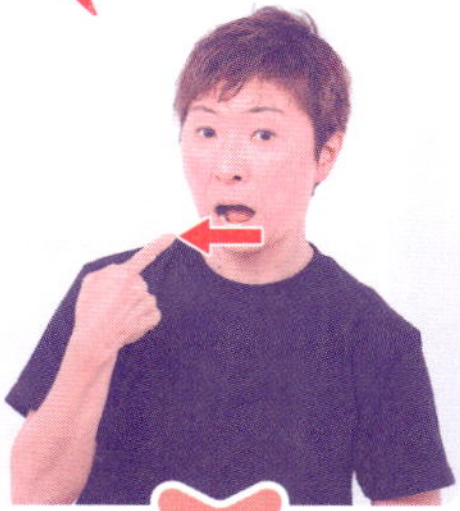

赤

片手《かたて》の人さし指をのばして口元に置き、横に引く。

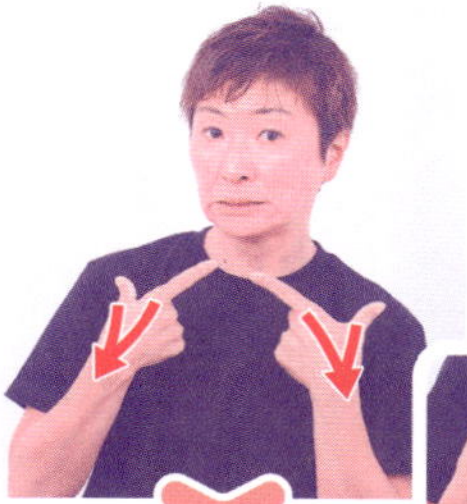

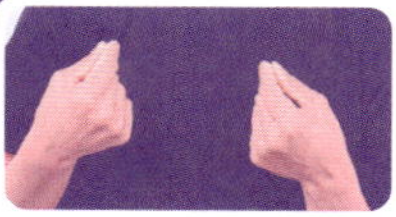

シャツ

両手《りょうて》とも親指《おやゆび》と人さし指をのばして首元に置き、下げながら指先を付ける。

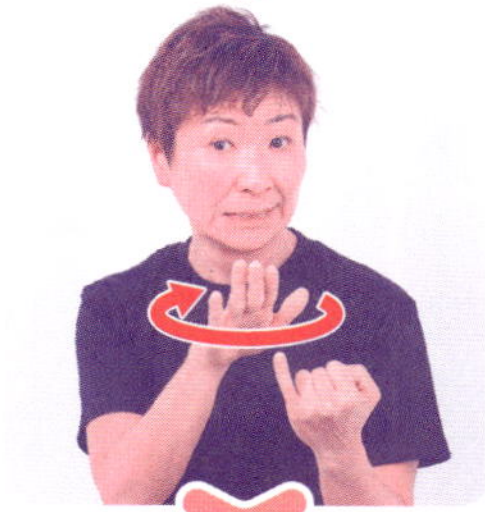

かわいい

小指を立てた左手の上で、右手のひらを回す。

同 かわいがる

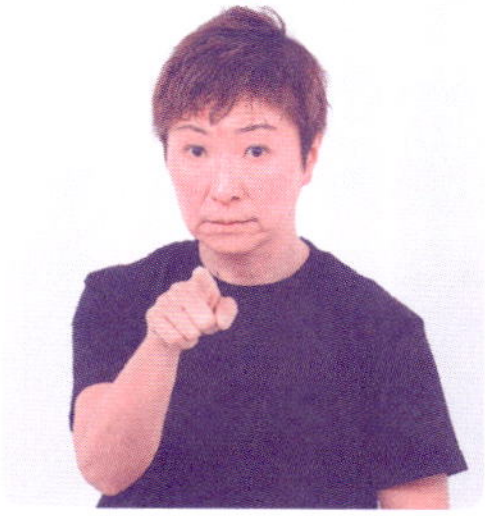

あなた

のばした人さし指で相手を指す。

よく似《に》合《あ》ってる。おしゃれだね！

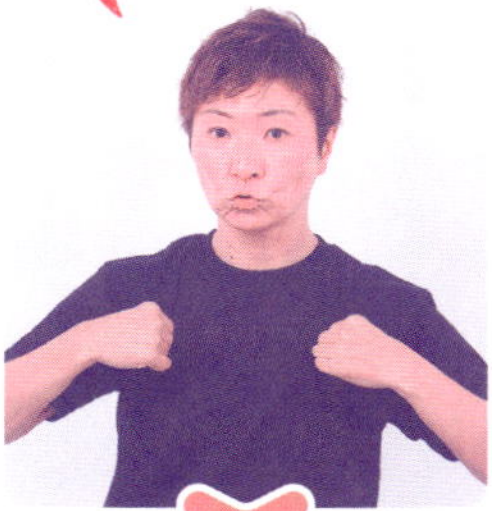

服

両手で服をつまむ。

OK

片手の親指と人さし指で輪《わ》を作り（OK サイン）、むねの前あたりにかざす。

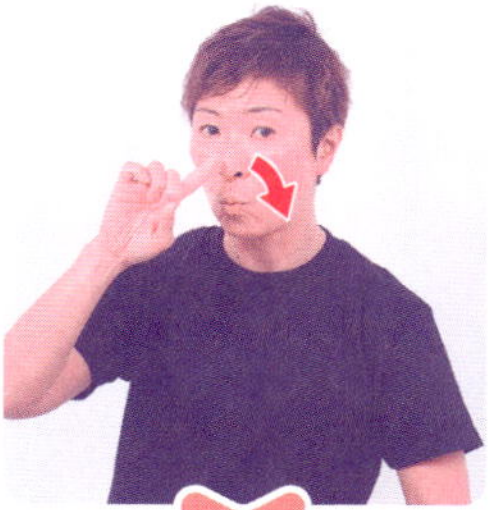

悪くない

片手の人さし指をのばして、鼻にあて、ななめ下に下げる。

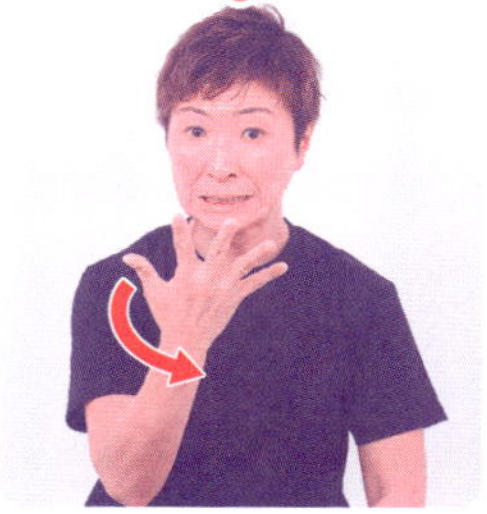

片手を開きながら手首をひねり、少し前に出す。

色《いろ》、ファッションの手話を覚えていこう！

青

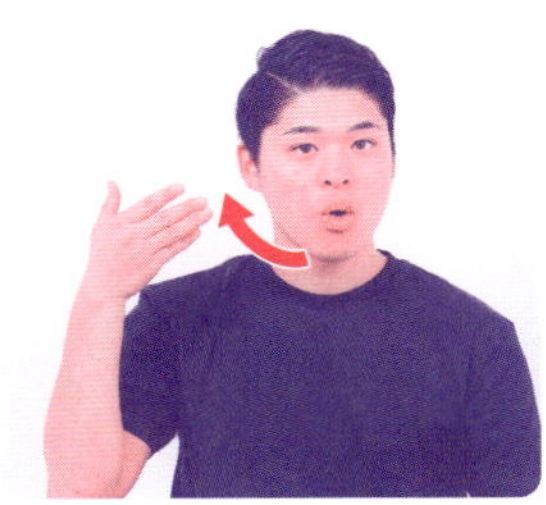

片手のこうを前に向けて、指先を口元に置き、後ろに引く。

黄色

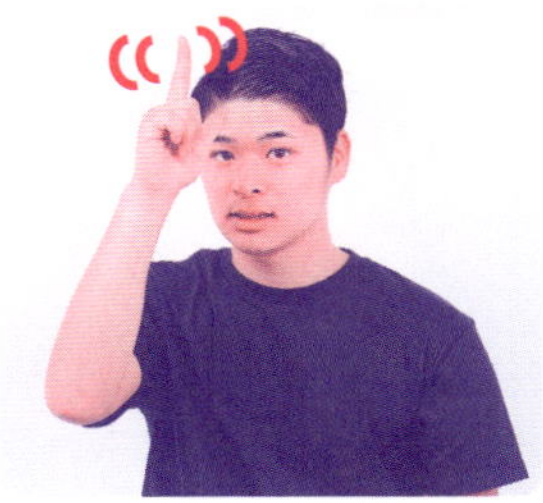

片手の親指をひたいにあて、立てた人さし指を左右にゆらす。

緑

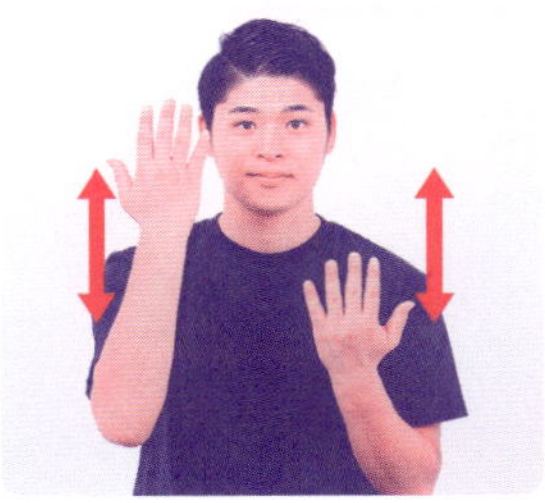

両手ともこうを前に向け、交ごに上下させる。

同 草、芝生《しばふ》

ピンク

わん曲させた両手を向かい合わせ、中央で2回合わせる。

水色

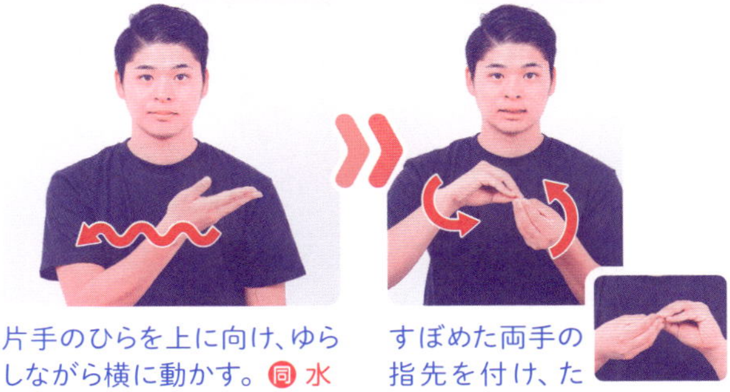

片手のひらを上に向け、ゆらしながら横に動かす。 同 水

すぼめた両手の指先を付け、たがいちがいにひねる。 同 色

むらさき

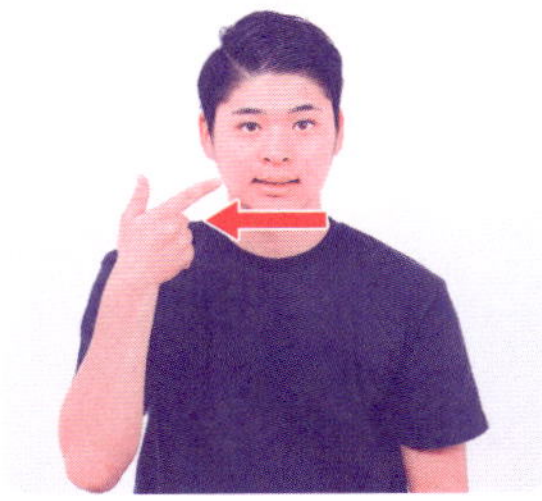

親指を立て、人さし指を横にのばした片手を口元に置き、横に引く。

茶色

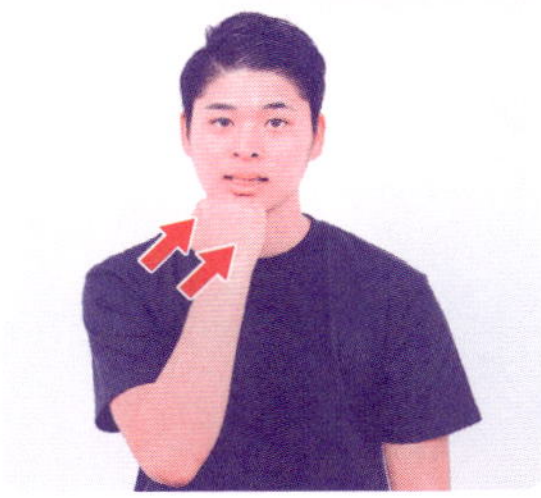

片手のこぶしを2回あごにあてる。 同 くり

白

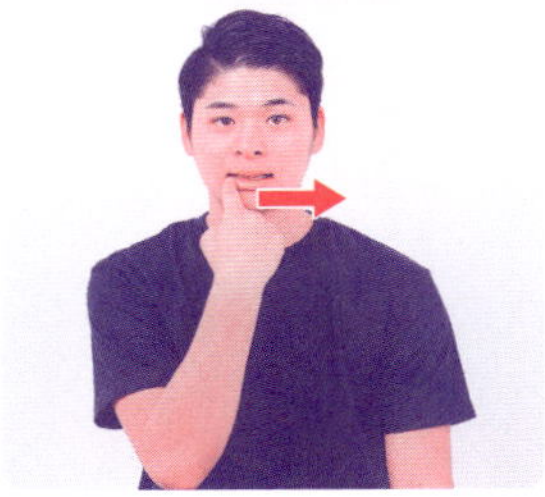

片手の人さし指で歯を指して、横に引く。

黒

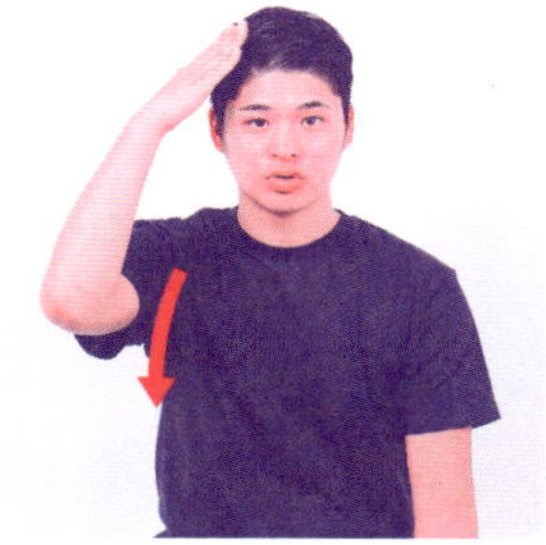

片《かた》手《て》のひらを頭にあて、下げる。

銀色

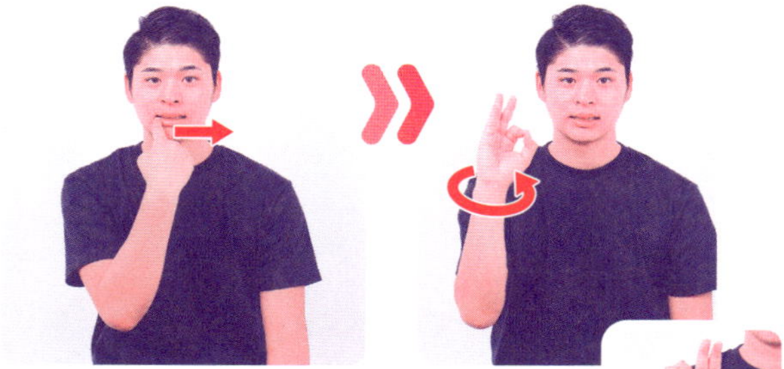

片手の人さし指で歯を指して、横に引く。同 白

片手の親指と人さし指で輪を作り、手首をひねる。同 金

服

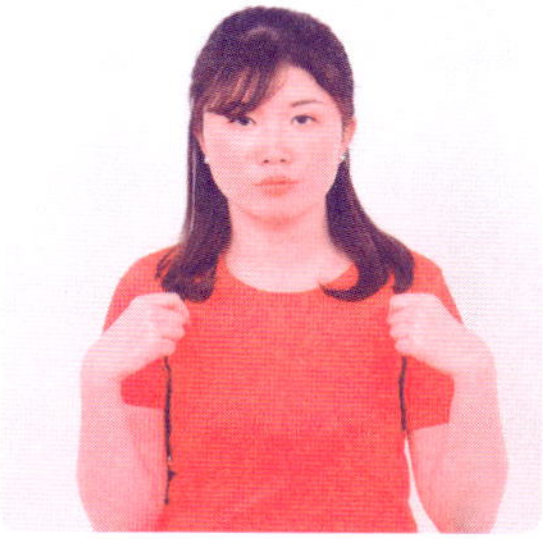

両《りょう》手《て》で服をつまむ。

ズボン

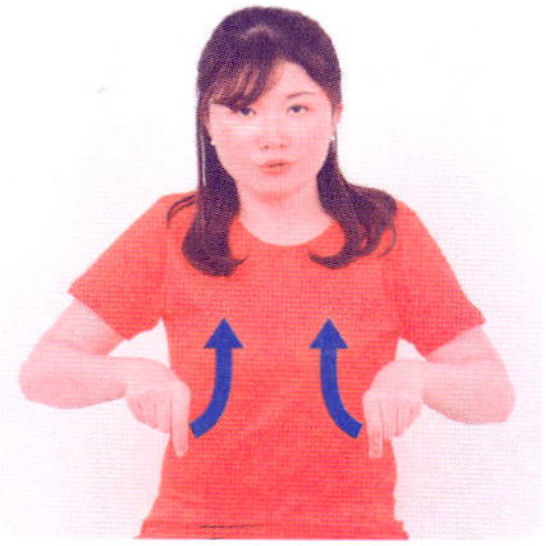

両手で服をつまむようにしてこしの前に置き、手首をひねって引き上げる。

コート

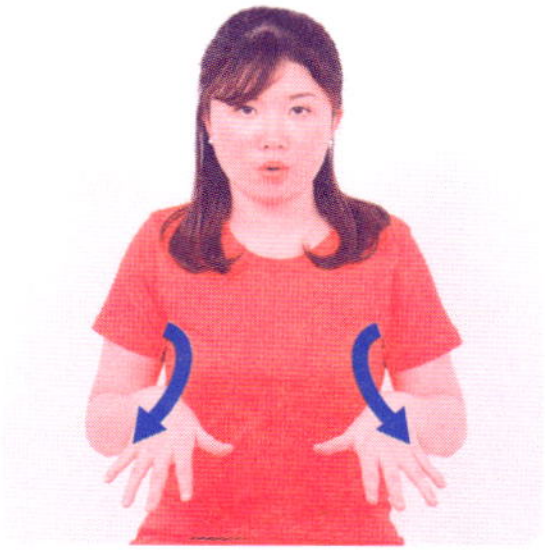

両手のひらをかたの前にあて、手首をひねって下げる。

ワイシャツ

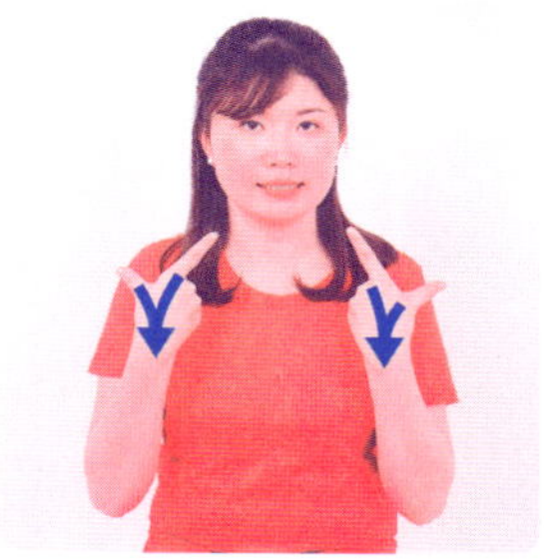

両手とも親指と人さし指をのばして首元に置き、下げながら指先を付ける。

Tシャツ

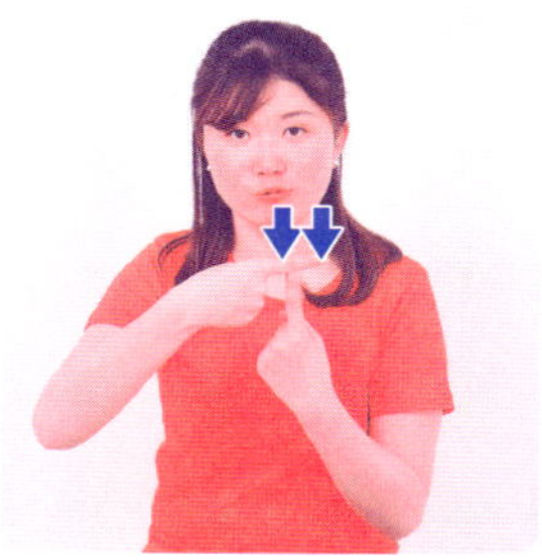

立てた左手の人さし指の先に、横にのばした右手の人さし指を2回あてる。

ジーンズ

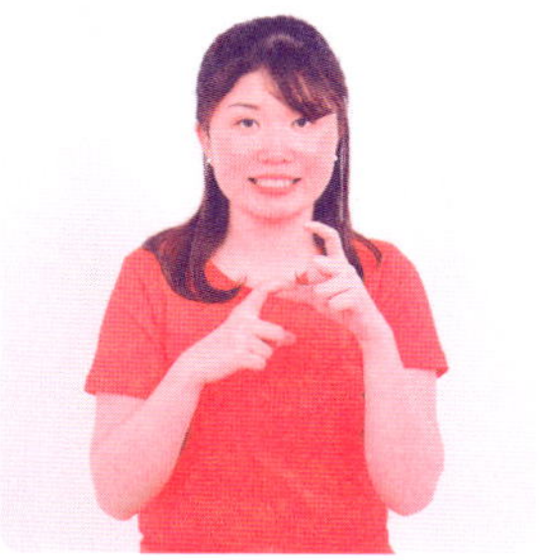

両手とも親指と人さし指を開いて曲げ、右手の人さし指を左手の親指に2回かける。

下着

人さし指をのばした右手を、こうを前に向けた左手の内側に入れる。

セーター

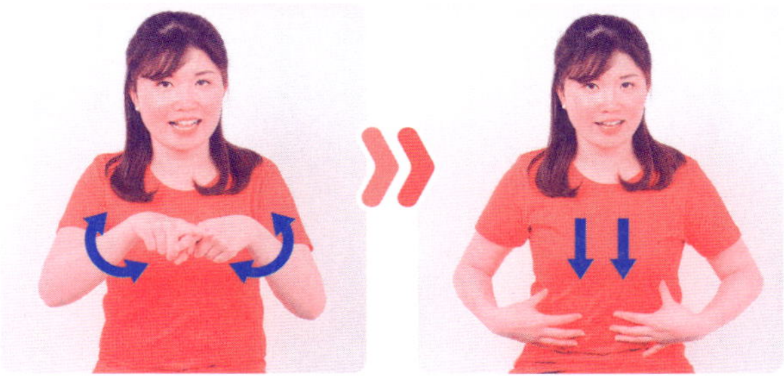

両手とも人さし指をのばして交差《こうさ》させ、手首をひねる。

両手のひらをむねにあて、下げる。

同 編《あ》む、編み物

スカート

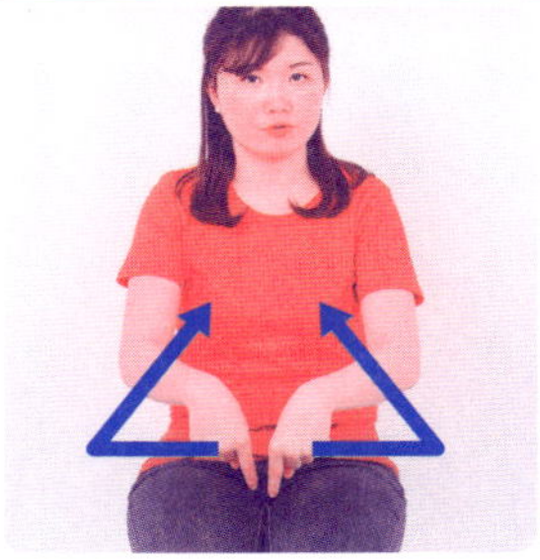

両手とも人さし指を下にのばし、スカートの形（台形）をえがく。

ワンピース

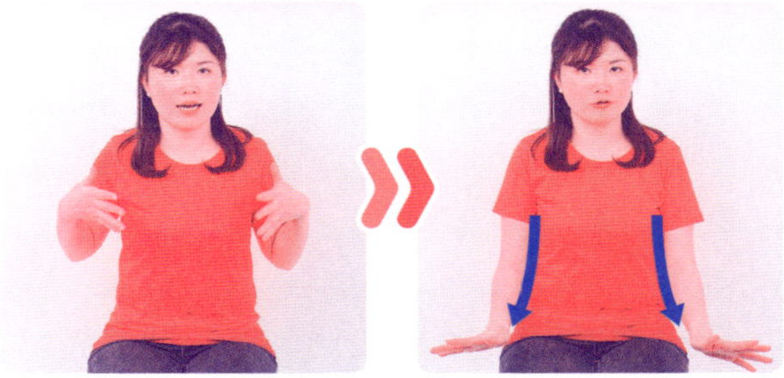

両手のひらをわきの横に置き、

少し広げながら下げる。

ぼうし

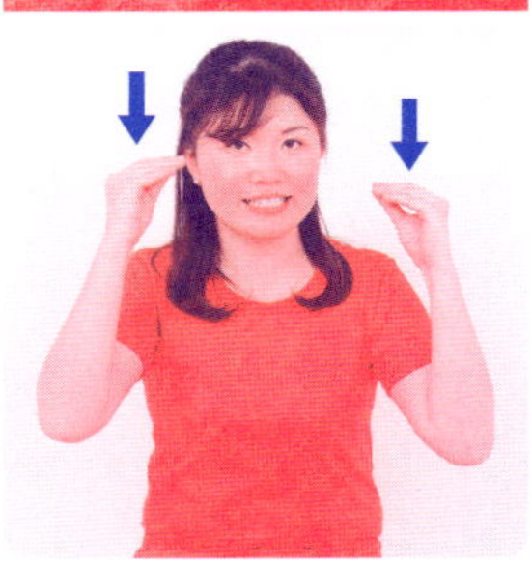

両手ともすべての指を付け、頭の横に置いて少し下げる。

ハンカチ

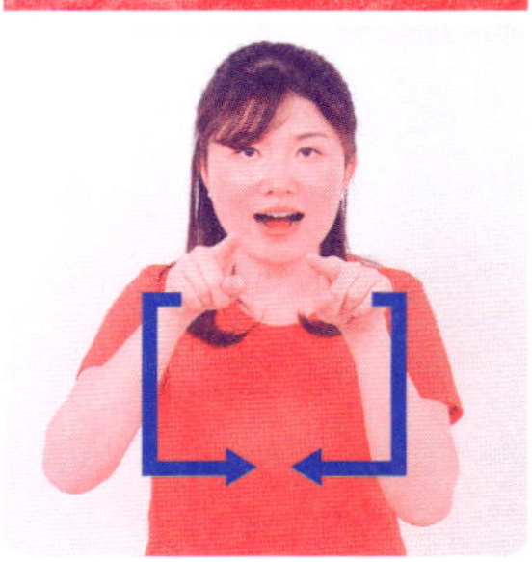

両手とも人さし指を前にのばして、四角形をえがく。

同 四角、用紙

メガネ

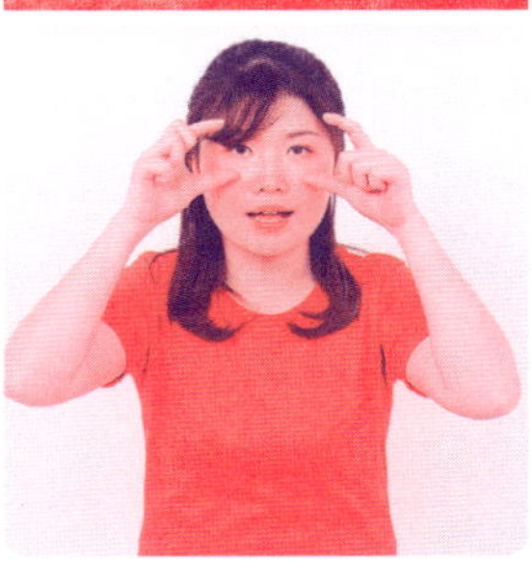

両手とも親指と人さし指でコの字形《がた》を作って、目の横に置く。

おしゃれ

制服《せいふく》

両手《りょうて》とも親指《おやゆび》と人さし指でコの字形《がた》を作って顔の横に置き、同時に2回前に出す。

ノースリーブ

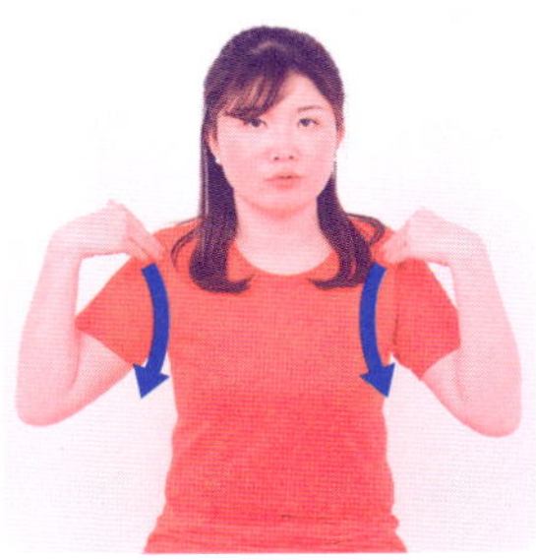

両手とも指先をかたにあて、同時にわきの下まで下げる。

くつ下

左手のこぶしの横で、親指と人さし指を付けた右手をひねって手前に引く。

くつ

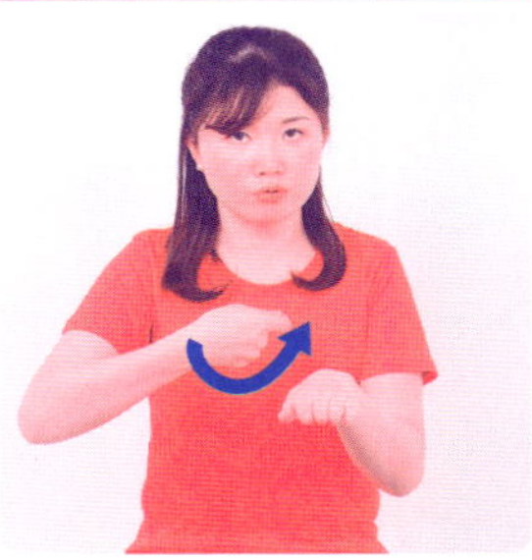

左手のひらの横で、親指と人さし指を付けた右手をひねって手前に引く。

サンダル

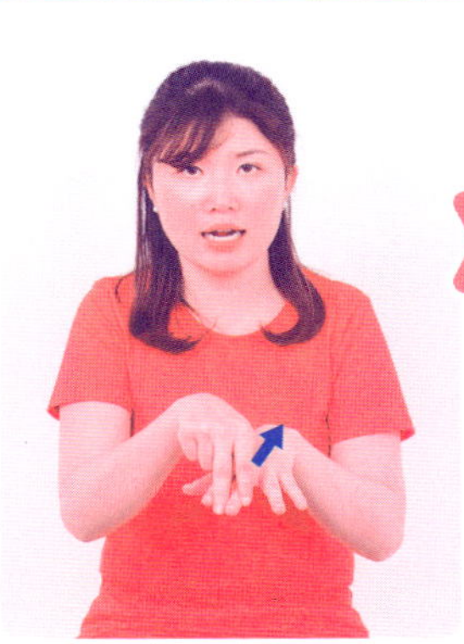

下に向けた左手の中指の上に、右手の人さし指と中指をあて、こうまで引く。

ネックレス

片手の親指と人さし指を首の下にあて、下げながら指先を付ける。

指輪《ゆびわ》

右手の親指と人さし指で輪を作り、左手の薬指《くすりゆび》に通す。

うで時計

親指と人さし指で輪を作った右手を、左手首にあてる。

イヤリング

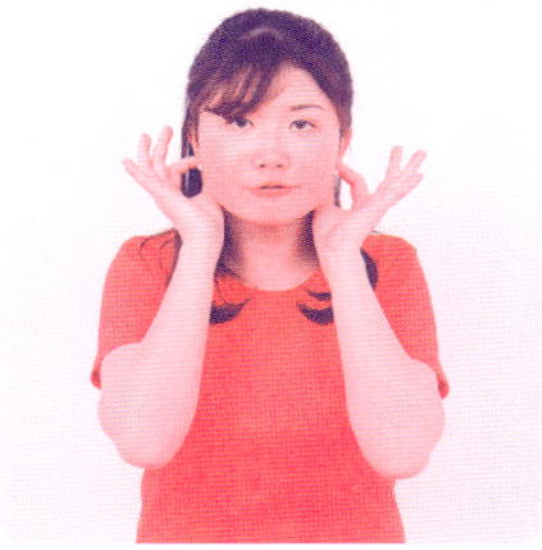

両方の耳たぶをつまむ。
同 ピアス

コンタクト

左手のすべての指を軽く曲げて左目の前に置き、右手の人さし指を近づける。

口紅《くちべに》

片手の親指と人さし指を付けて口元に置き、左右に動かす。

チーク

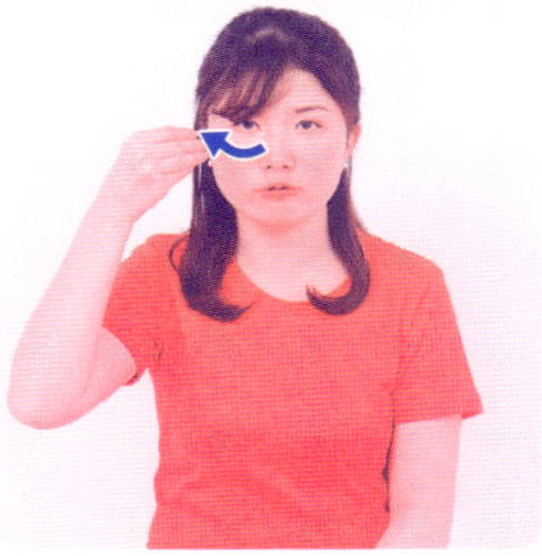

片手をすぼめてほおにあて、ほおにそって数回後ろに引く。

アイシャドウ

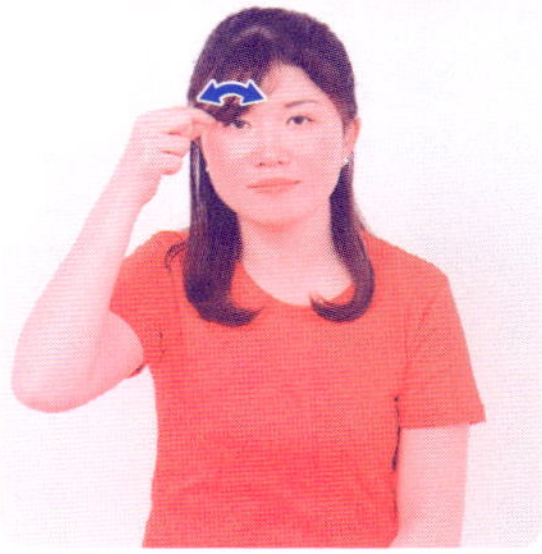

片手をすぼめてまぶたにあて、まぶたにそって数回横に引く。

つけまつげ

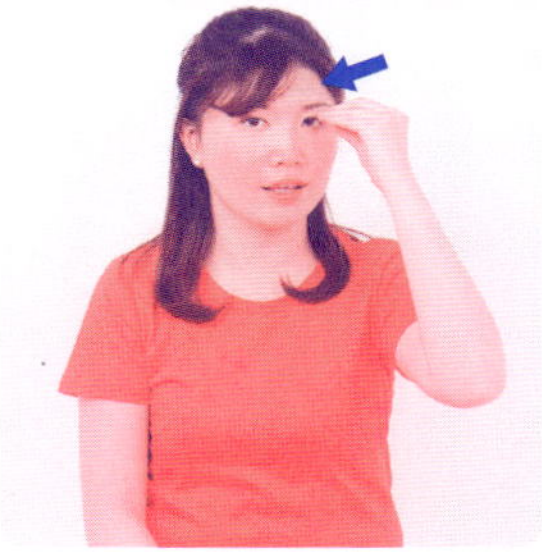

片手をすぼめて、つけまつげを付けるように目に近づける。

ヘアブラシ

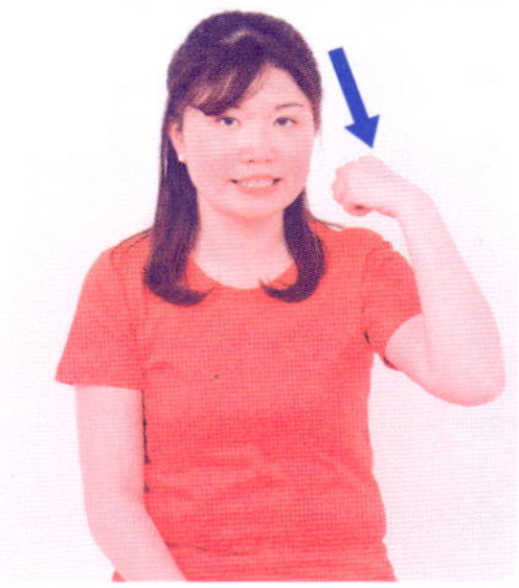

片手のこぶしを頭の横に置き、下げる。

ぼうず

片手のすべての指をそろえて、ひたいの前に置く。

頭にそって手を後ろに引く。

将来《しょうらい》の夢《ゆめ》

将来どんな仕事がしたい？

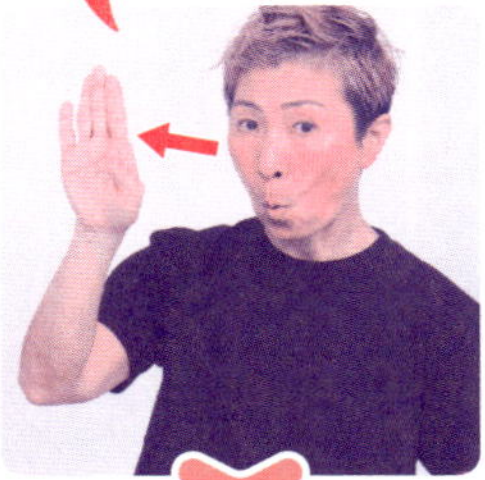

将来

片手のひらを前に向け、前にたおす。同 未来、あと、これから、今度

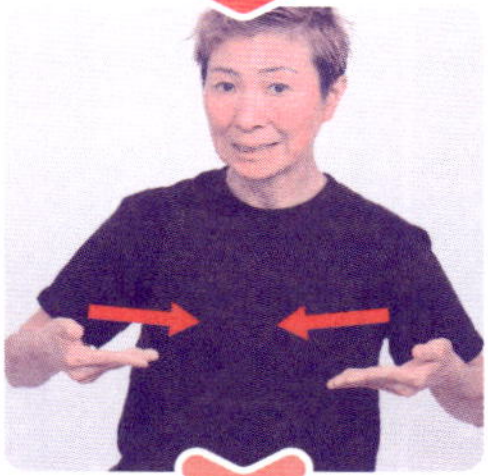

仕事

両手《りょうて》とも手のひらを上に向けて、左右から中央に2回よせる。同 職業《しょくぎょう》、働《はたら》く

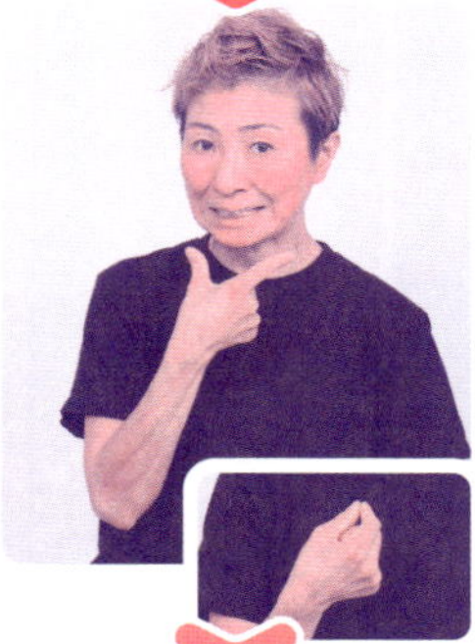

希望《きぼう》

親指《おやゆび》と人さし指をのばしてあごの前あたりにかまえ、指をすぼめながら手を下げる。同 すき、〜したい、欲《ほ》しい

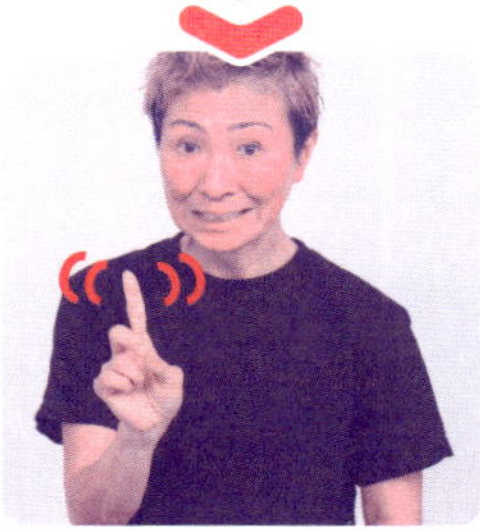

何？

片手の人さし指をのばして立て、軽く数回ふる。同 どう、どうした、どこ

美容師《びようし》になりたいんだ

美容師

わん曲させた両手を頭の横に置き、手首をひねりながら上げる。同 パーマ

両手とも人さし指と中指をそろえてのばし、2回あてる。

希望

親指と人さし指をのばしてあごの前あたりにかまえ、指をすぼめながら手を下げる。同 すき、〜したい、欲しい

わたし

のばした人さし指で自分を指す。

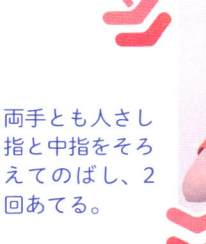

職業《しょくぎょう》に関する手話を覚えていこう！

プロ野球選手

片手の親指と人さし指で輪《わ》を作ってひたいの前に置き、パッと輪を開く。同 プロ

つつ型にした左手に、右手の人さし指を打ちつけて、左にはらう。同 野球

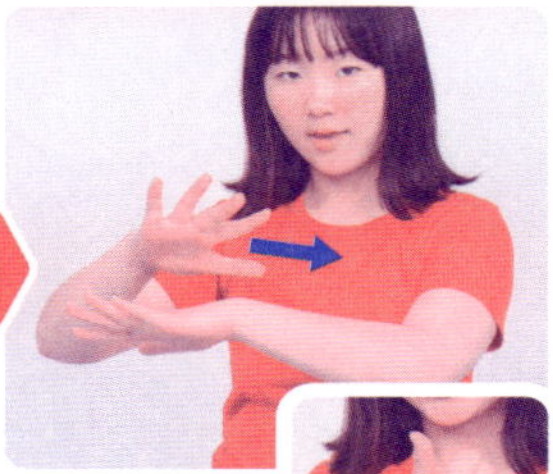

両手のひらを下に向けて上下にかまえ、上の手を自分のほうにはらいながら親指以外の4指をにぎる。同 選手

マンガ家

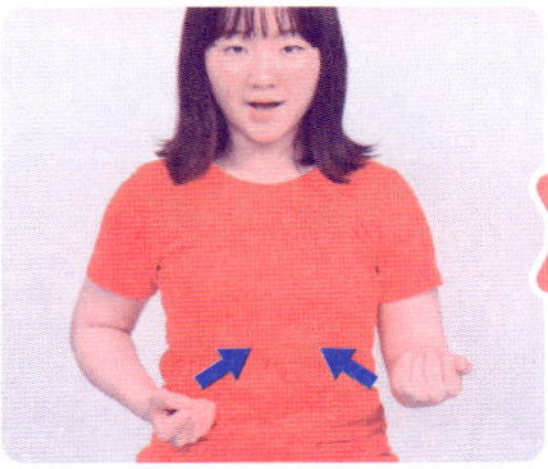

両手のこぶしをおなかの前に置き、同時に数回おなかをたたく。同 おもしろい

指をそろえた両手のひらで屋根の形を作る。
同 家

研究者

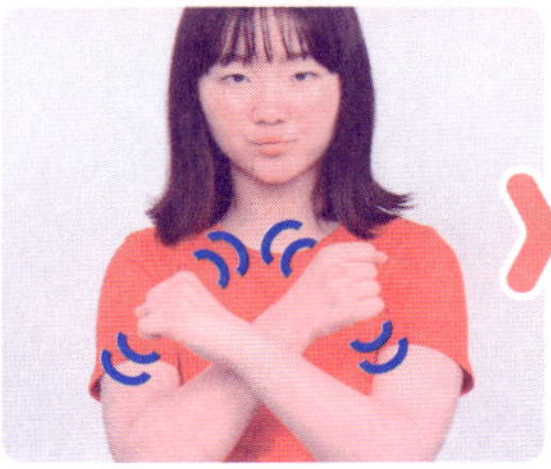

両手ともこぶしを作り、むねの前で交差《こうさ》させ、手首を2回ひねる。同 研究

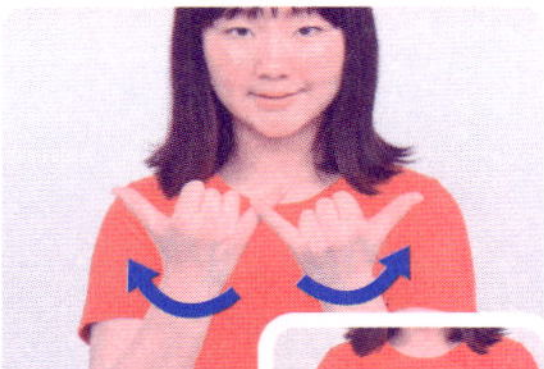

両手とも親指と小指を立て、小指を合わせ、手首を外側にひねる。同 人々、者

YouTuber

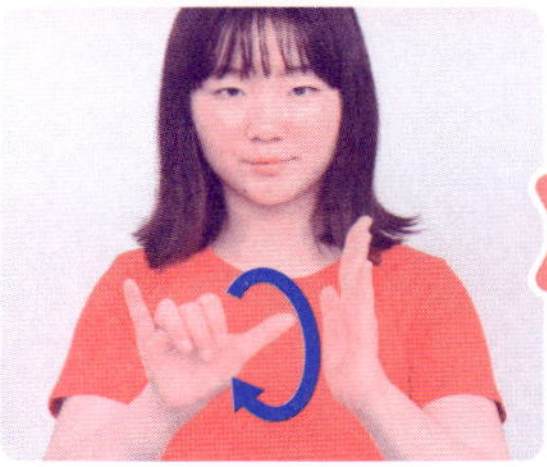

立てた左手のひらの横で、親指と小指をのばした右手を上下に回す。同 YouTube

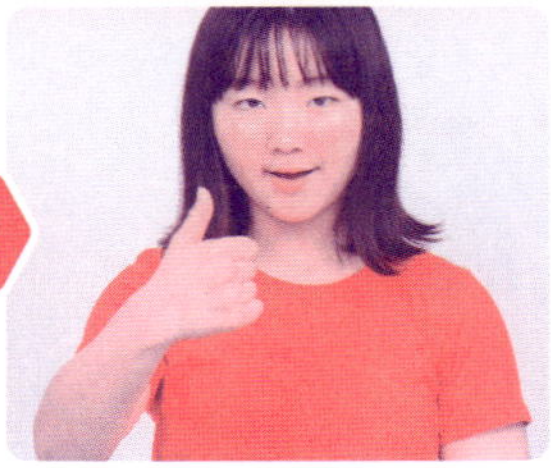

右手の親指を立てる。
同 人、男

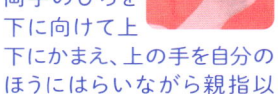

パティシエ

ボウルをかかえるように体の前に左手のひらをかまえ、右手はあわ立て器でかきまぜるように動かす。

右手の親指《おやゆび》を立てる。

同 人、男

ネイリスト

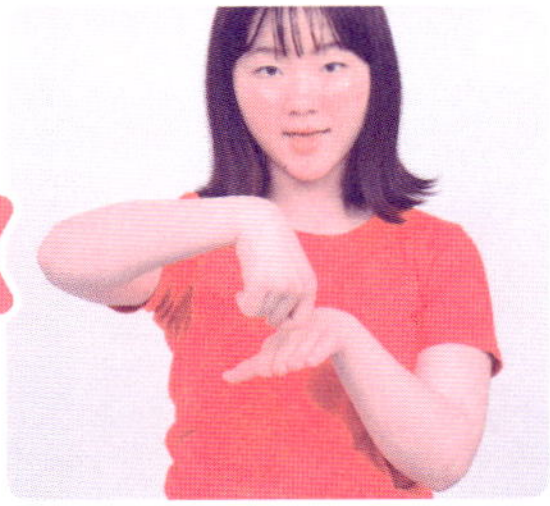

左手のひらを下に向け、右手でマニキュアをぬるような動きをする。

会社員

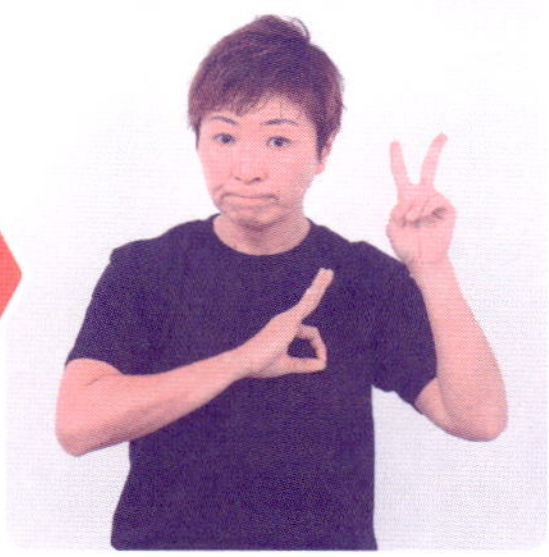

両《りょう》手《て》とも人さし指と中指を立て、頭の横で前後させる。

同 会社

右手の親指と人さし指で輪を作り、むねにあてる。

同 委員

公務員《こうむいん》

両手の人さし指で「ハ」の字を作り、

公務員

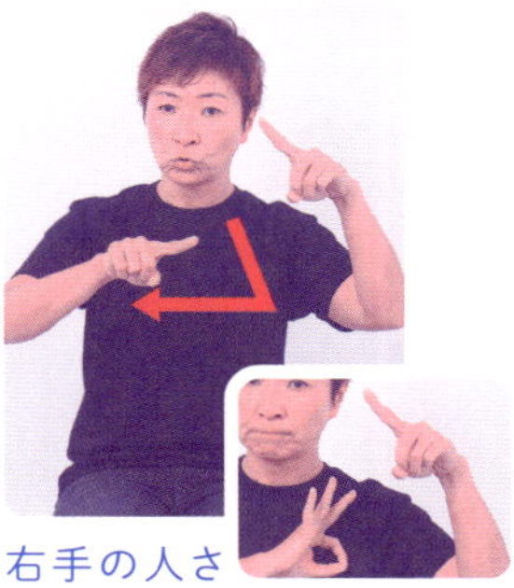

右手の人さし指で「ム」を書き、「委員」の手話を表す。

保育士

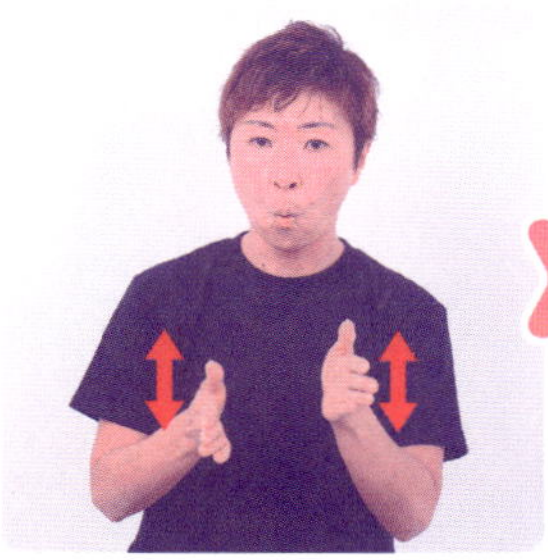

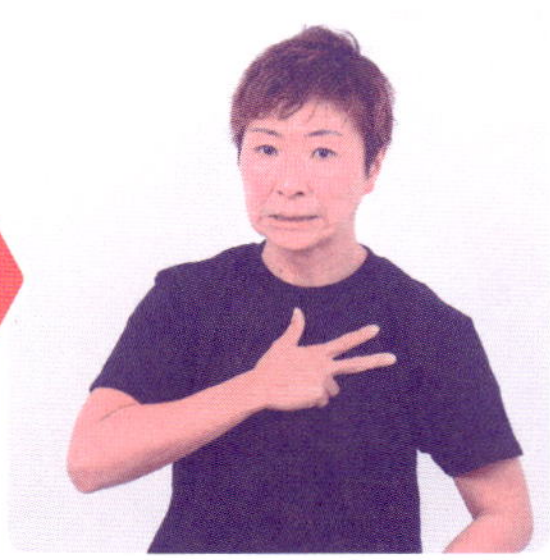

両手のひらを向かい合わせて、交ごに上下に動かす。

同 世話

片手のこうを前に向け、親指、人さし指、中指を横にのばして、むねにあてる。

手話クイズ⑥

手話のクイズを出すよ。
何を表《あらわ》しているか当ててみよう！

▶答えは 92 ページにあるよ！

Q1

両手とも人さし指と中指をそろえてのばし、口元から前に出す。

片手の親指を立てる。

1つ目の手話は、口から声を出している様子かな？

Q2

片手を後頭部、もう片方の手をこしにあてる。

ポーズをとってるみたいだね

Q3

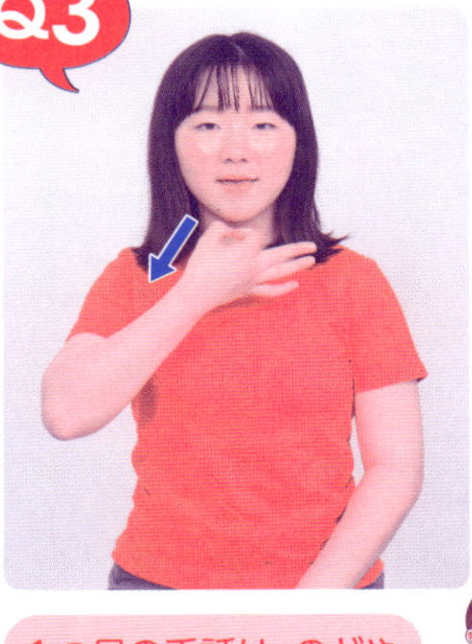

片手の親指と人さし指で輪を作ってのどの前に置き、少し前に出す。

両手のこぶしを左右でかまえ、手首をひねって向きを変える。

1つ目の手話は、のどや声に関係するのかな？

この動き、どこかで見たぞ？（P62）

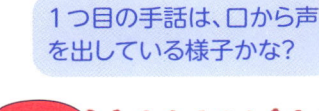

旅《りょ》行《こう》・国《くに》

フィリピンに友達がいるよ

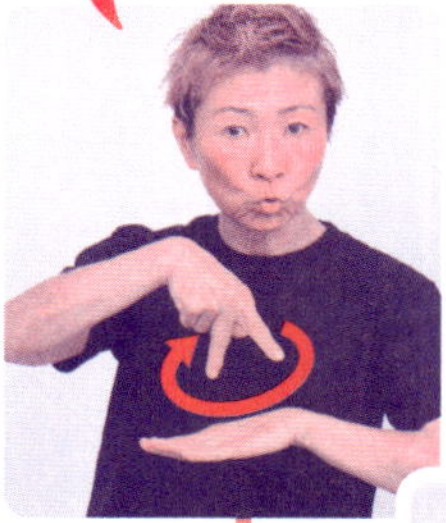

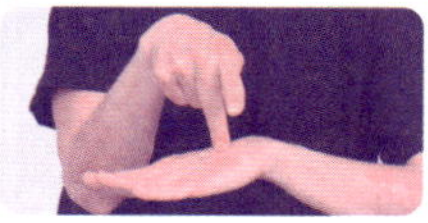

フィリピン

左手のひらを下に向け、その上で右手の人さし指と中指を下にのばして回し、中指の先を左手のこうにあてる。

指さし

右手の人さし指をのばし、向こうを指さす。

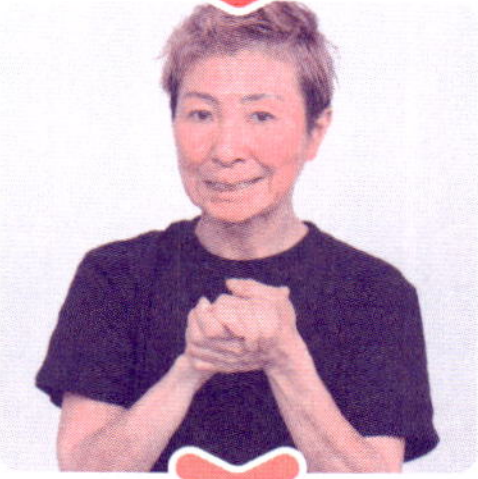

友達

両手《りょうて》を上下にかまえ、2回合わせる。

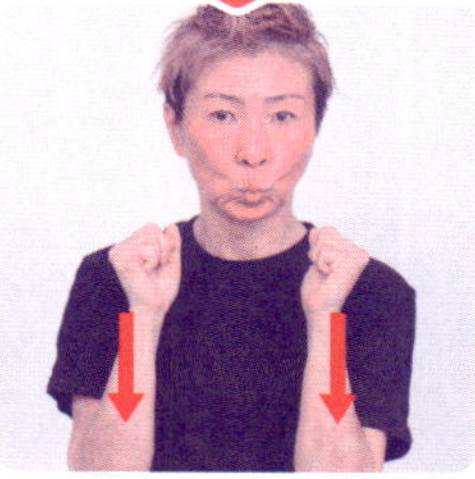

いる

両手のこぶしを体の前でかまえ、少し下げる

わたしはブラジルに行ってみたいな

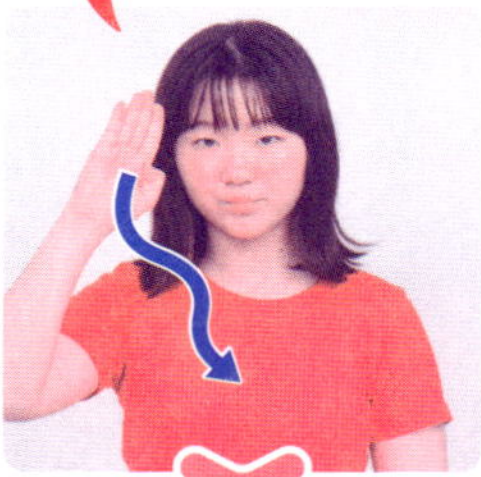

ブラジル

片手のひらを顔の前で立て、ブラジルの国の形をえがくように下げる。

行く

片手の人さし指をのばし、手首をひねって前に出す。

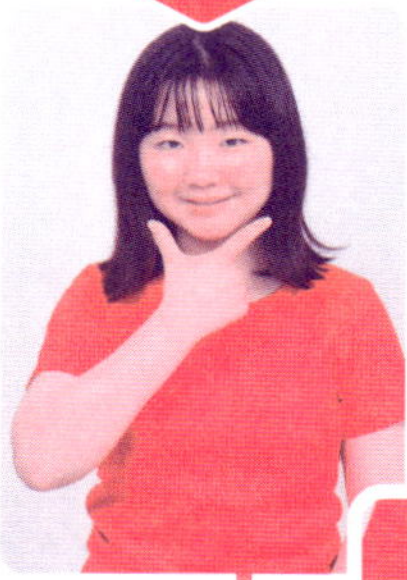

希望

親指と人さし指をのばしてあごの前あたりにかまえ、指をすぼめながら手を下げる。同 すき、～したい、欲《ほ》しい

わたし

のばした人さし指で自分を指す。

国名《こくめい》の手話を覚えていこう！

日本

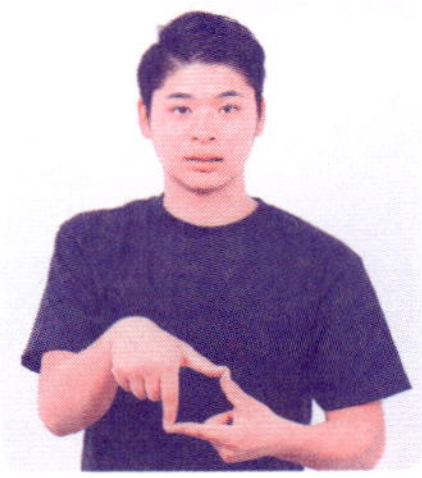

両手の親指《おやゆび》と人さし指を合わせる。

両手を上下（もしくは左右）に引きながら指先を付ける。

中国

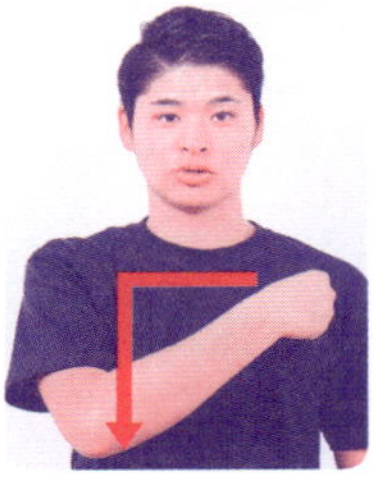

片手の親指と人さし指を付けにぎり、むねの前に置き、横に引いて下げる。

アメリカ

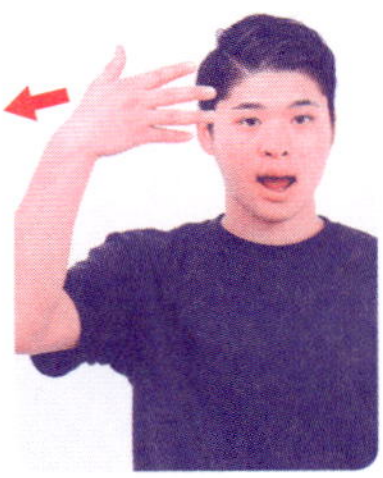

片手のひらをひたいの前に置き、トントンとふって横に動かす。

ロシア

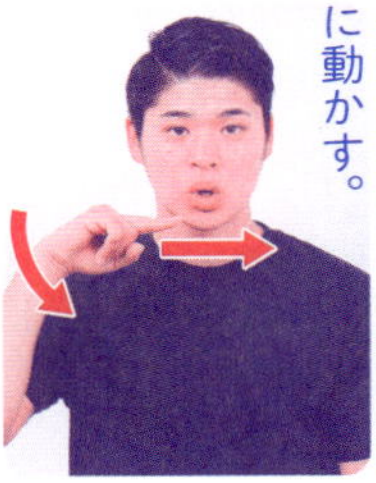

片手の人さし指を横にのばしてあごの前に置き、手首をひねりながら横に動かす。

韓国

片手の指先を頭にあて、ぼうしのつばをえがくように横に引いてから、こめかみにあてる。

北朝鮮

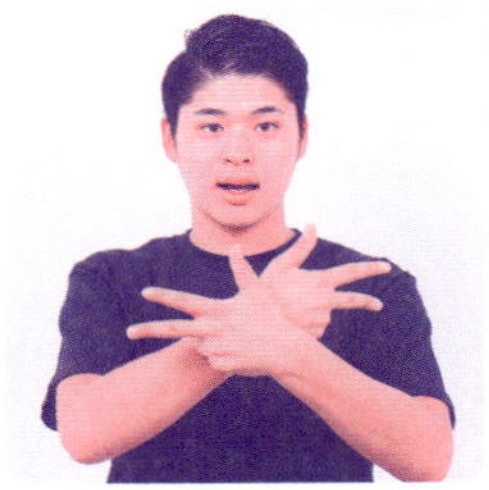

両手とも親指、人さし指、中指を立て、手を交《こう》差《さ》させる。 同 北

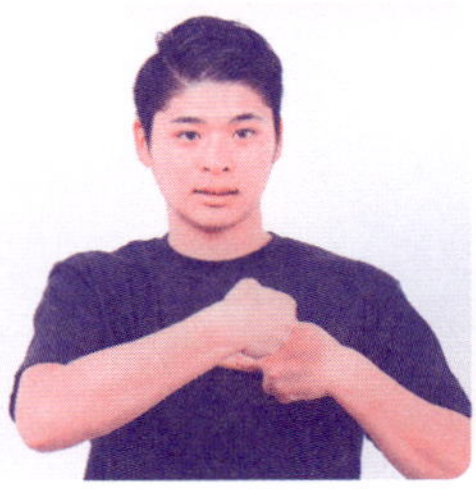

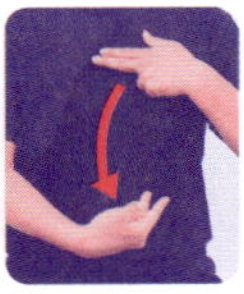

親指、人さし指、中指をのばした左手を左むねにあて、わん曲させた右手をあてて下げる。

タイ

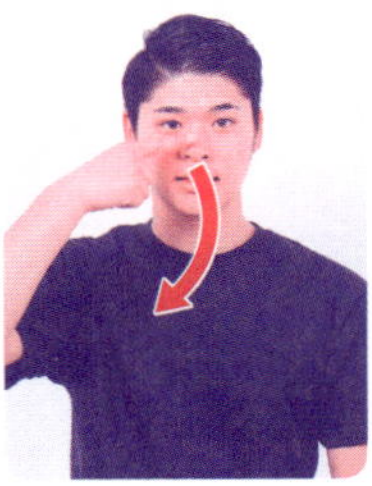

片手の人さし指を鼻にあて、ゾウの鼻をえがくように下げる。

アジア

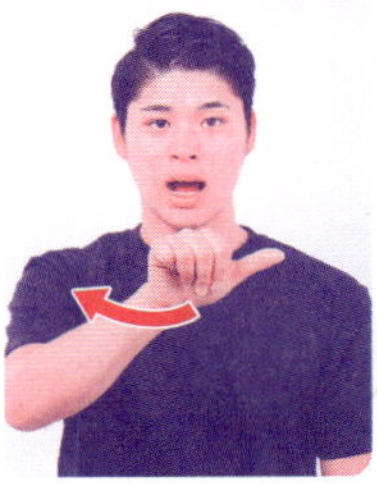

片手の親指を横にのばし、弧《こ》をえがくように横に引く。

手のひらを前に向けて1周回す。

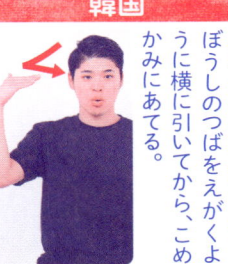

旅行《りょこう》・国《くに》

イギリス

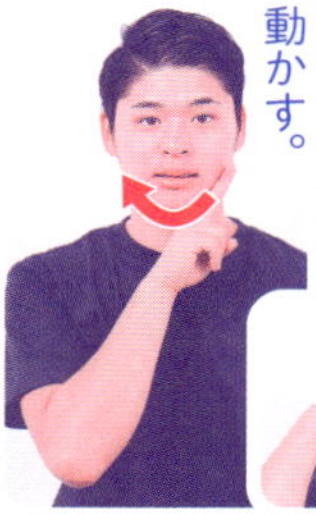

片《かた》手《て》の人さし指と中指をほおにあて、あごにそって横に動かす。

フランス

片手の親指を立て、かたの前に置き、弧《こ》をえがくように下げる。

ドイツ

片手の人さし指を立ててひたいにあて、少し前に出す。

イタリア

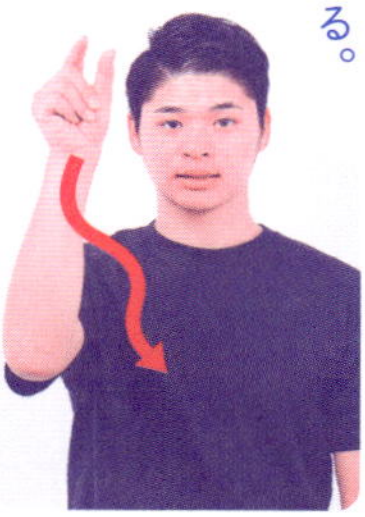

片手の親指《おやゆび》と人さし指を向かい合わせ、イタリアの地形をえがくように下げる。

スペイン

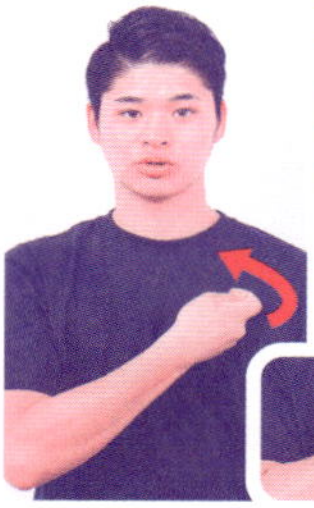
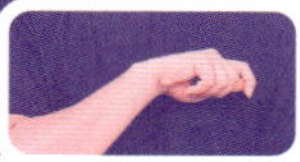

軽くにぎった片手をむねの前に置き、手首をひねって下に向ける。

ヨーロッパ

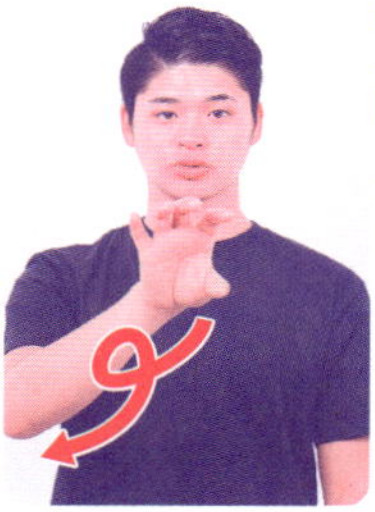

すべての指を軽く曲げた片手を前向きにかまえ、1回転半回しながら下げる。

オーストラリア

両手《りょうて》とも人さし指と小指を立て、手をパッと開きながら前に出す。

カナダ

片手のこぶしを体の前に置き、

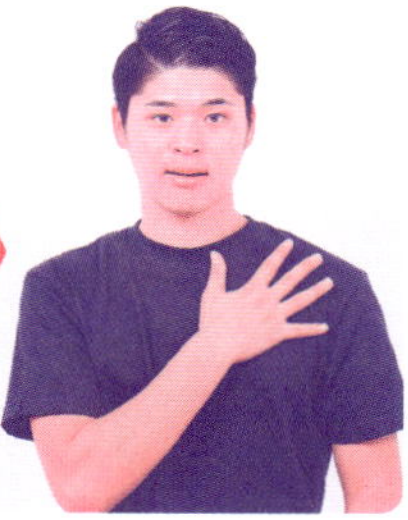

手をパッと開きながら、むねに手のひらをあてる。

アフリカ

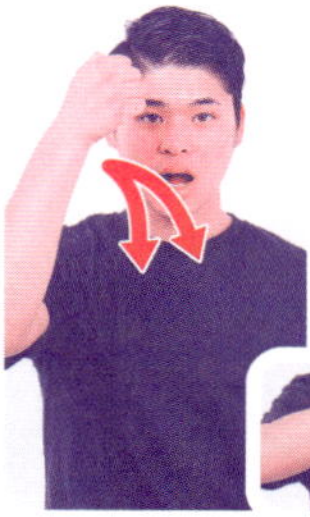

片手のこぶしをひたいの前に置き、手を開きながらななめ下に下げる。

エジプト

両手のこぶしを、むねの前で交差させる。

国

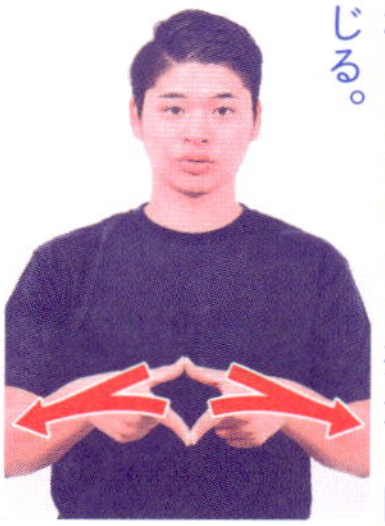

両手とも親指と人さし指をのばして指先を合わせ、横に引きながら指先を閉じる。

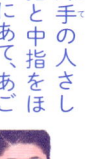

コラム

世界《せかい》の手話

日本語、英語、中国語、フランス語といった言語と同じように、手話も国や地域によってちがいます。ここでは、いくつかの国の「ありがとう」という手話をしょうかいします。

なお、国際交流の場では世界共通の「国際手話」が使われています。

アメリカ

片手のひらを口にあて、投げキッスをするように前に出す。

韓国

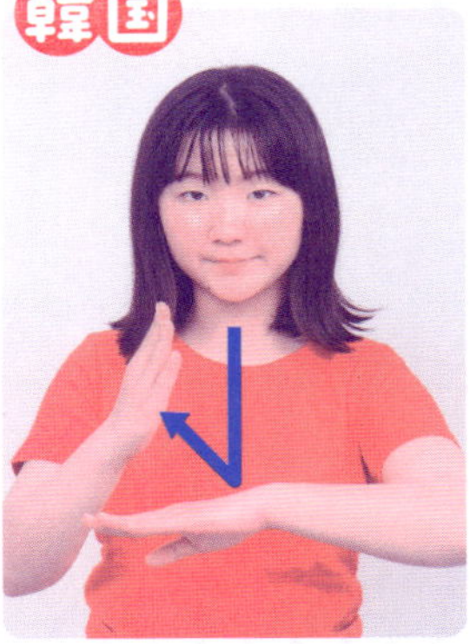

左手のこうの上に、まっすぐに立てた右手を軽くあて、上げる。

中国

片手の親指をのばして、折り曲げる。

ベトナム

すべての指をすぼめた片手を口元に置き、花が開くように手を開きながら少し前に出す。

スペイン

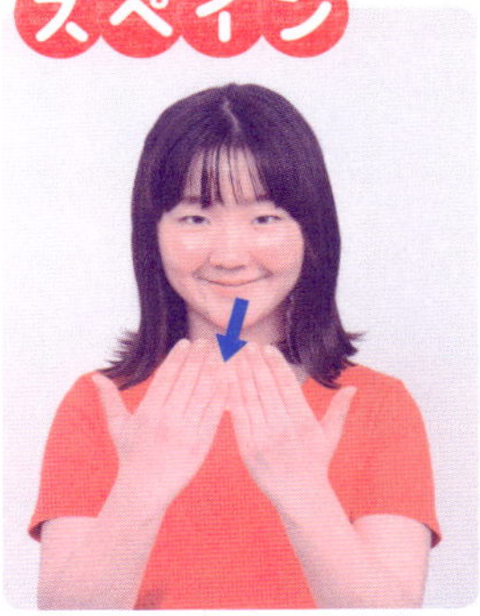

両手の指先を口元に置き、投げキッスをするように前に出す。

ウクライナ

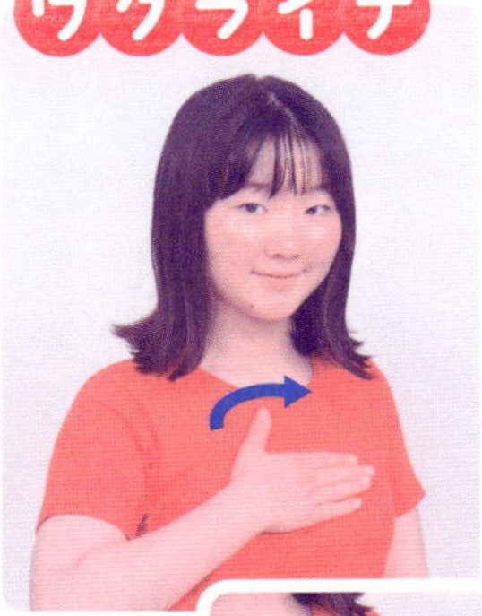

片手のひらをむねにあて、手首をひねって前に出す。

コラム

ろう者《しゃ》が楽《たの》しむスポーツ&エンタメ

ゆいちゃん

ろう者の人たちはどんなスポーツを楽しんでいるんだろう？

モンキー高野

ろう者オリジナルの「デフスポーツ」というものがあるんだ。陸上競技や水泳、球技、格闘技、ウインタースポーツなどいろいろなスポーツを工夫しながらプレイして楽しんでいるよ。

はるとくん

ぼく、知ってるよ！　オリンピックやパラリンピックみたいに４年に一度開催される「デフリンピック」っていう世界大会もあるんだよね？

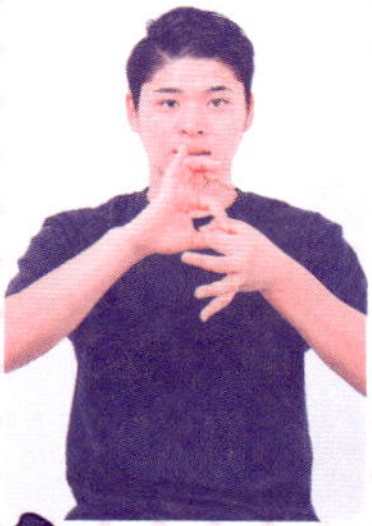

オリンピック

両手《りょうて》とも親指《おやゆび》と人さし指で輪《わ》を作って、その他3指はのばし、輪と輪を絡め、横に動かしながら、手を入れかえる。

デフリンピック

両手とも親指と人さし指で輪《わ》を作って、その他3指はのばし、輪と輪を前後に重ね、手首をひねって手を入れかえる。

モンキー高野

スポーツだけじゃなく、ダンスや音楽、観劇などたくさんのエンターテインメントをオリジナルのアレンジをして楽しんでいるんだ。

ゆいちゃん

音が聞こえなくても、工夫していろいろ楽しんでるんだね！

クイズの答え

P66 → ❶野球　❷すもう　❸ランニング、ジョギング

P72 → ❶雪　❷風　❸かみなり　❹猛暑

P77 → ❶スプーン　❷フォーク　❸はし　❹ナイフ

P87 → ❶歌手　❷モデル　❸声優

4章《しょう》

いっしょに遊《あそ》ぼう

学校《がっこう》での話題《わだい》や、遊《あそ》びのこと、
毎日《まいにち》の生活《せいかつ》について手話《しゅわ》で伝《つた》えてみよう!

- 学校生活《がっこうせいかつ》
- 学校行事《がっこうぎょうじ》
- さそう・約束《やくそく》する
- 買《か》い物《もの》

学校《がっこう》生活《せいかつ》

どの教科がすき？

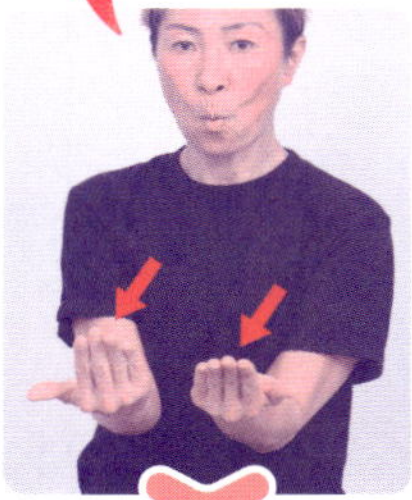

勉強

両手《りょうて》のひらを自分に向け、同時に２回下げる。同 学ぶ、学校、授業

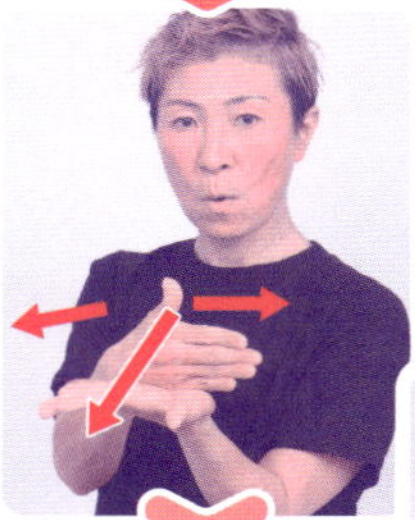

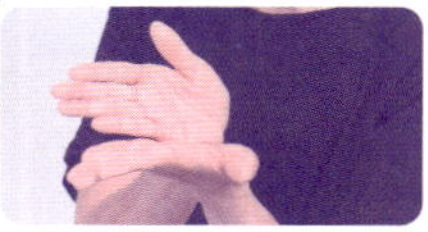

種類

左手のひらの上に右手のひらをまっすぐに立て、３方向に前にすべらせる。

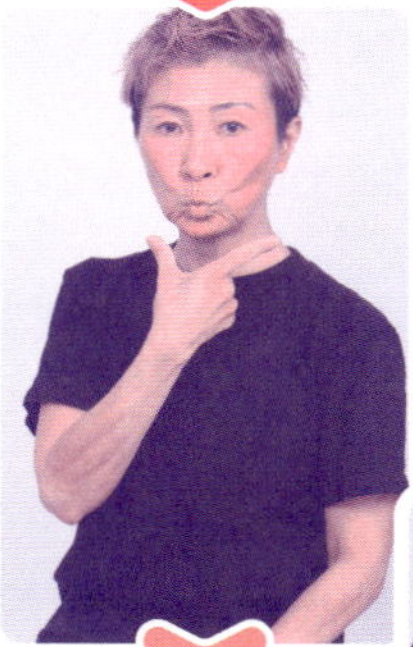

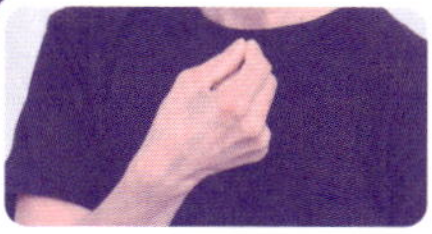

すき

親指《おやゆび》と人さし指をのばしてあごの前あたりにかまえ、指をすぼめながら手を下げる。同 ～したい、希《き》望《ぼう》、欲《ほ》しい

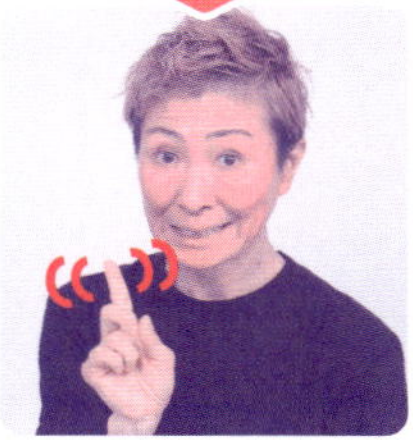

何？

片手《かた》の人さし指をのばして立て、軽く数回ふる。同 どう、どうした、どこ

わたしは国語がすき

国語

両手の親指を立て、顔の横あたりにかまえ、同時に前に出してから下げ、もう１回前に出す。同 ポスター、ホームページ

すき

親指と人さし指をのばしてあごの前あたりにかまえ、指をすぼめながら手を下げる。同 ～したい、希望、欲しい

わたし

のばした人さし指で自分を指す。

苦手な教科を伝えるときは、「すき」のところに「苦手」の手話をあてはめよう。表情《ひょうじょう》も付けてね！

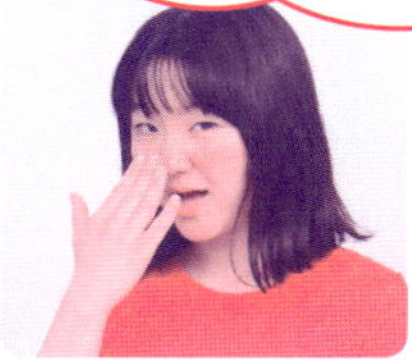

苦手

片手のひらを鼻にあてる。

学校に関する手話を覚えていこう！

算数

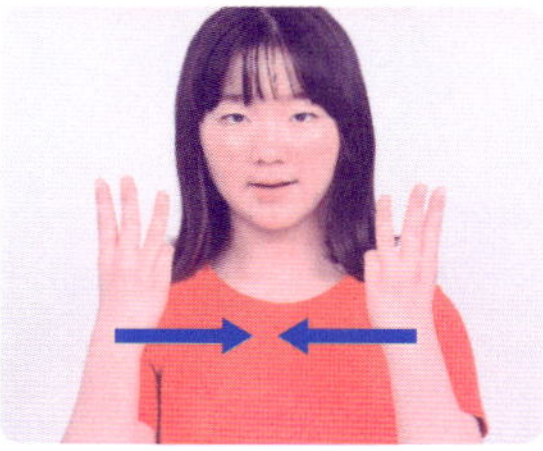

両手とも手のこうを前に向けて、人さし指、中指、薬指を立て、中《ちゅう》央《おう》で2回ぶつける。

同 数字、数、番号

理科

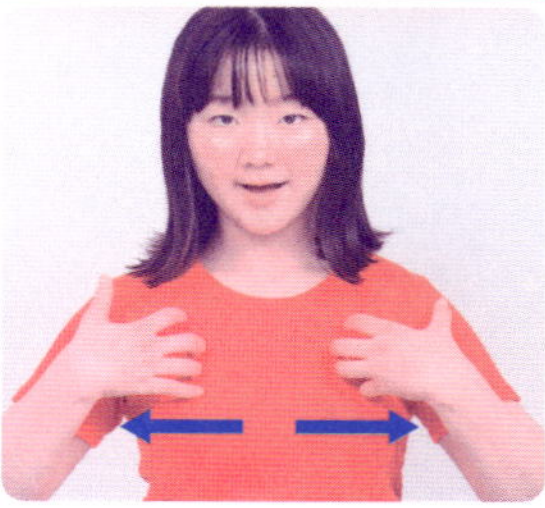

指と指の間を開いた両手をむねにあて、同時に左右に開く。同 骨、骨子

体育

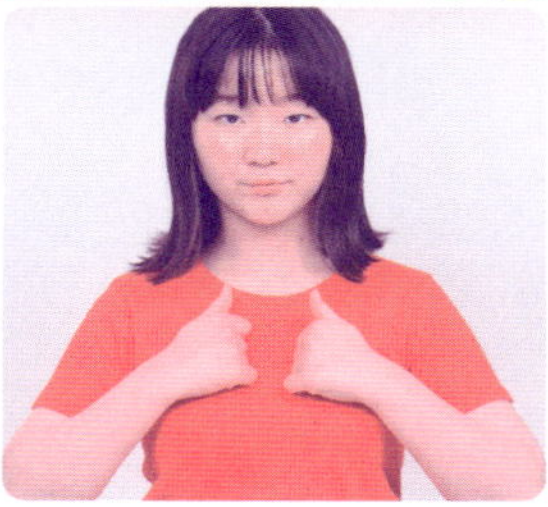

両手のこぶしをむねに2回あてる。

同 きたえる、ジム

社会

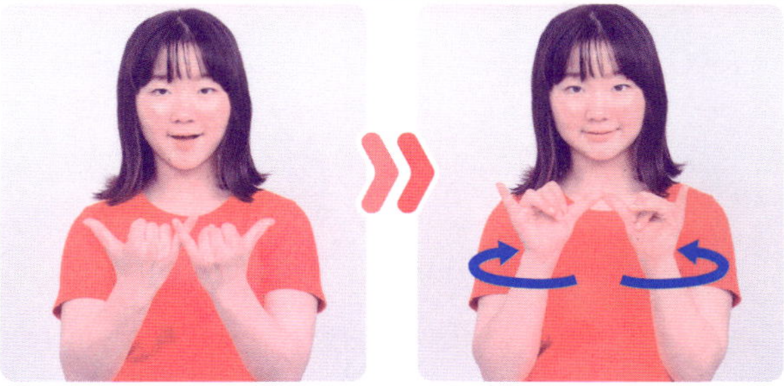

両手の親指と小指を立て、小指を付ける。

両手首を同時にひねって、親指を付ける。

音楽

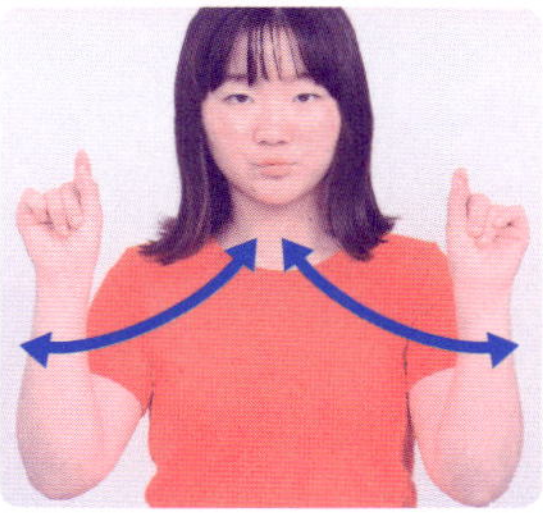

両手とも親指と人さし指を付け、指《し》揮《き》をするように左右に数回ふる。

図工

両手のひらを自分に向け、片手をもう一方の手に2回あてる。同 絵

両手ともこぶしを作り、右手を左手に2回ぶつける。

先生

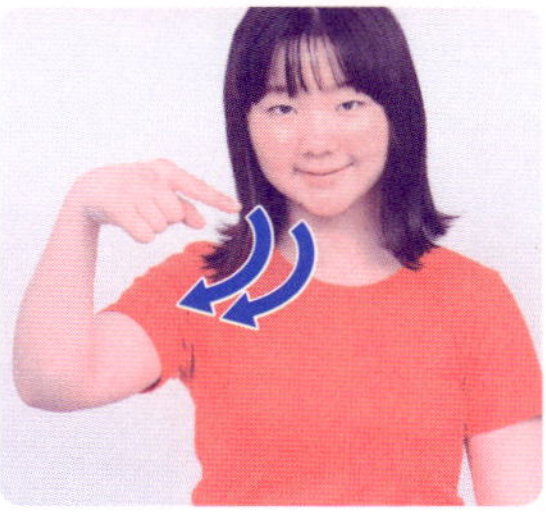

片手の人さし指をのばして横に向け、2回下にふる。

同 教える、教育、指《し》導《どう》

校長室

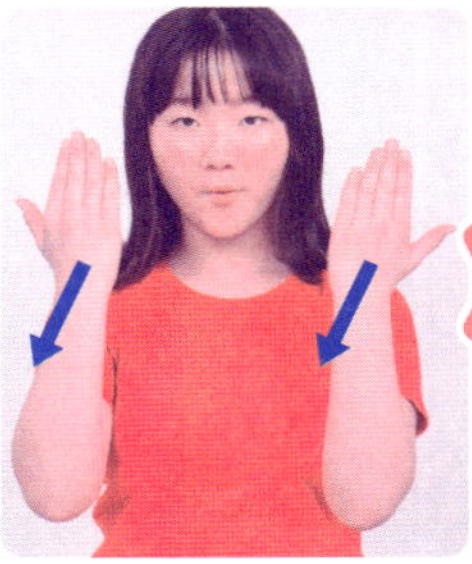

両手《りょうて》のひらを自分に向け、同時に下げる。

下に向けた左手のひらの上に、親指《おやゆび》を立てた（その他4指はにぎる）右手をのせる。

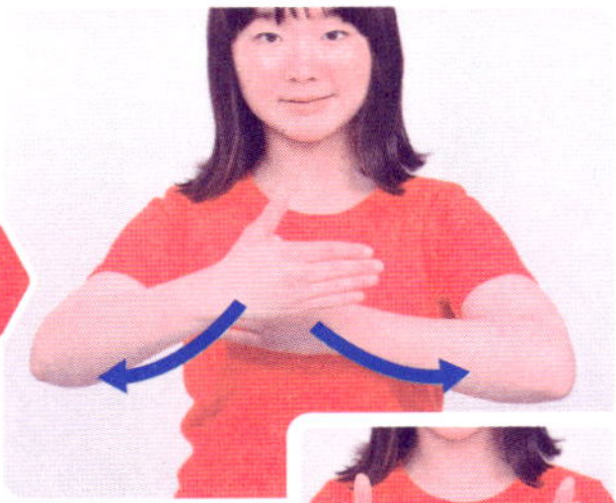

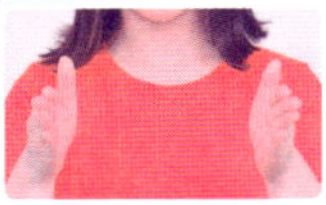

両手のひらを前後に置き、指先を同時に前にはらって向かい合わせる。同 部屋、室、はんい

図書室

両手のひらを合わせて、同時に左右に1回開く。同 本、メニュー

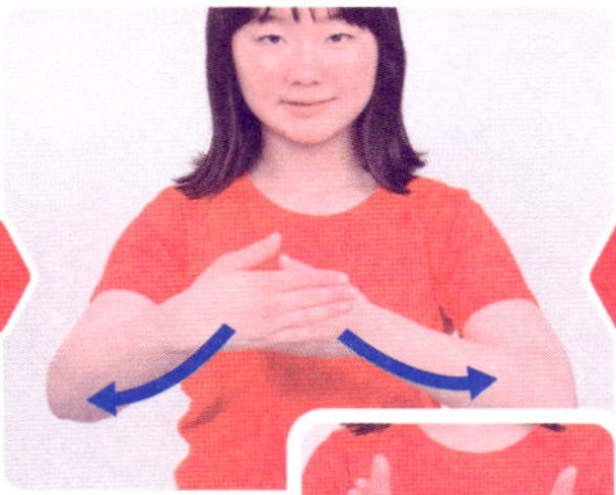

両手のひらを前後に置き、指先を同時に前にはらって向かい合わせる。同 部屋、室、はんい

調理室

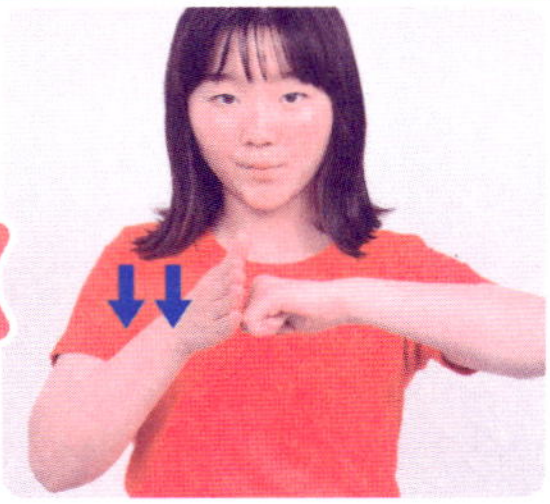

左手はすべての指を軽く曲げて下に向け、その横で右手のひらをまっすぐに数回上下する。同 料理、包丁

体育館

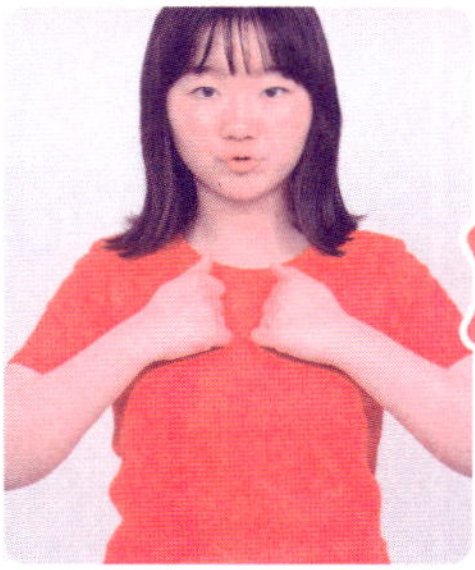

両手のこぶしをむねに2回あてる。同 体育、きたえる、ジム

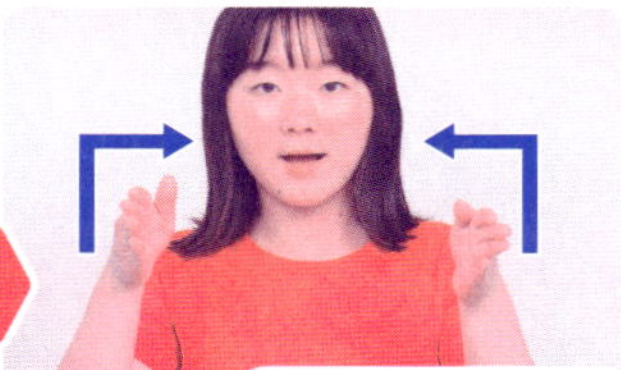

両手のひらを左右で向かい合わせて、同時に直角に上げて中央《ちゅうおう》で付ける。同 建物、～館、ビル

「部屋」という手話は、
「～室」と同じ手話なんだ。
たとえば、
先生+部屋と表《あらわ》すと
「職員室《しょくいんしつ》」という
意味になるよ。

Q 手話クイズ 7

手話のクイズを出すよ。
何を表《あらわ》しているか当ててみよう！
▶答えは 124 ページにあるよ！

Q1

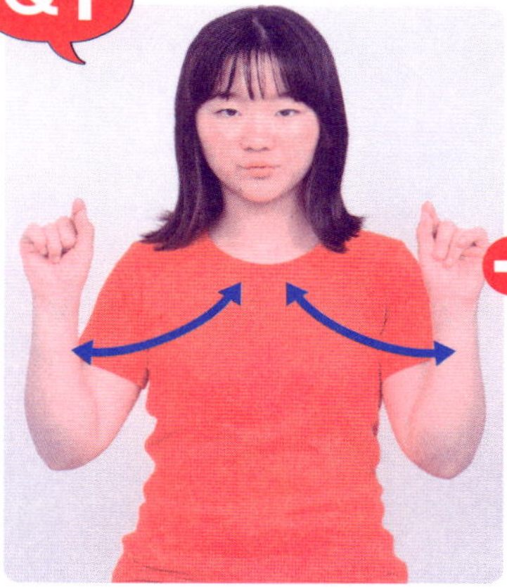

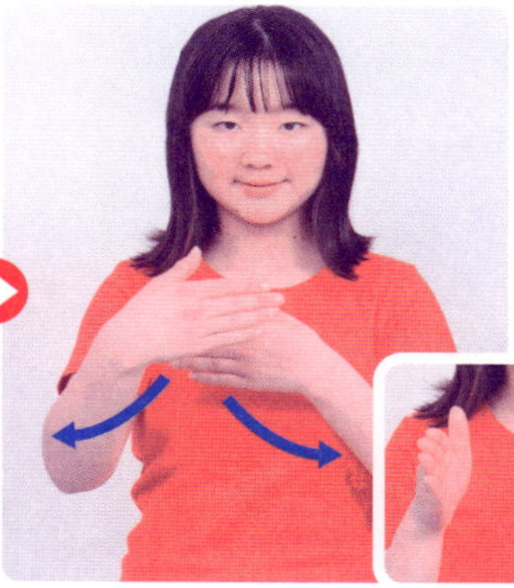

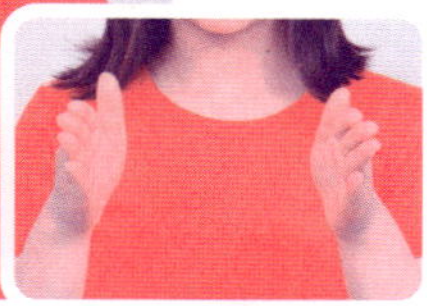

両手のひらを前後に置き、、指先を同時に前にはらって向かい合わせる。

両手とも親指と人さし指を付け、指揮《しき》をするように左右に数回ふる。

95 ～ 96 ページを確認《かくにん》してみよう

Q2

両手とも親指と小指をのばして下に向け、左右でかまえる。

だ円形の何かを表しているのかな?

Q3

片手の親指と人さし指で「C」の字を作る。その他3指は立てる。

WとCが合わさっているように見えるね

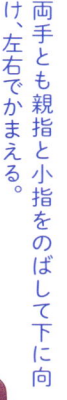

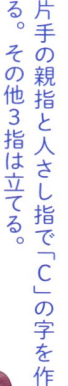

学《がっ》校《こう》行《ぎょう》事《じ》

遠足が楽しみ！

遠足

両手《りょうて》の指を開いて前後にかまえ、弧《こ》をえがきながら前に出す。

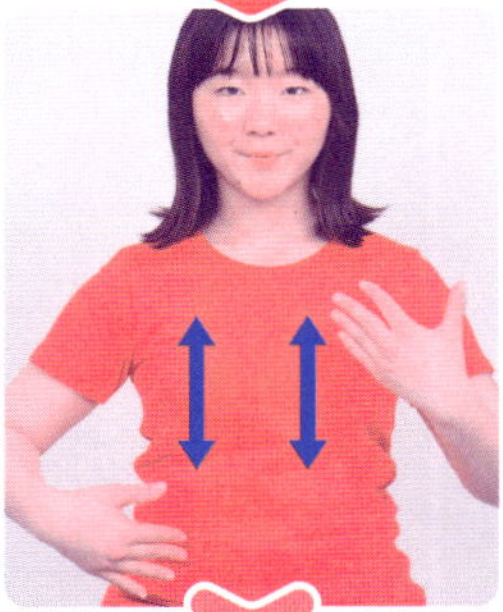

楽しい

両手の４指（親《おや》指《ゆび》以外）をむねにあて、左右交ごに上下に動かす。同 うれしい、喜ぶ、喜び

待つ

片手の親指《おやゆび》以外の４指を折り曲げて、あごにあてる。同 待機

どこに行くの？

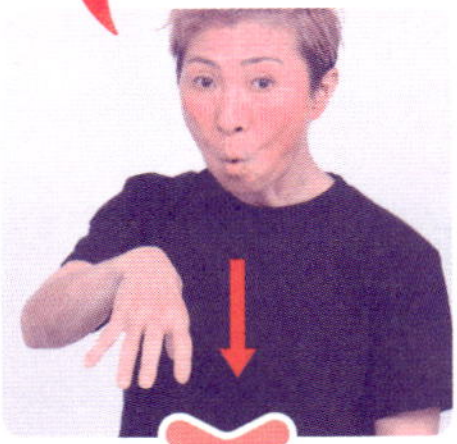

場所

片手のすべての指を軽く曲げて下に向け、少し下げる。同 ～所、～場

何？

片手の人さし指をのばして立て、軽く数回ふる。同 どこ、どう、どうした

水族館だよ

魚

片手のひらを自分に向け、ひらひらとゆらしながら、横に動かす。

建物

両手のひらを左右に向かい合わせて、同時に直角に上げて中《ちゅう》央《おう》でつける。同 ～館、ビル

学校行事の手話を覚えていこう！

入学式

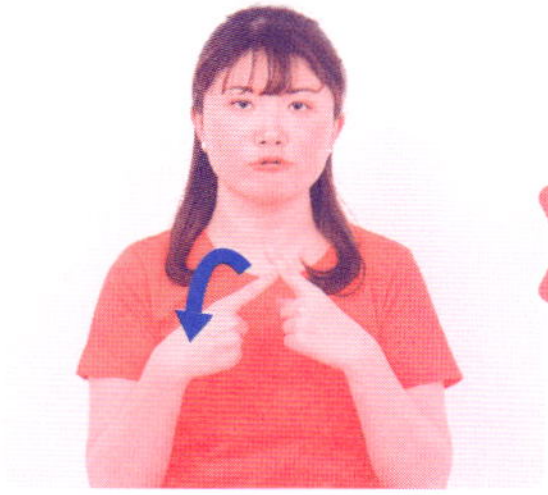

両手の人さし指を立て、自分から見て「入」の形を作り、前にたおす。同 入る、入れる

両手のひらを自分に向けて前後に置き、前の手だけを少しずつはなす。同 式、大会

卒業

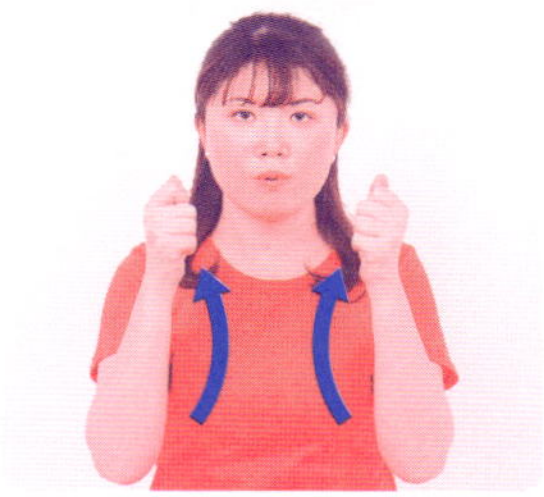

両手のこぶしを体の前に置き、同時にひじから曲げる。
参 卒業証《しょう》書《しょ》を受け取る様子

始業式

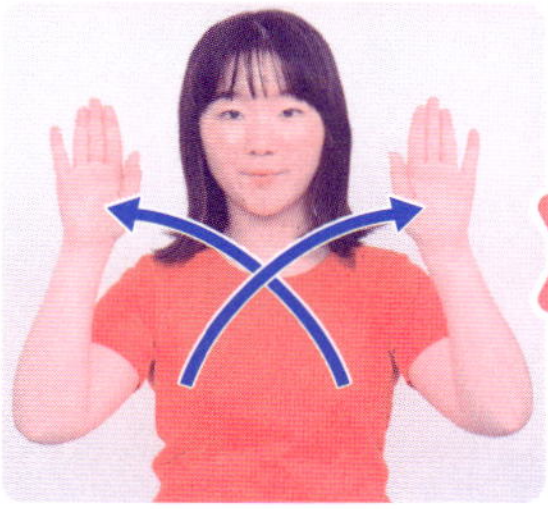

両手のひらを交《こう》差《さ》させ、同時に左右に開く。
同 始まる、明るい、晴れ

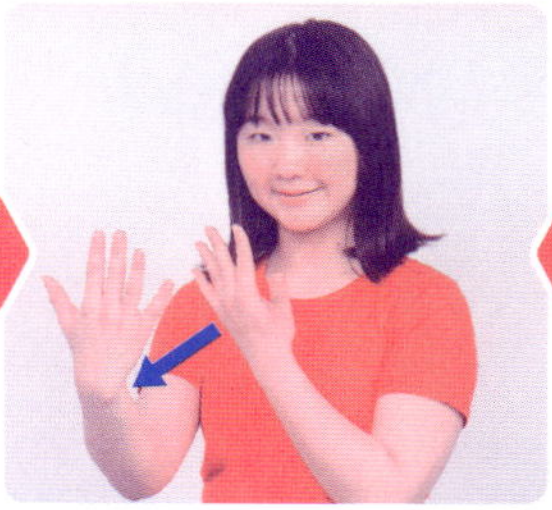

両手のひらを自分に向けて前後に置き、前の手だけを少しずつはなす。同 式、大会

終業式

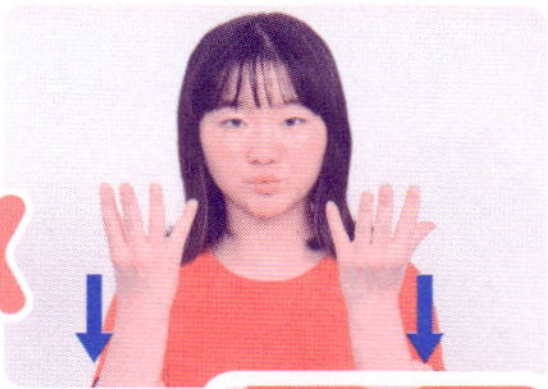

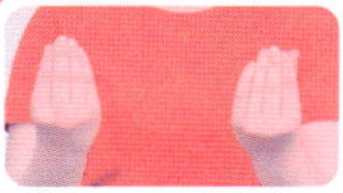

両手ともこうを前にしてかまえ、指先をすぼめながら下げる。
同 終わる、終わり、～した

式典《しきてん》関係はすべてこの手話を使うよ。卒業式も結こん式もこの「式」を使うんだ。

夏休み

片手を軽くにぎり、顔の横で手を2回ほど上下させる。
同 夏、南、暑い

両手のひらを下に向けて合わせ、横に動かしながら、数回同じ動きをする。同 連休

冬休みや春休みを表《あらわ》したいときは、最初の手話を「冬」「春」にすればOK！

授業参観《じゅぎょうさんかん》

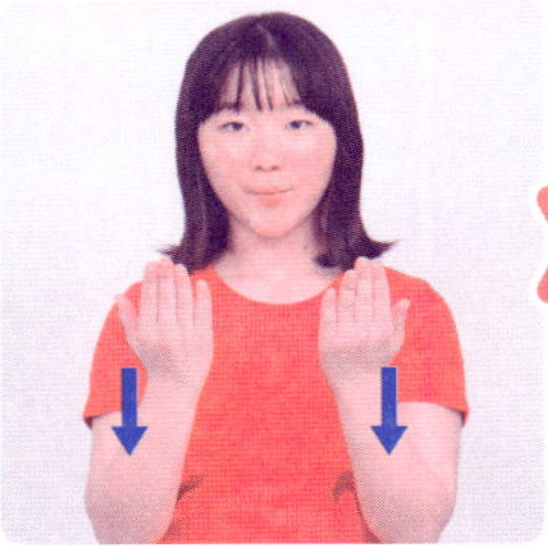

両手《りょうて》のひらを自分に向け、同時に2回下げる。

同 学ぶ、学校、授業

片《かた》手の親指《おやゆび》と人さし指で輪を作って、目の前に置き、円をえがきながら横に動かす。

同 見学、観光、探す

「見学」という手話は、
見ている、見回している
というような
イメージの動きだよ。

修学旅行《しゅうがくりょこう》

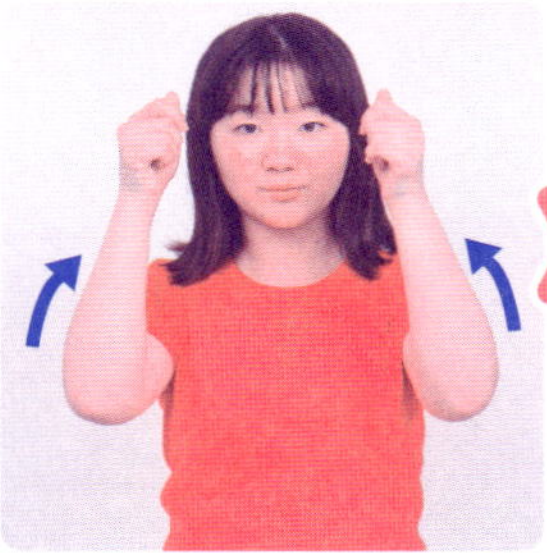

両手のこぶしを体の前に置き、同時にひじから曲げる。

同 卒業

立てた左手のひらの横に、人さし指と中指をのばした右手を置き、右手だけ回す。

同 旅行、旅、汽車

文化祭

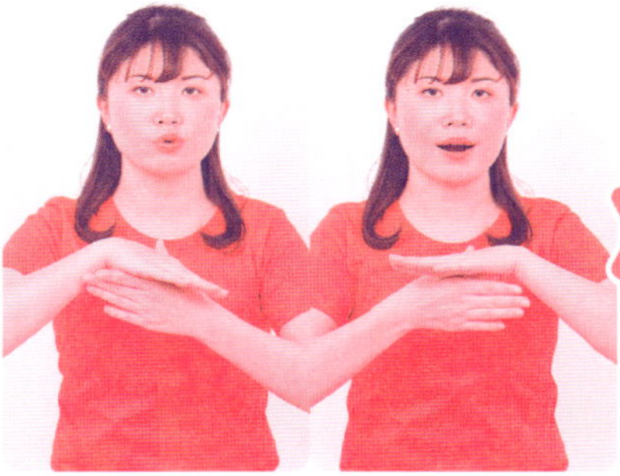

両手とも指をそろえて開き、親指を組み合わせ、手を組みかえる。同 文化、文字

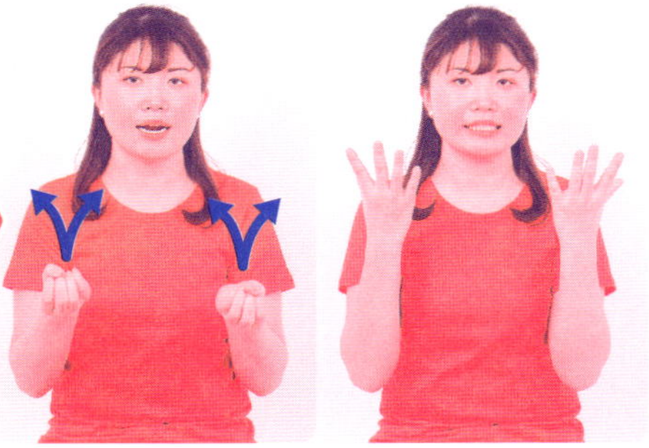

すぼめた両手を上に向け、パッと開きながら上げる。同 祝う、おめでとう

運動会

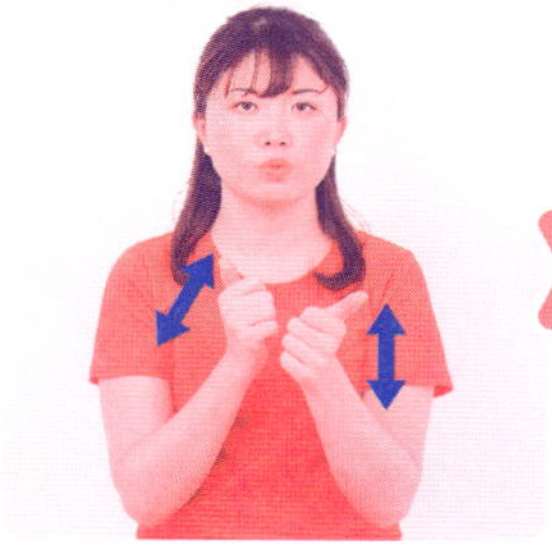

両手とも親指を立て、交ごに前後させる。
同 運動

両手のひらを下に向けてななめにし、指先を付け、同時にななめ下に下げる。同 会

朝の会も
終わりの会も
この「会」を
使うんだ。

クリスマス

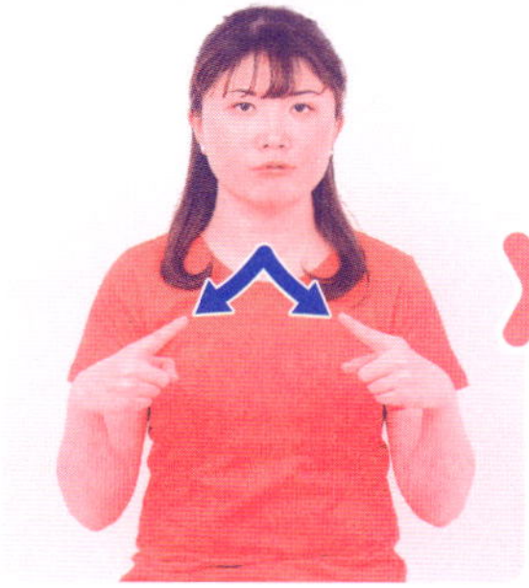

両手の人さし指を交差《こうさ》させ、同時にななめ下に下ろす。

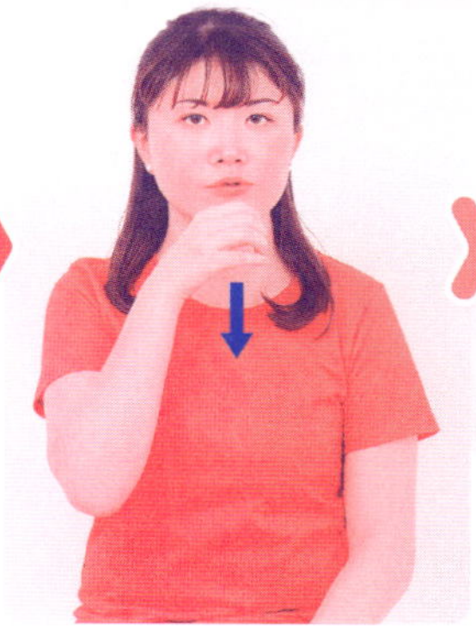

軽く指を曲げた片手をあごにあて、にぎりながら少し下げる。参 サンタクロースのひげ

バレンタインデー

両手の指先を付け、ハートの形を作って、少し前に出す。

お正月

両手とも人さし指を横にのばし、上下にかまえ、手首をひねってよせる。

レジャー施設《しせつ》の手話を覚えていこう！

遊園地

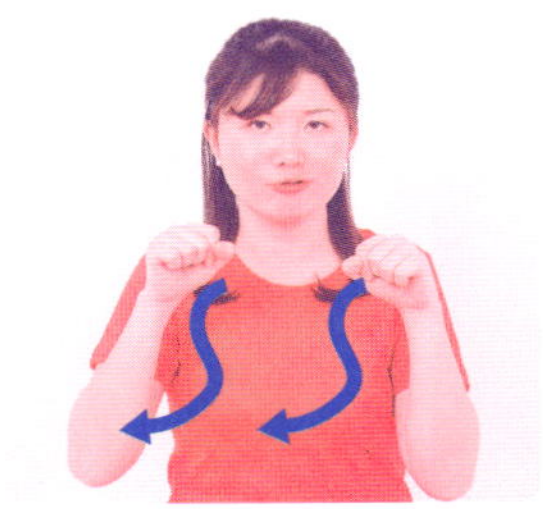

両《りょう》手《て》のこぶしをかたの前にかまえ、ジェットコースターの動きをイメージして同時に下げる。

映画館

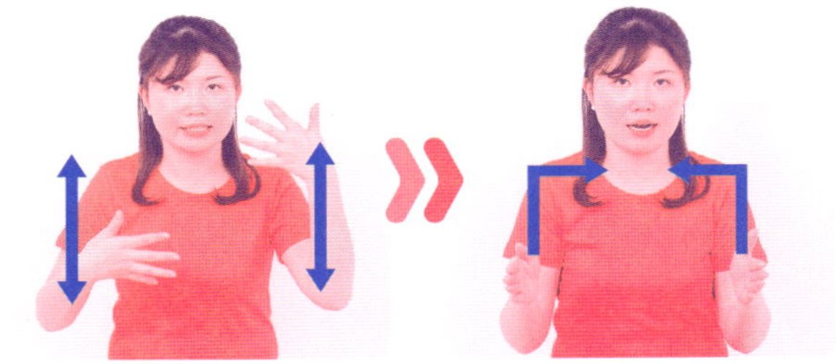

両手のひらを自分に向けて上下にかまえ、たがいちがいに上下させる。

両手を向かい合わせて、同時に直角に上げて中央で付ける。 同 建物、〜館、ビル

博物館

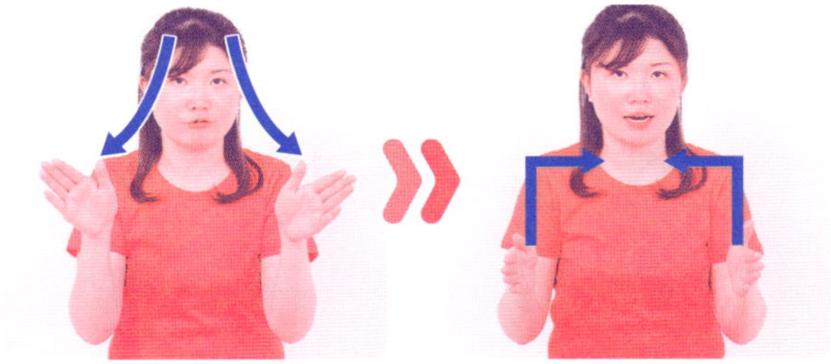

両手のひらをひたいの前に置き、同時に手首をひねって外に開く。

両手を向かい合わせて、同時に直角に上げて中央で付ける。 同 建物、〜館、ビル

キャンプ

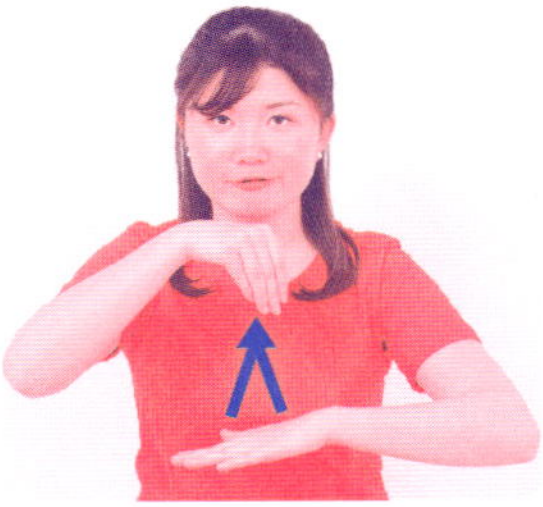

下に向けた左手のこうに右手の指先をあて、すべての指を付けながら上げる。

動物園

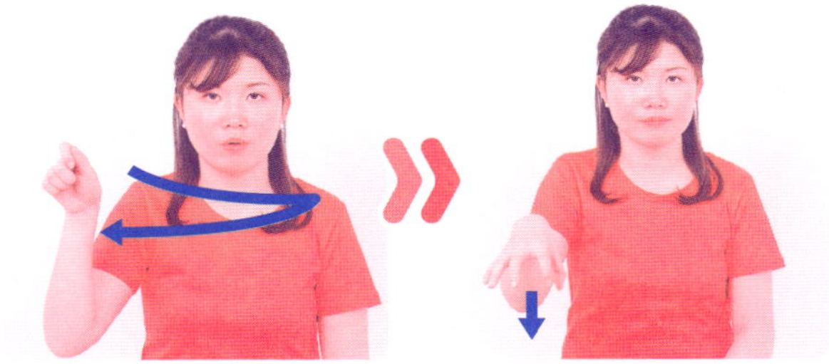

すぼめた片手を前に向け、左右にふる。

片手のすべての指を軽く曲げて下に向け、少し下げる。
同 場所、〜所、〜場

バーベキュー

両手の人さし指をのばして上と下に向け、同時に手首をひねって上下の向きを逆にする。

牧場

両手とも親指《おやゆび》と人さし指でコの字型を作り、こめかみにあてる。同 牛

両手とも乳しぼりをするように交ごににぎりながら下げる。

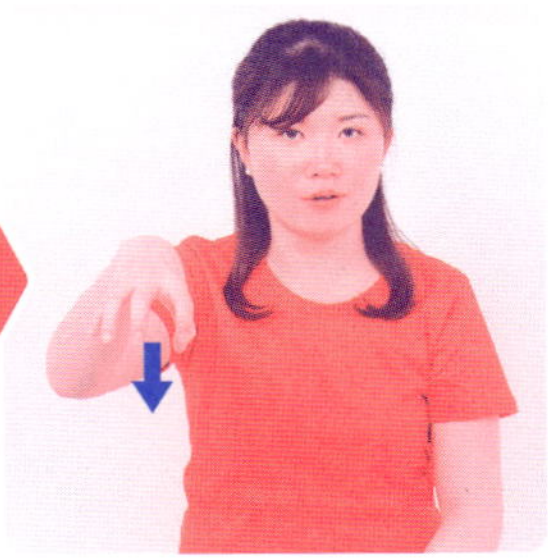

片手のすべての指を軽く曲げて下に向け、少し下げる。同 場所、〜所、〜場

ショッピングモール

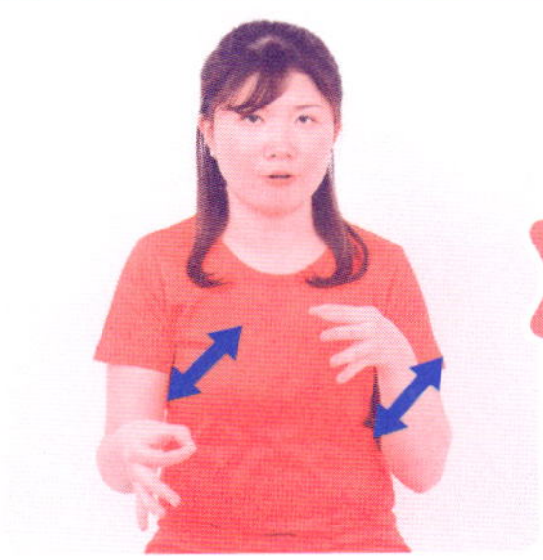

両手とも親指と人さし指で輪を作り、上下に置き、交ごに前後に動かす。

両手のひらを下に向けてななめにし、指先を付けて、同時に前に出す。

プール

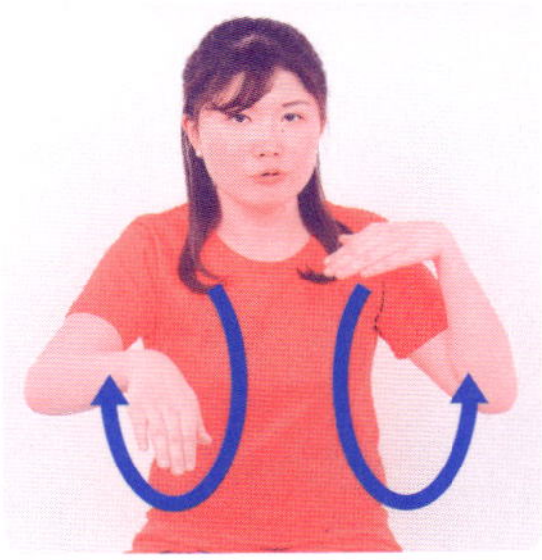

クロールで泳ぐように、両手で水をかく動きをする。

デパート

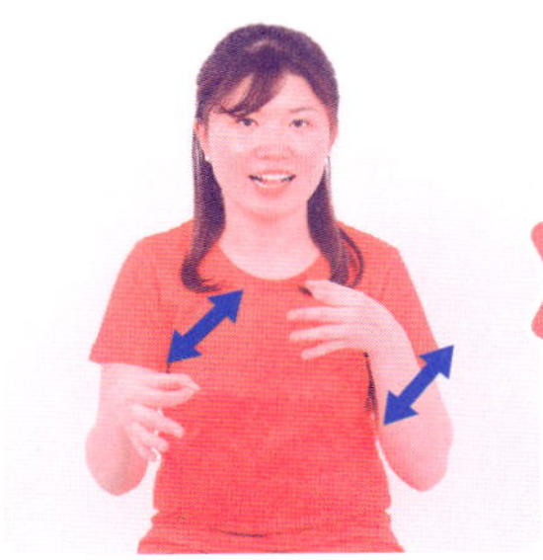

両手とも親指と人さし指で輪を作り、上下に置き、交ごに前後に動かす。

両手を向かい合わせて、同時に直角に上げて中央で付ける。同 建物、〜館、ビル

「建物、〜館、ビル」という手話はよく使われるよ。「図書館」は本+建物で表《あらわ》すんだ。

さそう・約束《やくそく》する

放課後に遊ぼうよ!

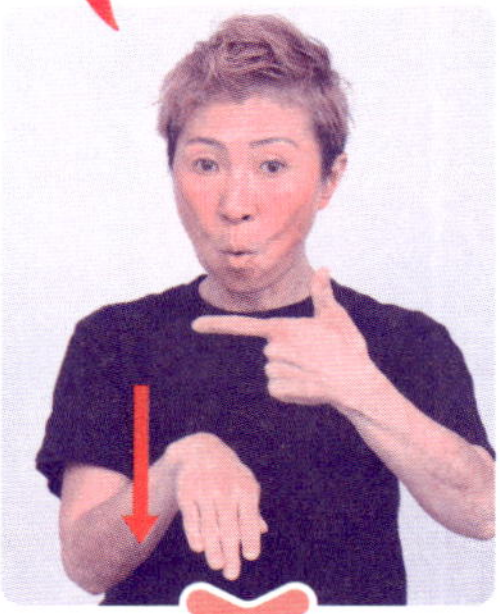

放課後

親指《おやゆび》と人さし指をのばした左手を横にたおし、その下で右手のひらを２回下にはらう。

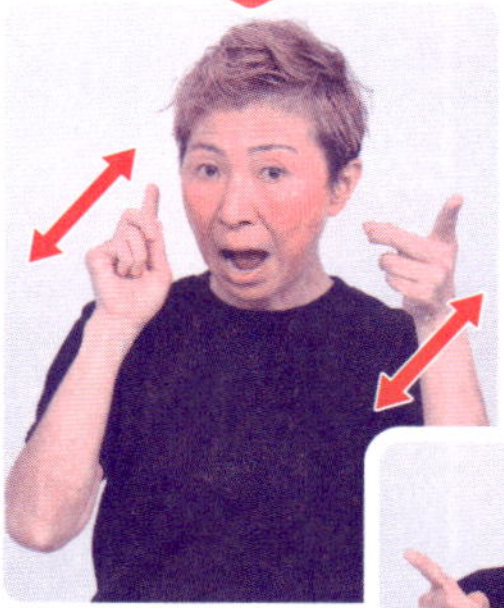

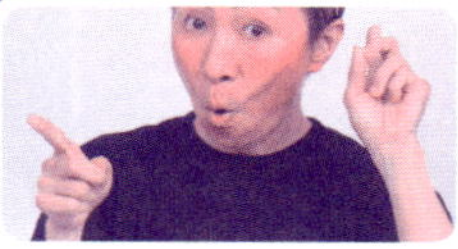

遊ぶ

両手《りょうて》とも人さし指をのばして顔の横に置き、交ごに前後にふる。

同 遊び、ゲーム

宿題をやった後でいい?

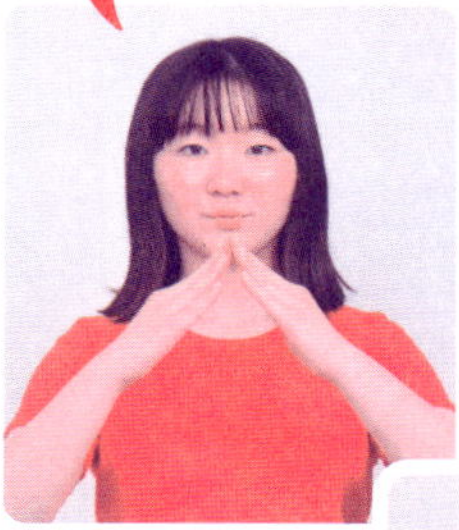

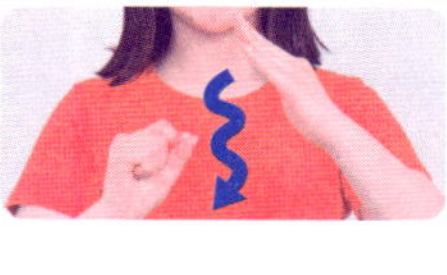

宿題

指をそろえた両手のひらで屋根の形を作る。片手《かたて》の親指と人さし指の指先を合わせ、小刻《こきざ》みにゆらす。

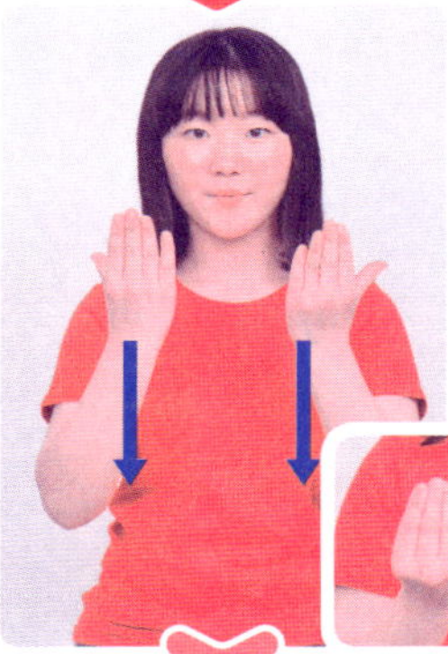

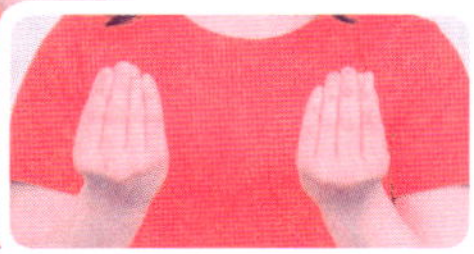

終わる

両手ともこうを前にしてかまえ、指先をすぼめながら下げる。

同 終わり、～した

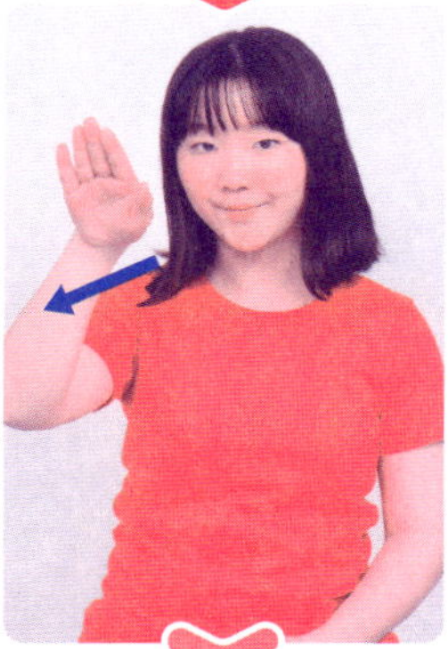

後

片手のひらを前に向け、前にたおす。

同 これから、今度、将来、未来

いい?

片手の小指をのばし、あごにあてる。同 かまわない、どういたしまして

学校のいろいろな時間の手話を覚えていこう！

朝の会

片手のこぶしをこめかみあたりに置き、そのまま下げる。同 朝

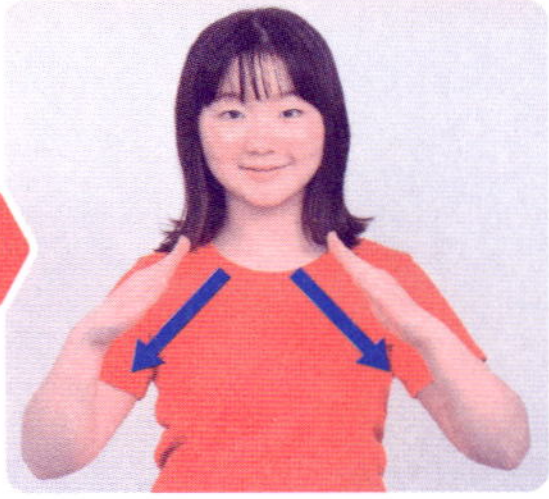

両手のひらを下に向けてななめにし、指先を付け、同時にななめめ下に下げる。同 会

そうじ

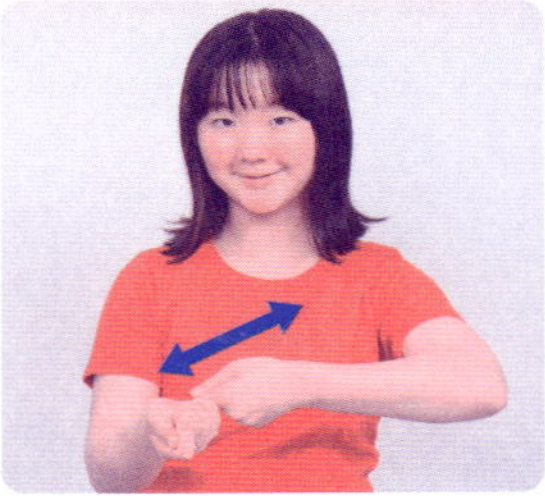

両手のこぶしを前後にかまえ、同時に前後に動かす。

自習

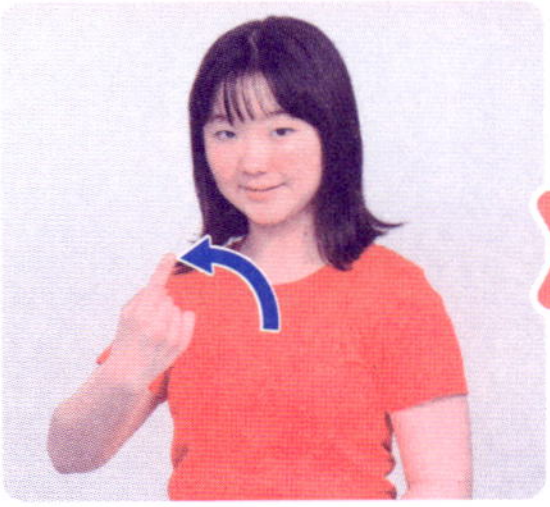

片手の人さし指をのばし、むねにつけ、前に向かってはね上げる。

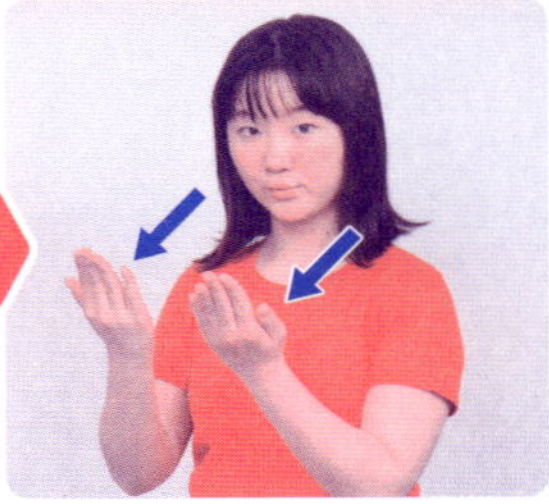

両手のひらを自分に向け、同時に2回下げる。
同 学ぶ、学校、授業

給食

片手の人さし指と中指をそろえて立て、ひたいにあてる。同 昼、正午

左手のひらを上に向けて、右手の人さし指と中指を口元に数回すくい上げる。
同 食事、ご飯、食べる

休み時間

両手のひらを左右に向かい合わせ、むねの前で交《こう》差《さ》し、また左右に開く。

左手首に右手の人さし指をあてる。
同 ～時

どこに集まる？

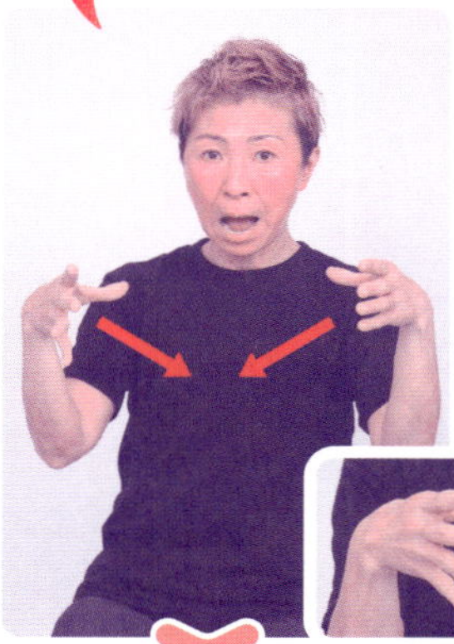
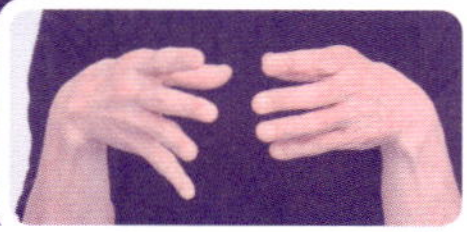

集まる

軽くわん曲させた両手《りょうて》を左右で向かい合わせ、同時に中央《ちゅうおう》によせる。同 集合

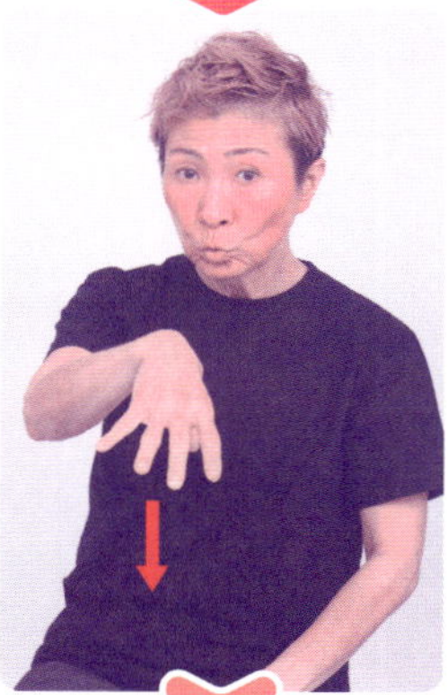

場所

片手《かたて》のすべての指を軽く曲げて下に向け、少し下げる。

同 ～所、～場

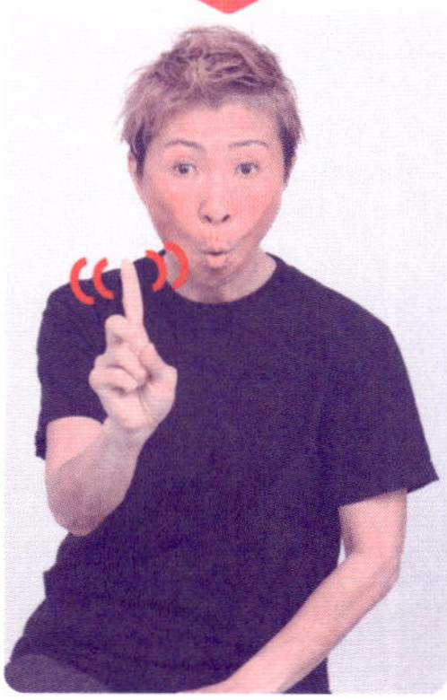

何？

片手の人さし指をのばして立て、軽く数回ふる。

同 どう、どうした、どこ

何をして遊ぼうか？

遊び

両手とも人さし指をのばして顔の横に置き、交ごに前後にふる。

同 ゲーム

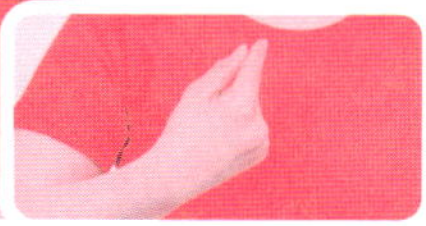

希望

親指《おやゆび》と人さし指をのばしてあごの前あたりにかまえ、指をすぼめながら手を下げる。同 すき、～したい、欲しい

何？

片手の人さし指をのばして立て、軽く数回ふる。

同 どう、どうした、どこ

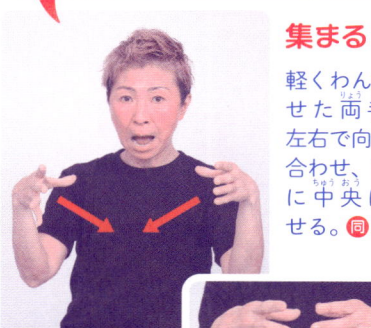

遊びに関する手話を覚えていこう！

公園

両手の人さし指で「ハ」の字を作り、右手の人さし指で「ム」を書く。

片手のすべての指を軽く曲げて下に向け、少し下げる。

同 場所、～所、～場

最初の手話は「公」という漢字の形を表してるんだね。

家

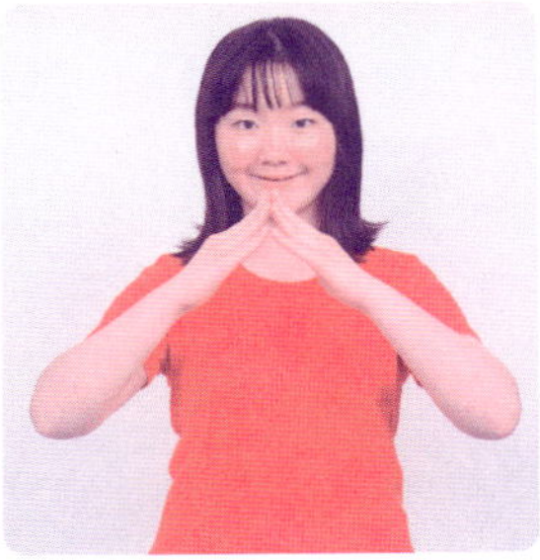

指をそろえた両手のひらで屋根の形を作る。

すべり台

右手の人さし指と中指を下に向けてのばして顔の横あたりでかまえ、左手のひらを上に向けてむねの前あたりに置く。

手の形はそのままで、右手を左手のひらの上にすべらせる。

ブランコ

わきをしめ、両手のこぶしをむねの横あたりにかまえる。

両手を同時に前後に動かす。

鉄棒《てつぼう》

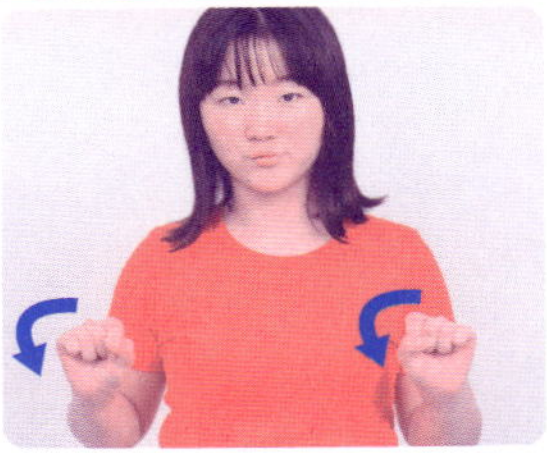

わきをしめ、両手のこぶしを前に向けてむねの横あたりにかまえ、同時に手首を前にひねる。

人形あそび

両《りょう》手《て》を人形をだっこするように体の前でかまえ、2回すべての指を軽く曲げる。

両手とも人さし指をのばして顔の横に置き、交ごに前後にふる。同 遊び、ゲーム

キャスターボード

両手のひらを下に向けて、左右にかまえ、たがいちがいに手首を曲げる。

おままごと

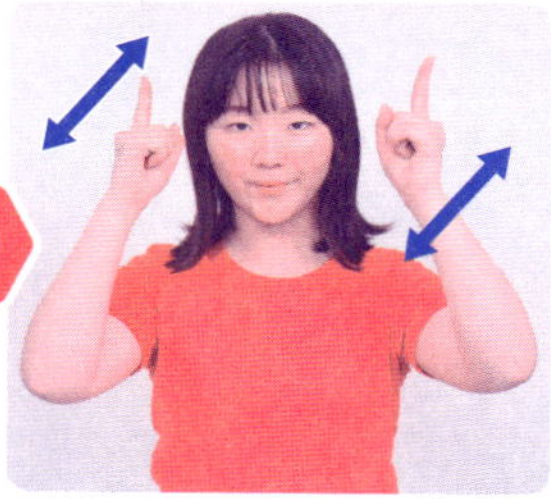

左手はすべての指を軽く曲げて下に向け、その横で右手のひらをまっすぐに数回上下する。同 料理、包丁

両手とも人さし指をのばして顔の横に置き、交ごに前後にふる。
同 遊び、ゲーム

おにごっこ

両手とも人さし指を立て、頭の横にかまえる。
同 おに

両手の人さし指を前後にかまえ、同時に前に出す。同 追う、追いかける、ストーカー

トランプ

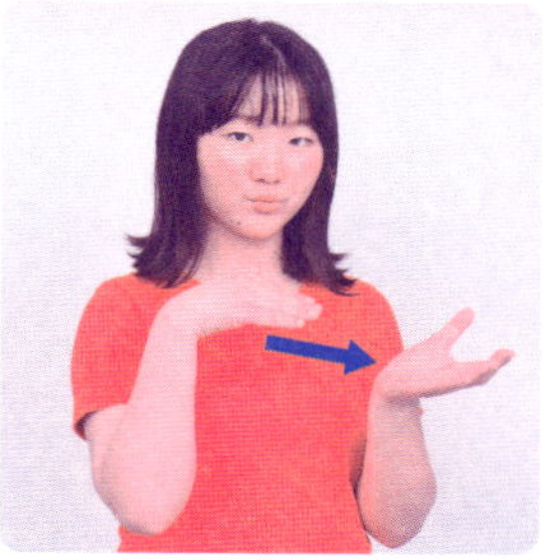

両手のひらをトランプを切るように数回合わせる。

百人一首

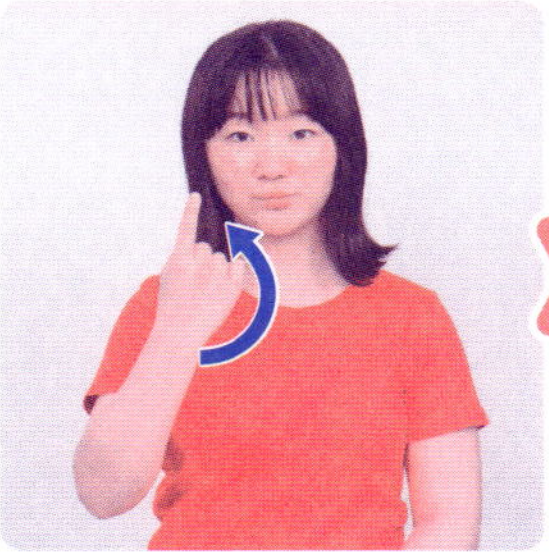

人さし指を下にのばして、手首をひねって上にはね上げる。同 100

両手の人さし指をのばし、「人」の形に指を合わせ、同時に下に引く。

片《かた》手《て》のひらを下に向け、手首をひねって横にはね上げる。

UNO《ウノ》

人さし指と中指だけをのばして立てる。
同 指文字「う」

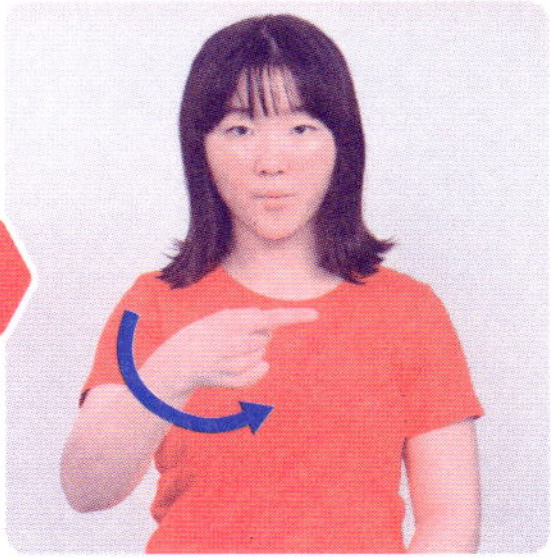

のばした人さし指で「ノ」の字を書くように下ろす。
同 指文字「の」

オセロ

片手の親指《おやゆび》と人さし指をコの字形にする。

手の形はそのままで手首を2回ひねる。

ボードゲームの手話

UNOと同じように、「人生ゲーム」や「カタン」「ドンジャラ」といったボードゲームは、決まった手話はなくて、ゲーム名を指文字で伝えるよ。ボードゲームだけでなく、手話を思い出せないときやわからないときは、指文字で伝えてみよう。

さそう・約束《やくそく》する

今日、家に遊びにいってもいい?

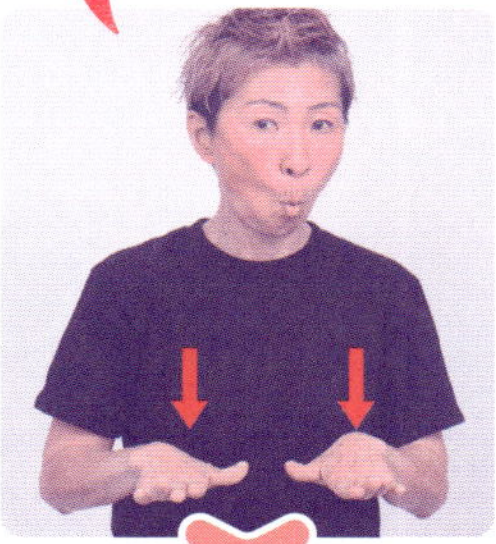

今日

両手《りょうて》のひらを下に向け、少し下げる。
同 今

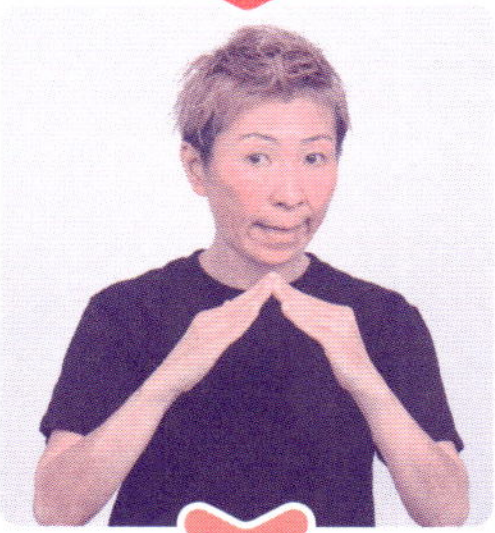

家

指をそろえた両手のひらで屋根の形を作る。

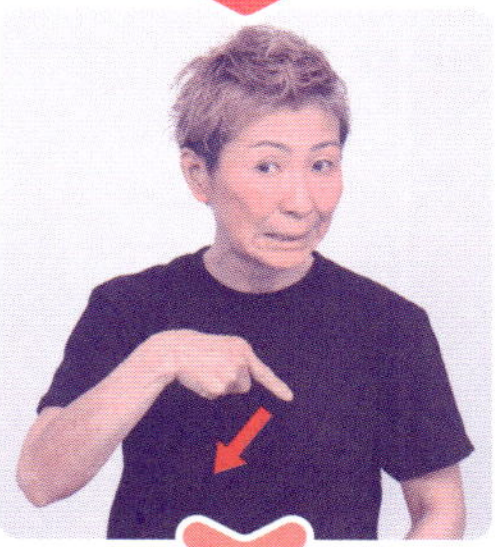

行く

片手《かたて》の人さし指を下にのばし、手首をひねって前に出す。

いい?

片手の小指をのばし、あごにあてる。同 かまわない、どういたしまして

ごめん、塾《じゅく》に行かなきゃいけないんだ

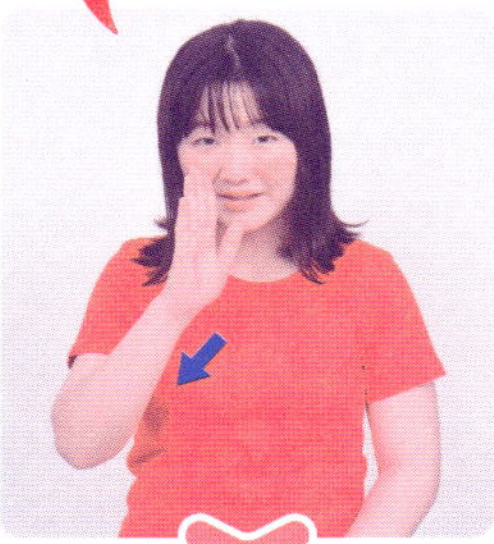

ごめん

片手のひらを顔の前に立て、少し前に出す。

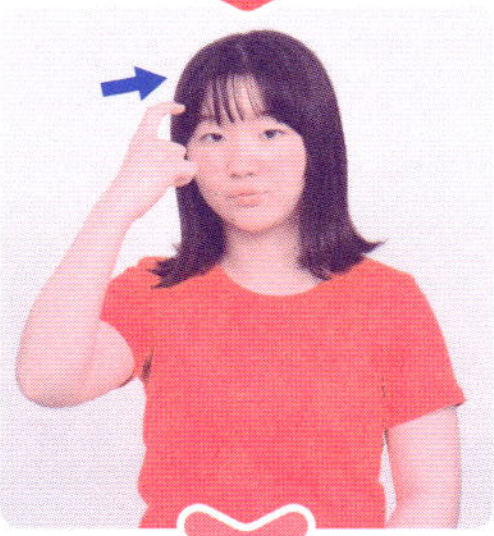

塾

片手の人さし指をひたいの前あたりで2回ふる。
同 習う、教わる

行く

片手の人さし指を下にのばし、手首をひねって前に出す。

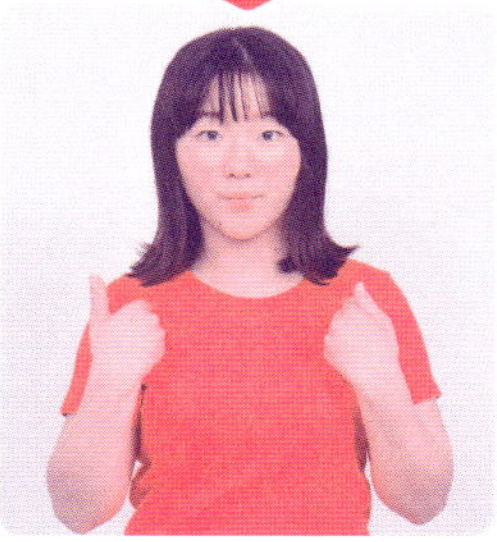

必要

両手とも親指《おやゆび》以外の4指をわきに2回あてる。
同 〜しなければならない、用事

日時《にちじ》に関《かん》する手話を覚えていこう！

一昨日《おととい》

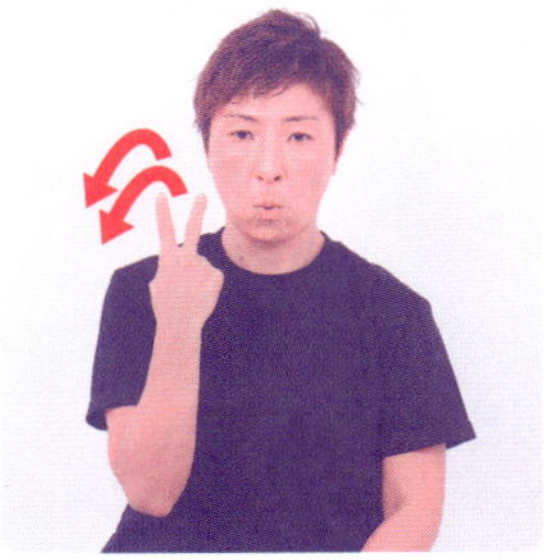

片手の人さし指と中指を立て、かたから後ろに2回たおす。

「今日」より２日過去というイメージかな？

昨日

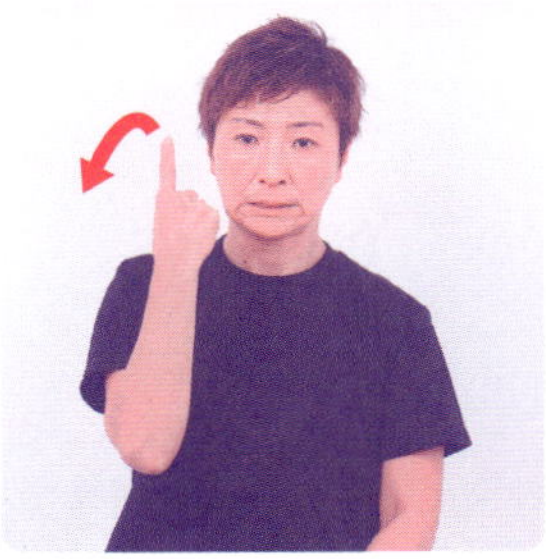

片手の人さし指を立て、かたから後ろにたおす。 同 後ろ

「今日」より１日過去というイメージかな？

今日

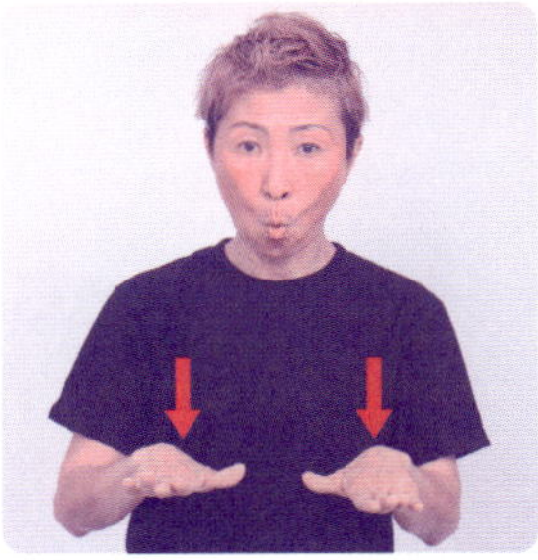

両手のひらを下に向け、少し下げる。 同 今

「今日」より１日先というイメージかな？

明日

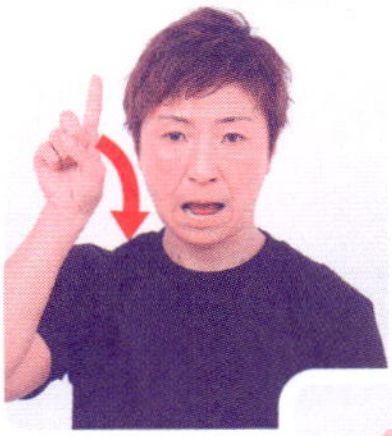

片手の人さし指を立て、かたから前にたおす。

「今日」より２日先というイメージかな？

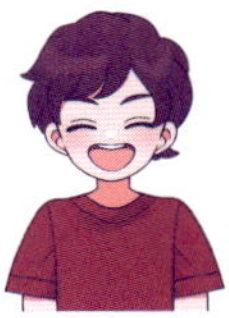

明後日《あさって》

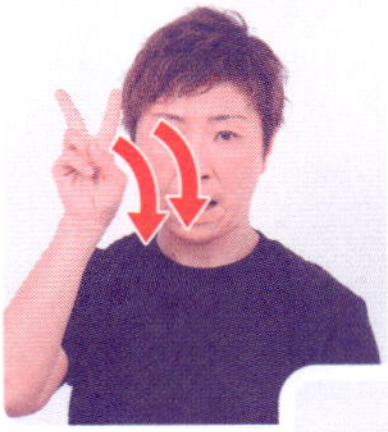

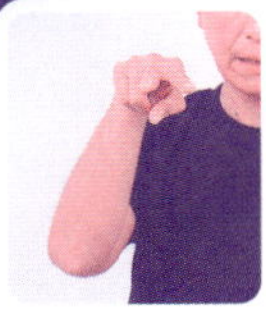

片手の人さし指と中指を立て、2回前にたおす。

先週

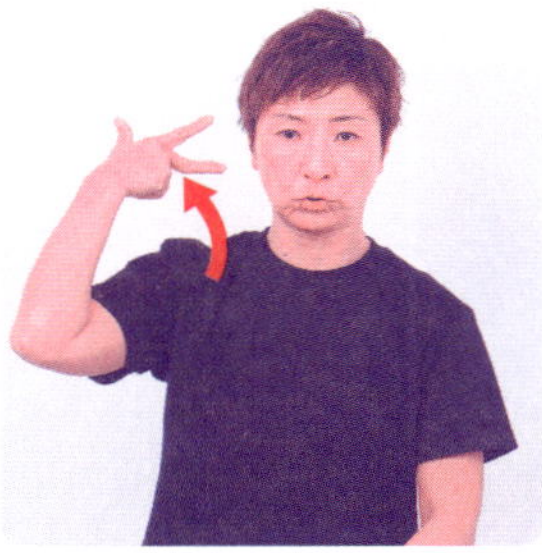

片手《かたて》の親指《おやゆび》、人さし指、中指を横にのばし（指文字「7」）、弧《こ》をえがくように後ろにはらう。

7日間（指文字の7）が過去か未来かでちがいがあるみたいだね!

来週

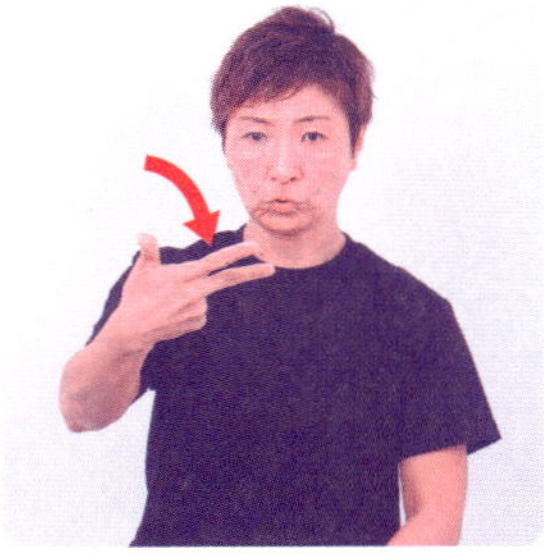

片手の親指、人さし指、中指を横にのばし（指文字「7」）、弧をえがくように前に出す。

今週

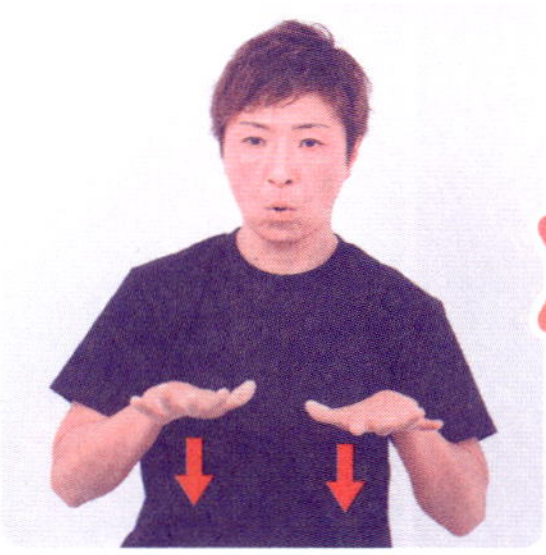

両手《りょうて》のひらを下に向け、少し下げる。

同 今日、今

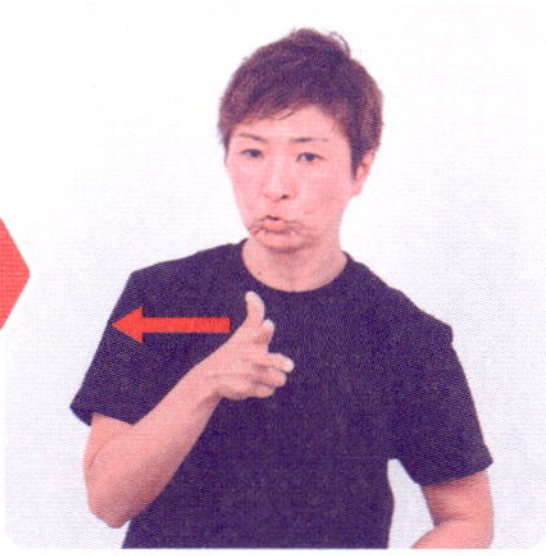

片手の親指、人さし指、中指を横にのばし（指文字「7」）、横に動かす。

「今」が7日続くというイメージかな?

毎週

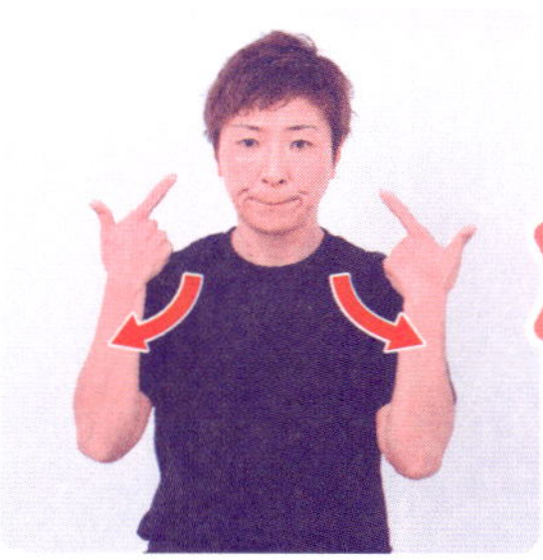

両手とも親指と人さし指をのばし、自分のほうに向け、手首を1回前に回す。

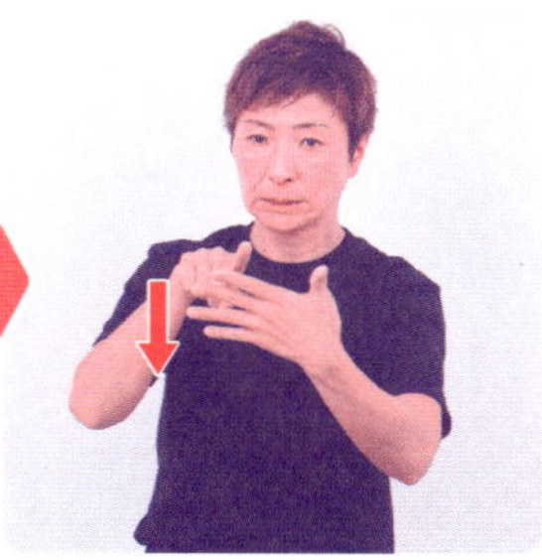

自分に向けた左手のひらをなぞるように、右手の人さし指を下げる。

毎日

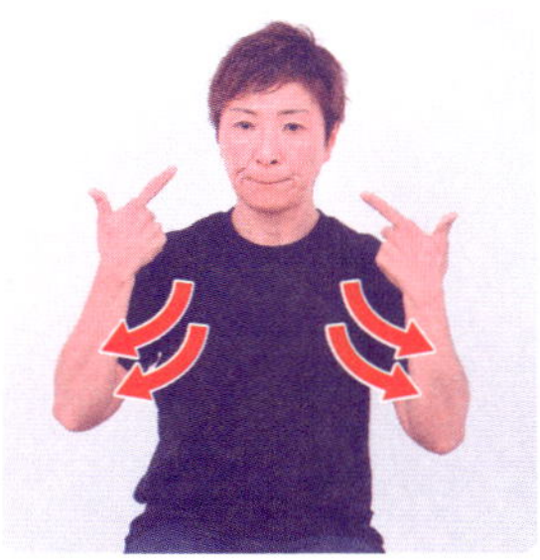

両手とも親指と人さし指をのばし、自分のほうに向け、手首を2回前に回す。同 いつも

朝／午前

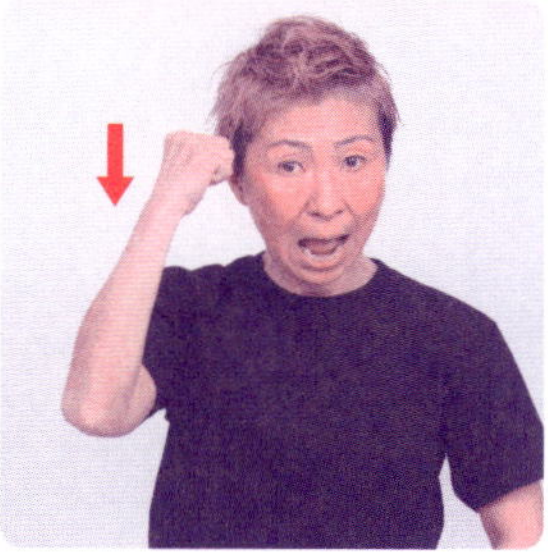

片手のこぶしをこめかみあたりに置き、そのまま下げる。

昼／正午

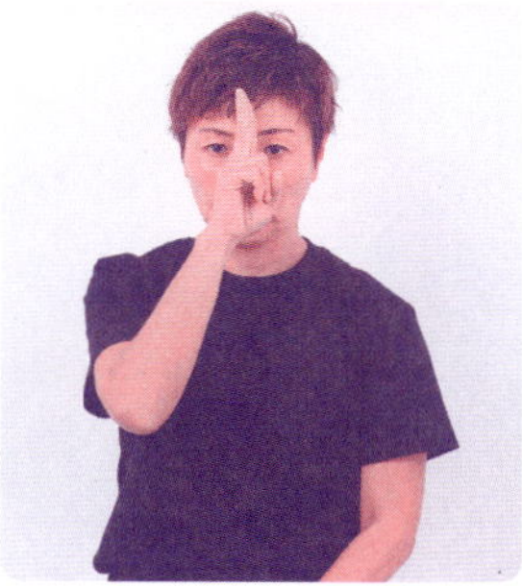

片手の人さし指と中指をそろえて立て、ひたいにあてる。

午後

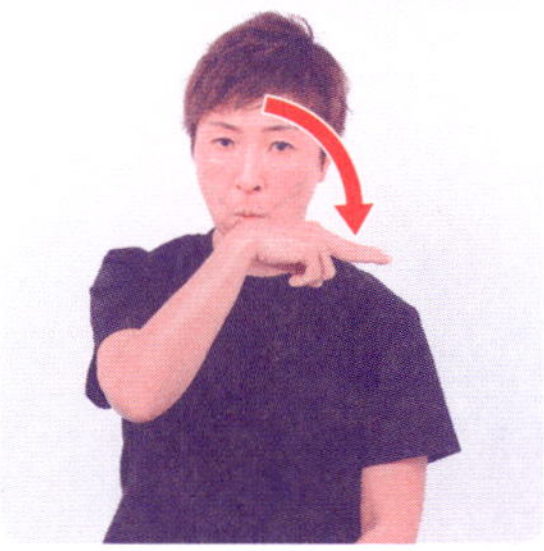

片手の人さし指と中指をそろえて立て、ひたいに付けて、手首をひねってたおす。

夕方

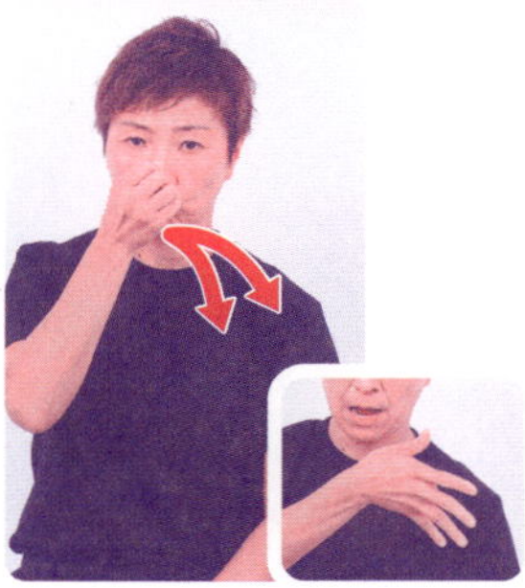

片手のこぶしを顔の前に置き、下に向かってパッと開く。

夜

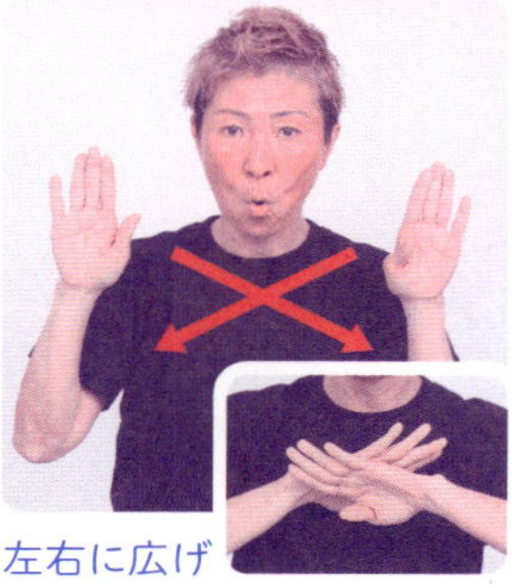

左右に広げた両手のひらを、むねの前で交差させる。同 暗い

夜がふけていく、暗くなっていく、閉じていくというイメージかな?

時間

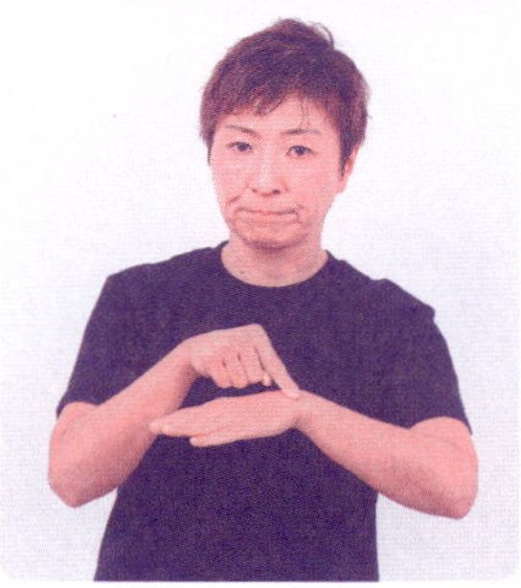

左手首に右手の人さし指をあてる。同 ～時

月曜日

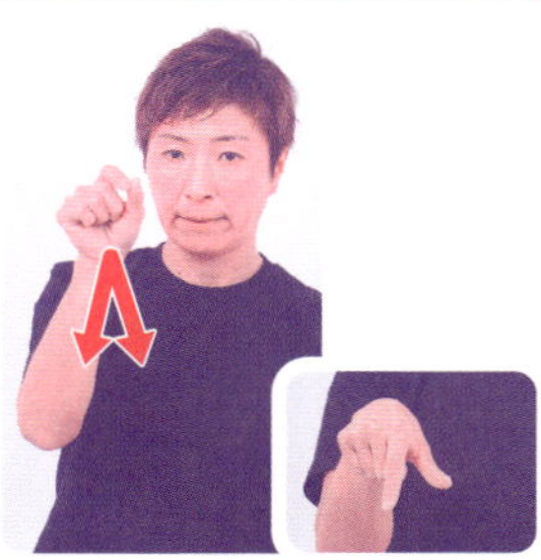

片手《かたて》の親指《おやゆび》、人さし指を付け、指先をはなしながら下げる。同 月

火曜日

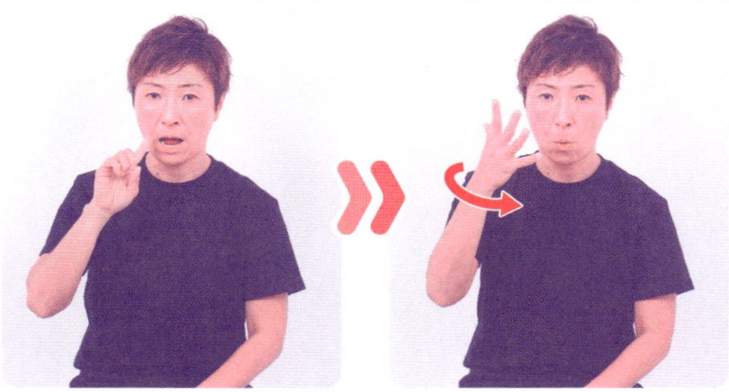

片手の人さし指を口元にあてる。

手首をひねりながら、パッと開く。

水曜日

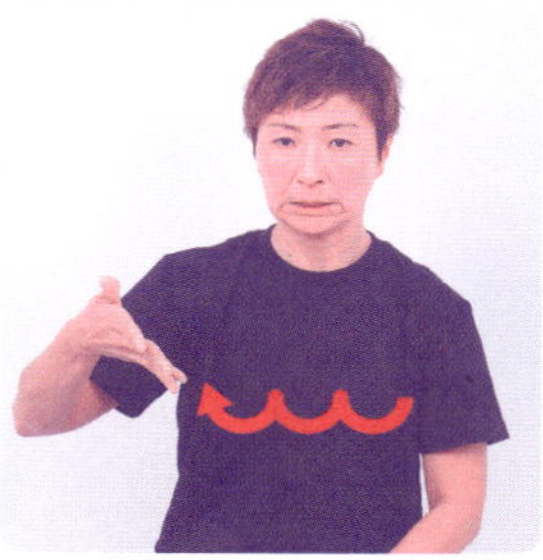

片手のひらを上に向け、波打たせながら横に動かす。
同 水分、水

木曜日

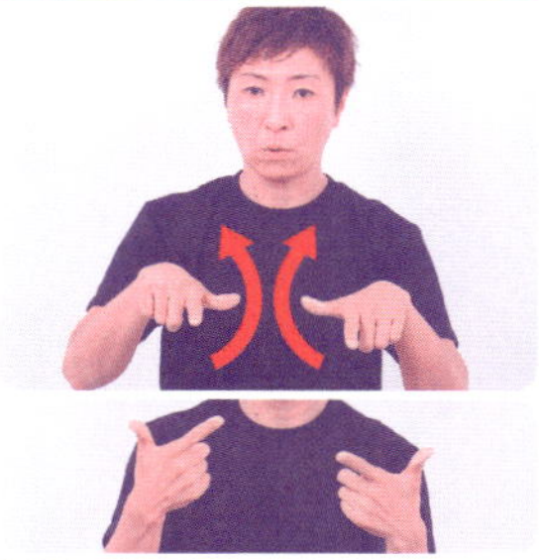

両手《りょうて》とも親指と人さし指をのばして下に向け、手首をひねって上げる。同 木

金曜日

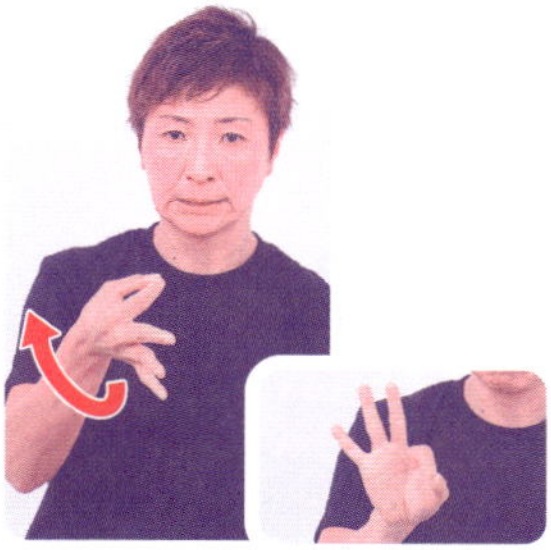

片手の親指と人さし指で輪を作り、手首をひねって前に向ける。同 お金

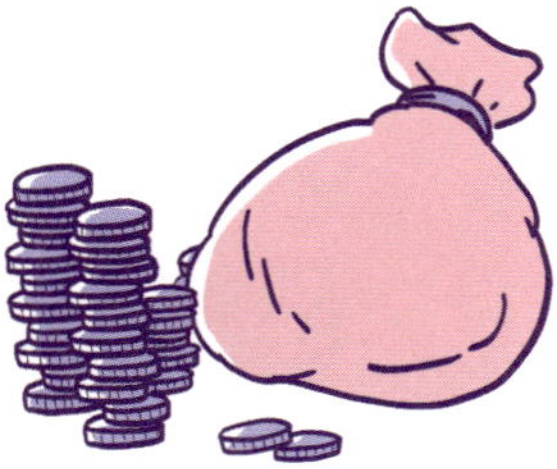

土曜日

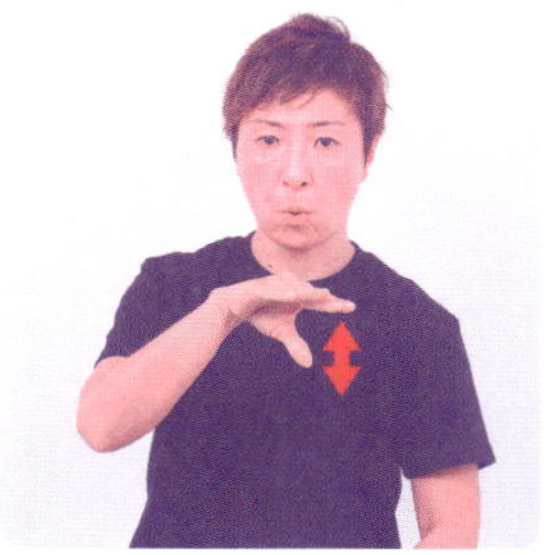

片手の親指とその他4指を向かい合わせ、指先をこすり合わせる。

日曜日

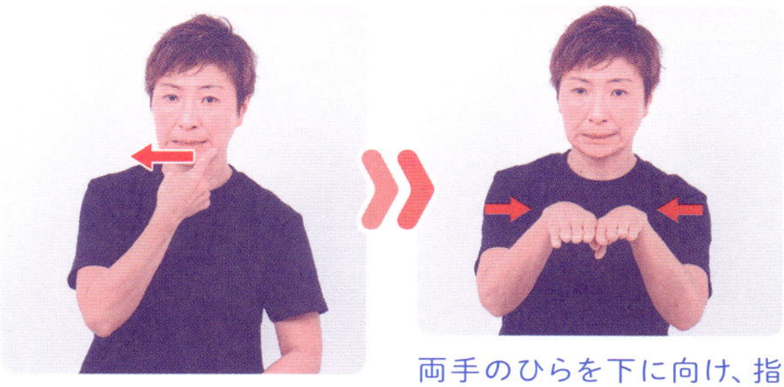

片手の人さし指をのばして口元に置き、横に引く。

同 赤

両手のひらを下に向け、指先を前に向けて左右にかまえ、中央《ちゅうおう》で合わせる。

同 休む、休暇、休日、休み

「赤い休み」と表《あらわ》しているのは、日曜日はカレンダーの数字が赤いからなんだ。

1日

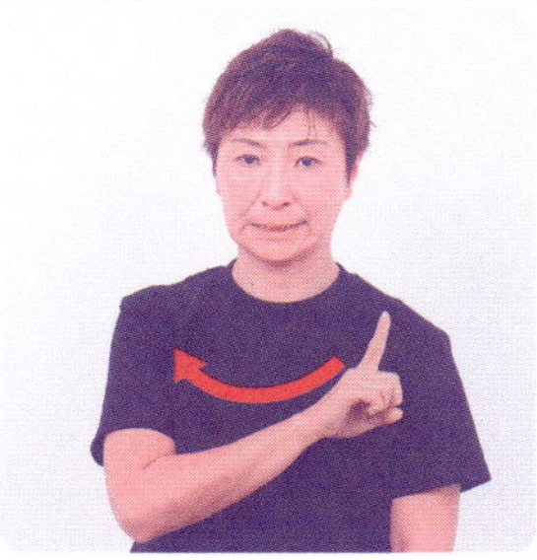

片手の人さし指を立てて、むねにあて、横に動かして再度《さいど》むねにあてる。

1週間

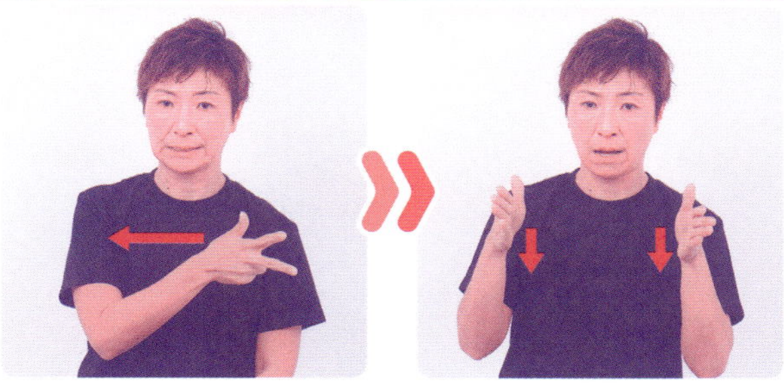

親指を立て、人さし指、中指を横にのばし（指文字「7」）、横に動かす。

両手のひらを立て、左右で向かい合わせて下げる。

同 間

1ヵ月

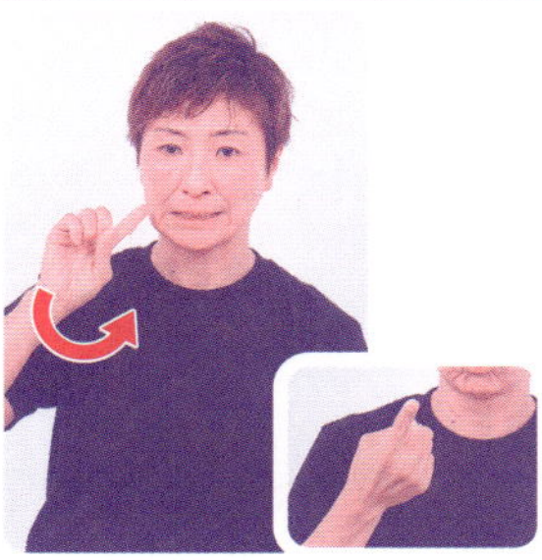

片手の人さし指を口元にあて、手首をひねって前にたおす。

1年

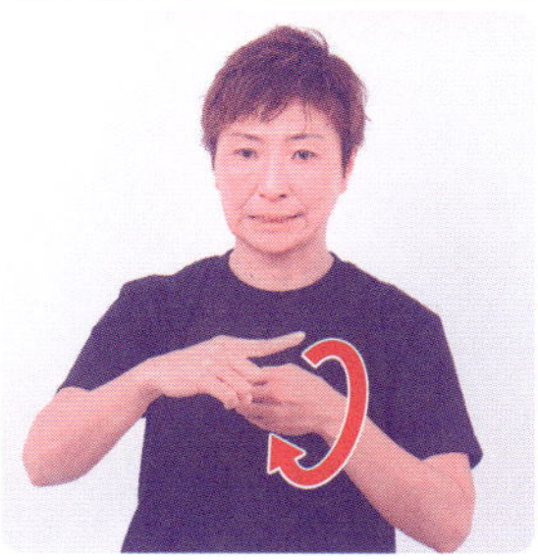

左手のこぶしの上に、右手の人さし指をあて、こぶしの周りを1周させる。

～ころ

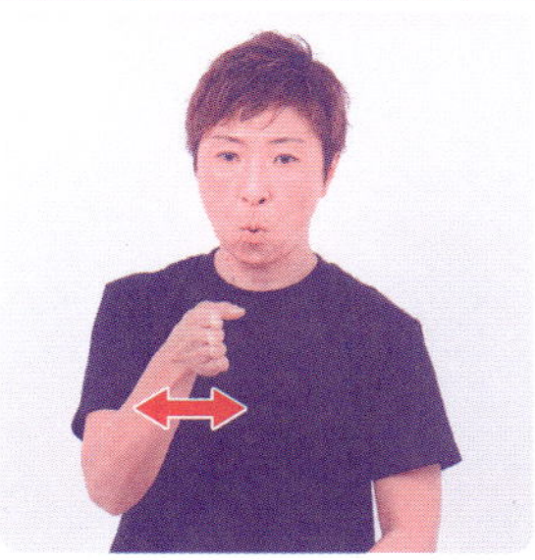

片手のひらを前にたおして立て、左右にふる。

同 くらい、だいたい

さそう・約束《やくそく》する

1時間

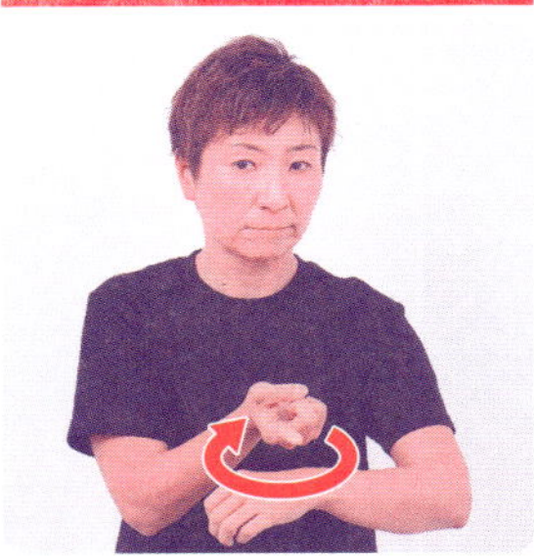

人さし指をのばし、上に向けた右手を、左手首の上で1周回す。

うで時計の針が１周するイメージかな？

1分

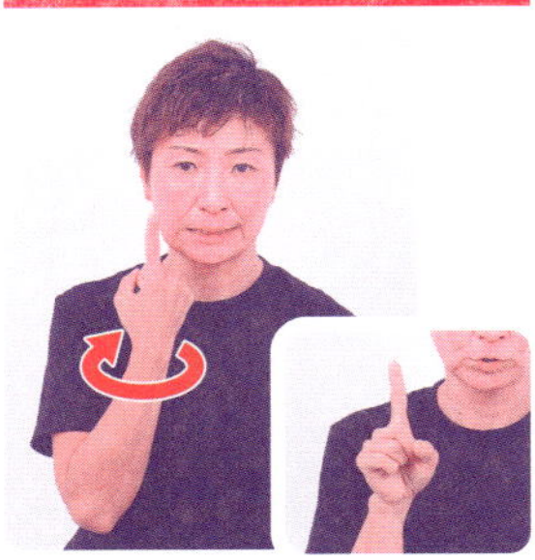

片《かた》手《て》の人さし指を自分に向けて立て、手首をひねって前に向ける。

1秒

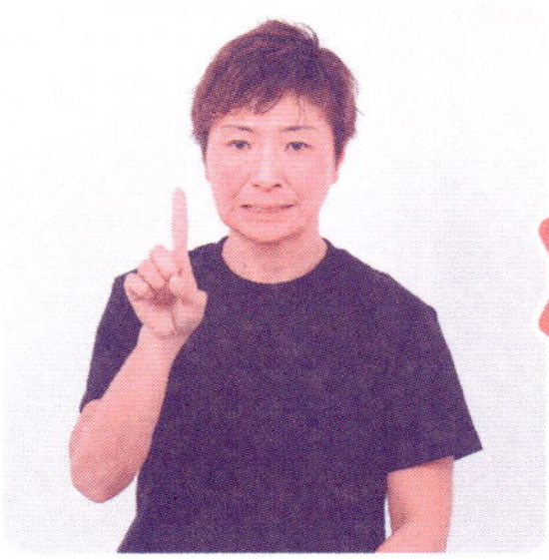

片手の人さし指を立てる。
同 指文字「1」

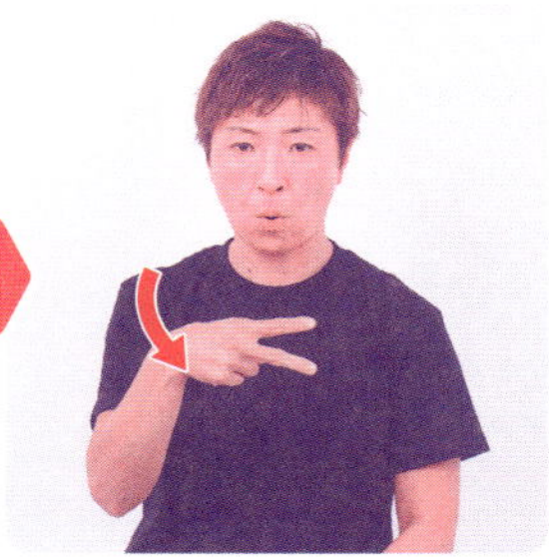

人さし指と中指をのばして、手首をひねってななめに下げる。同 秒

秒の記号「″」を表しているんだって

祝日

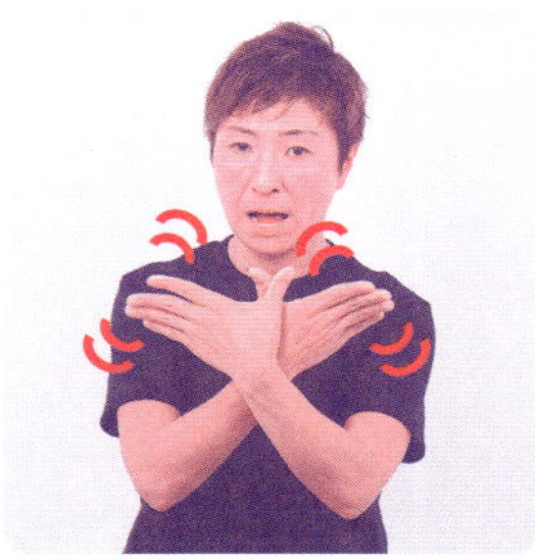

親《おや》指《ゆび》を立てた両手のひらを、親指をからませて重ね、ひらひら動かす。同 祭日

（〜の）とき

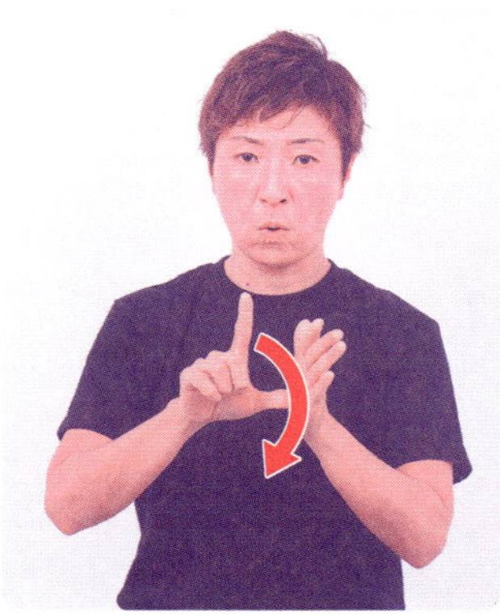

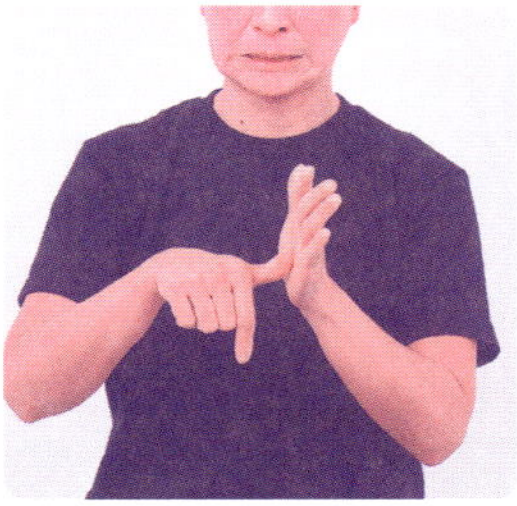

立てた左手のひらに、人さし指と親指を立てた右手の親指をあて、人さし指を前にたおす。同 場合

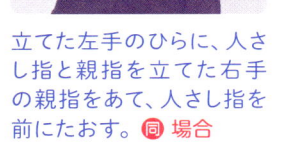

手話クイズ⑧

手話のクイズを出すよ。
何を表《あらわ》しているか当ててみよう！

▶答えは 124 ページにあるよ！

Q1

片手の人さし指と中指を横にのばし、横に動かす。

両手のひらを立て、左右で向かい合わせて下げる。

片手のひらを前に向け、前にたおす。

Q2

片手の人さし指、中指、薬指を立てて前に向け、手首をひねる。

片手のひらを後ろに向け、後ろにたおす。

Q3

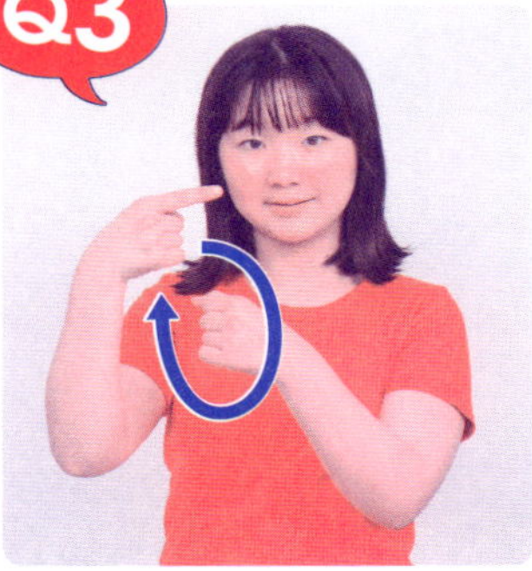

左手のこぶしの上に、右手の人さし指をあて、こぶしの周りを1周させる。

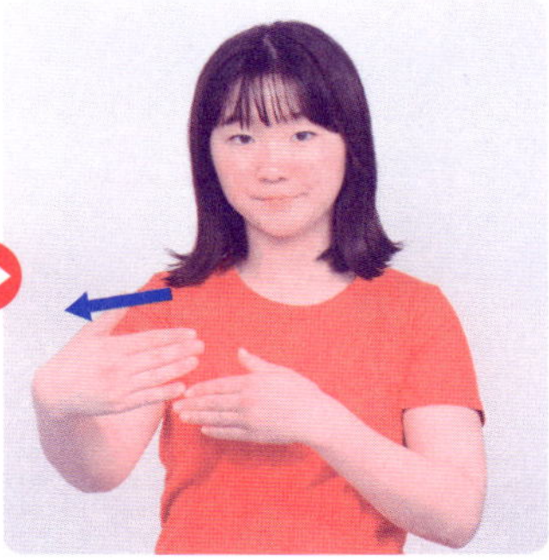

両手のひらを重ねてむねの前に置き、片手だけ前に出す。

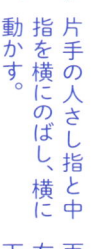

買《か》い物《もの》

連絡帳《れんらくちょう》とのりを買わなくちゃ！

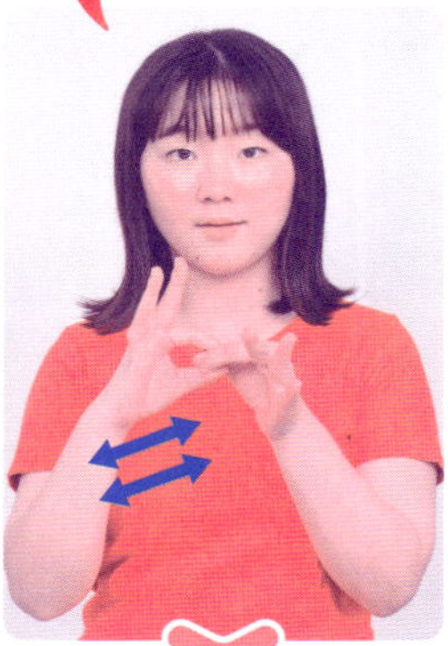

連絡

両手《りょうて》とも親指《おやゆび》と人さし指で輪を作ってからませ、2回前後に動かす。

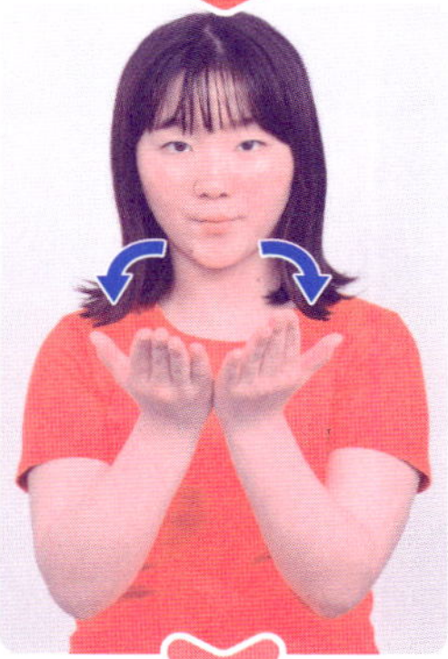

手帳

両手のひらを合わせて、同時に左右に1回開く。

同 本、メニュー

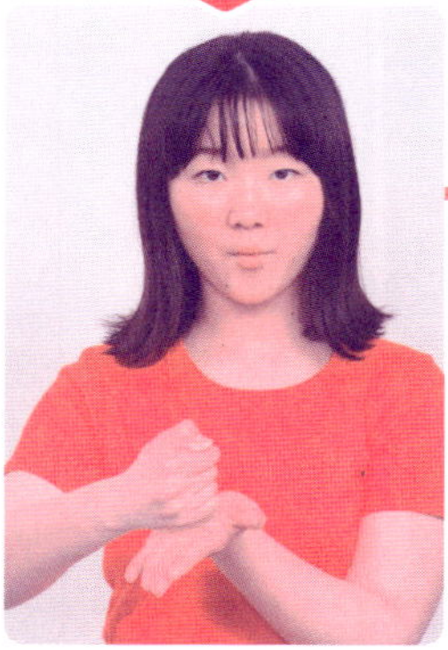

のり

上に向けた左手のひらの上に、右手のこぶしを置き、小刻《こきざ》みに前後に動かす。

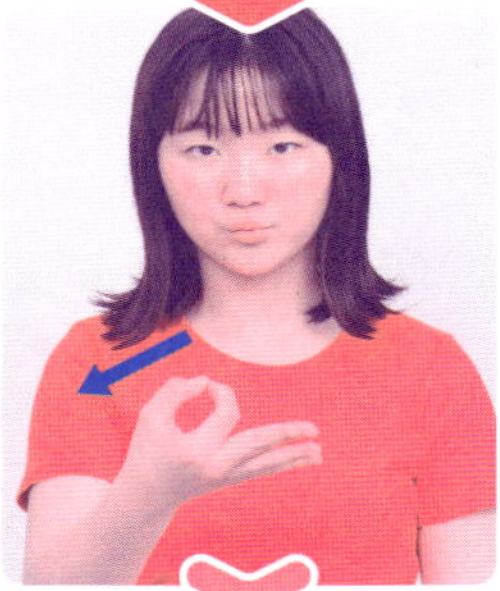

買う

片手《かたて》の親指と人さし指で輪を作り、前に出す。

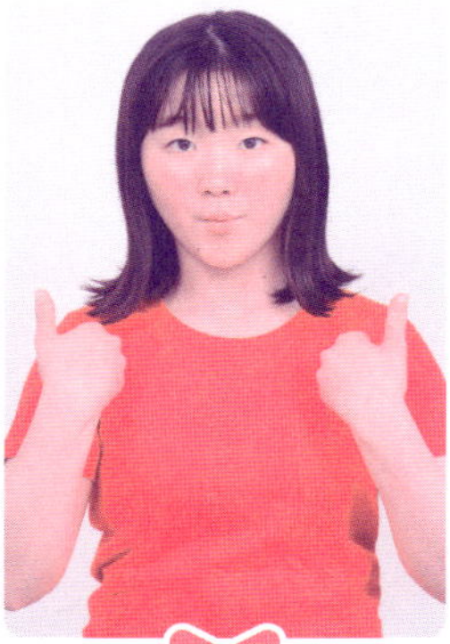

必要

両手とも親指以外の4指をわきに2回あてる。

同 ～しなければならない、用事

わたし

のばした人さし指で自分を指す。

学用品《がくようひん》に関する手話を覚えていこう！

ランドセル

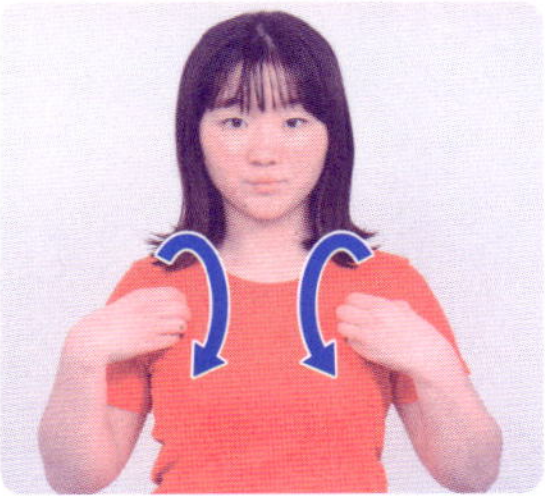

両手ともすべての指をかたにあて、同時にわきの下まで下げる。

えんぴつ

片手の親指と人さし指の指先を付け、口元にあてる。

手の形はそのままで、字を書くように下げる。

消しゴム

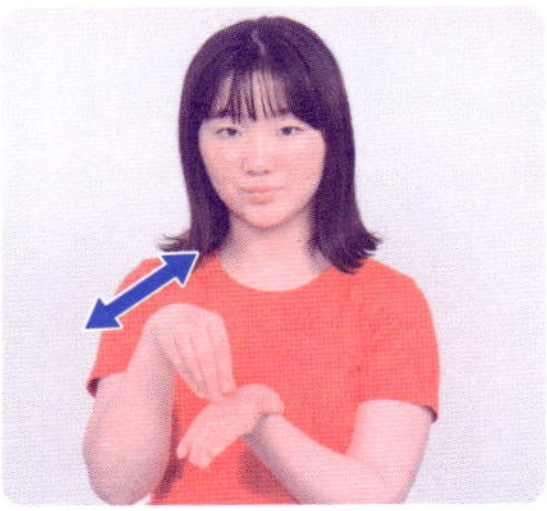

左手のひらの上に、すべての指をすぼめた右手を置き、数回前後に動かす。

色えんぴつ

すぼめた両手の指先を付け、たがいちがいにひねる。同 色

片手の親指と人さし指の指先を付け、字を書くように下げる。

筆箱／ペンケース

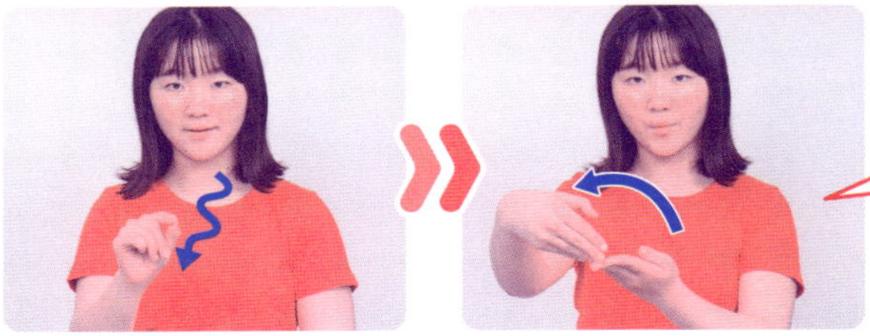

片手の親指と人さし指の指先を付け、字を書くように下げる。

両手とも軽く曲げ、上下に向かい合わせ、上の手だけふたを開けるように手首をひねる。

「筆箱、ペンケース」の手話は、四角いのか、円柱なのか、それぞれの形で表《あらわ》すことが多いんだ。だから、決まった１つの手話があるわけではないんだ。

買《か》い物《もの》

ノート

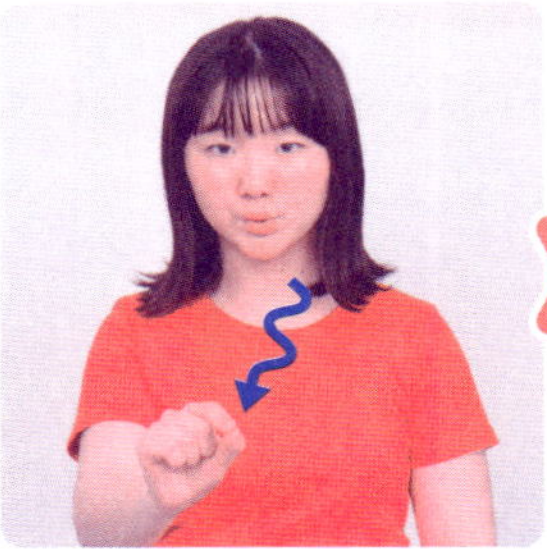

片《かた》手《て》の親指《おやゆび》と人さし指の指先を付け、字を書くように下げる。

両《りょう》手《て》のひらを合わせて、同時に左右に1回開く。

同 本、メニュー

はさみ

片手の人さし指と中指をのばし、2回とじ開きする。

じょうぎ

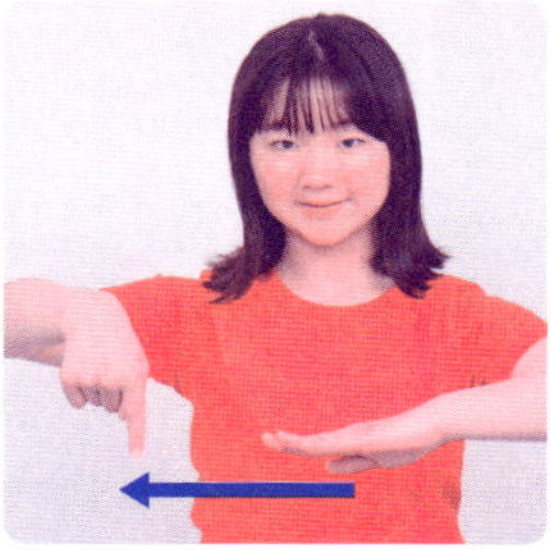

下に向けた左手のひらの小指側に右手の人さし指をあて、横に引く。

分《ぶん》度《ど》器《き》

両手の親指と人さし指の指先を付ける。

両手同時に左右にはなし、親指と人さし指の指先を付ける。

コンパス

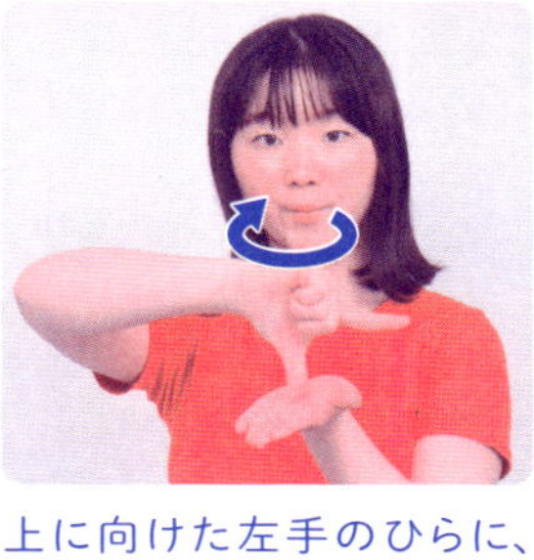

上に向けた左手のひらに、親指と人さし指をのばした右手を置き、親指を中心に手首を回す。

セロテープ

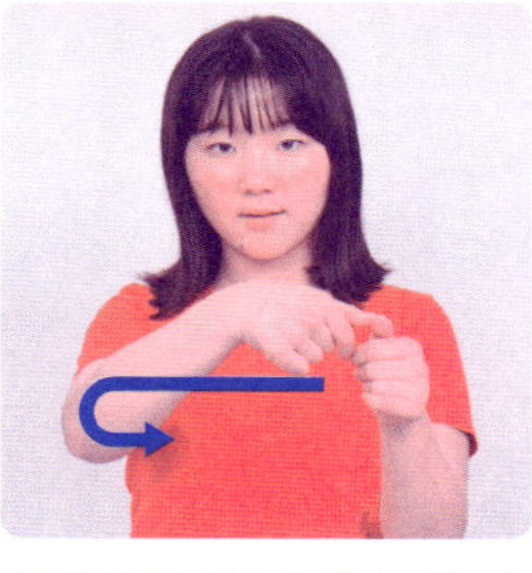

両手のこぶしを合わせ、右手だけテープを引っ張るように横に引く。

ホチキス

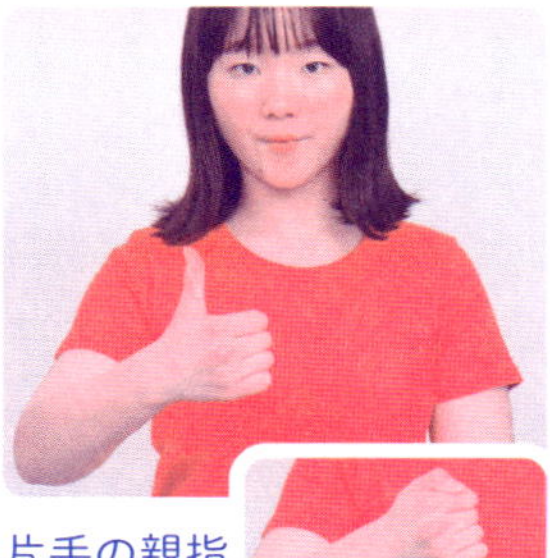

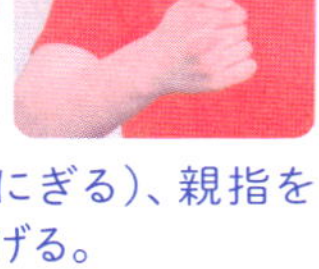

片手の親指を立て（その他4指はにぎる）、親指を数回折り曲げる。

うわばき

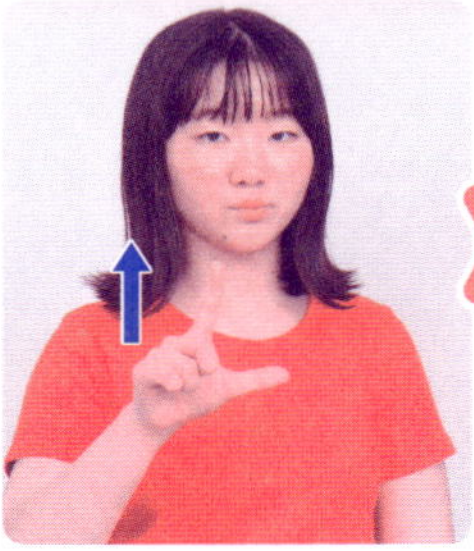

片手の親指と人さし指をのばしてL字形《がた》を作り、上げる。同 上

左手のひらの横で、親指と人さし指を付けた右手をひねって手前に引く。同 くつ

リコーダー

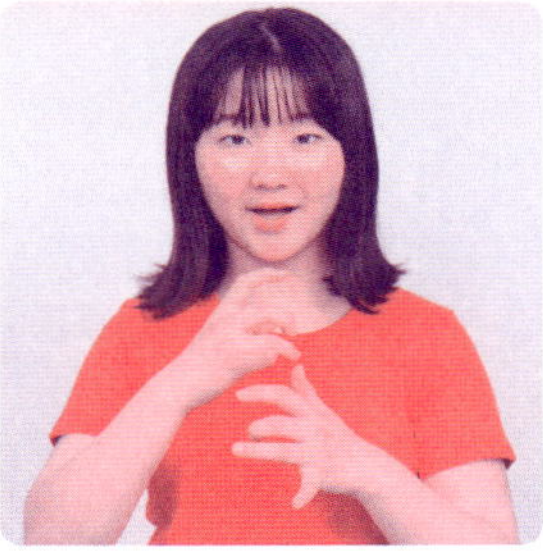

両手を自分に向けて上下にかまえ、指先を小《こ》刻《きざ》みに動かす。

体操服《たいそうふく》

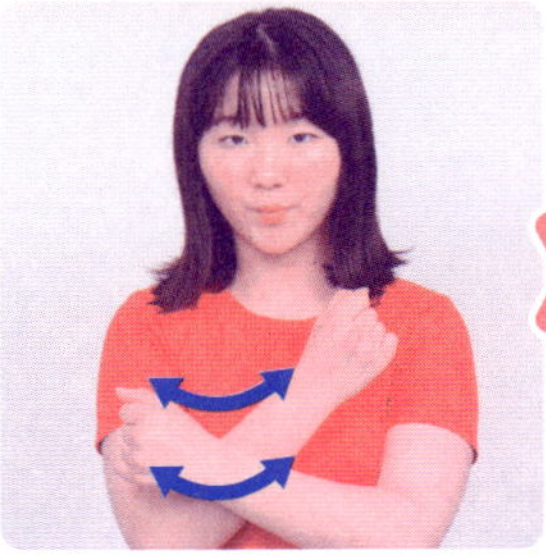

両手のこぶしを左右にかまえ、むねの前で交差させてもどす。

両手で服をつまむ。
同 服

ピアニカ

左手は親指と人さし指をコの字形にして口元に置き、右手はけんばんをひくように動かす。

絵の具

左手のひらの上で、チューブをおし出すように右手を動かす。

両手のひらを自分に向け、片手をもう一方の手にあて、手を裏返してあてる。

筆《ふで》

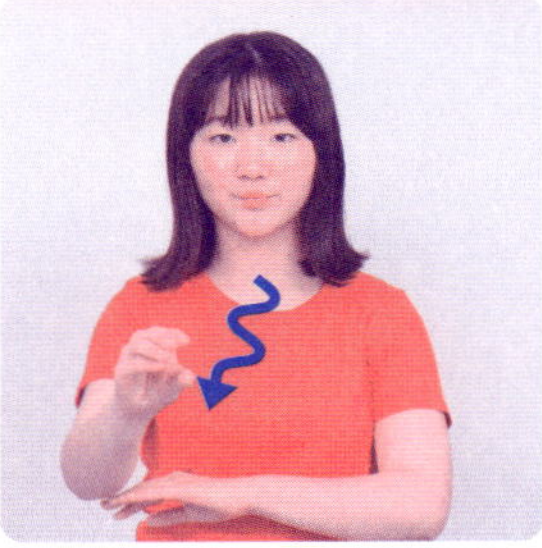

左手を右ひじにあて、右手はすぼめて字を書くように動かす。

買《か》い物《もの》

おこづかいをもらったよ。おやつを買《か》ってきていいって！

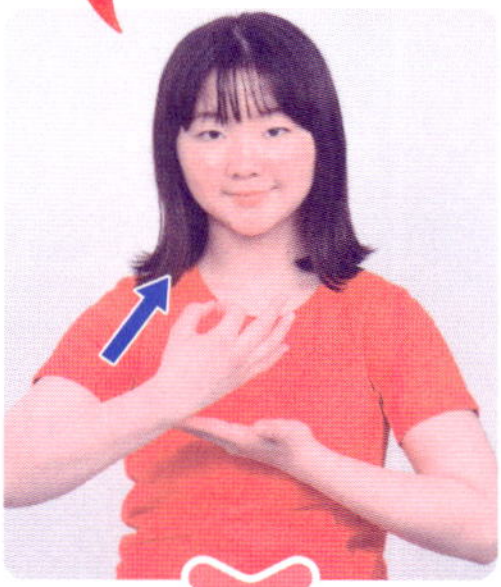

おこづかいもらう

上に向けた左手のひらの上に、親指《おやゆび》と人さし指で輪を作った右手を置き、同時に自分のほうによせる。

おやつ

片手《かたて》の親指と人さし指でコの字形《がた》を作り、口元に置く。

同 おかし

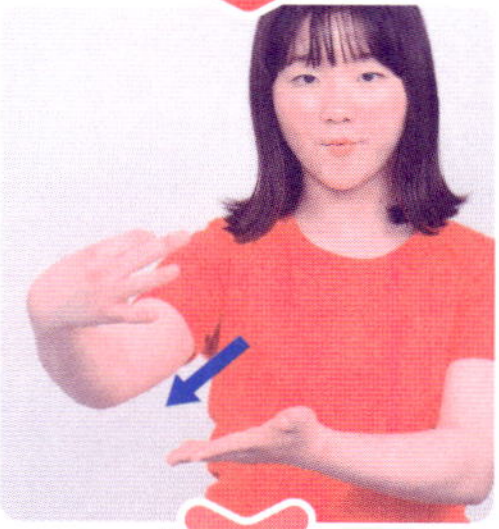

買う

上に向けた左手のひらの上に、親指と人さし指で輪を作った右手を置き、同時に少し前に出す。

いい

片手の小指をのばし、あごにあてる。同 かまわない、どういたしまして

言われた

すべての指をすぼめた片手を顔の前に置き、パッと開きながら顔に近づける。

何を買うの？

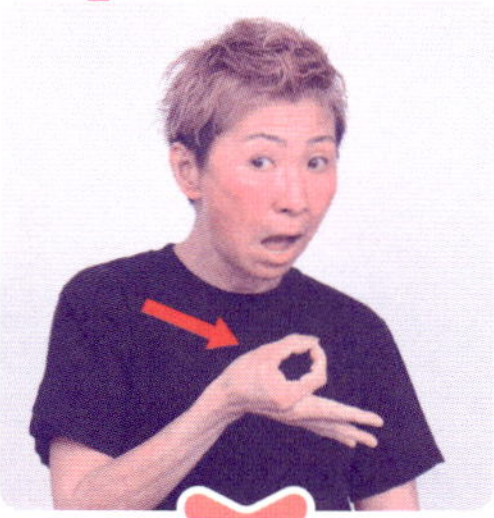

買う

片手の親指と人さし指で輪を作り、前に出す。

何

片手の人さし指をのばして立て、軽く数回ふる。

同 どう、どうした、どこ

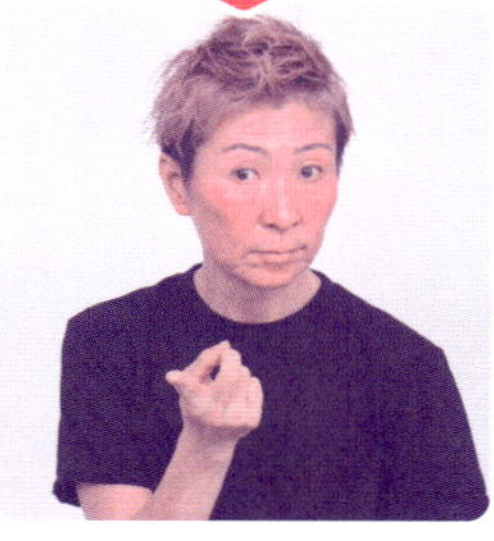

あなた

のばした人さし指で相手を指す。

おやつの手話を覚えていこう！

おかし

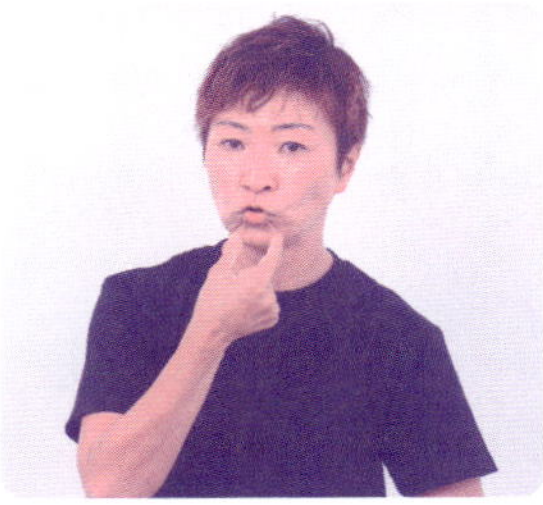

片手の親指と人さし指でコの字形を作り、口元に置く。同 おやつ

グミ

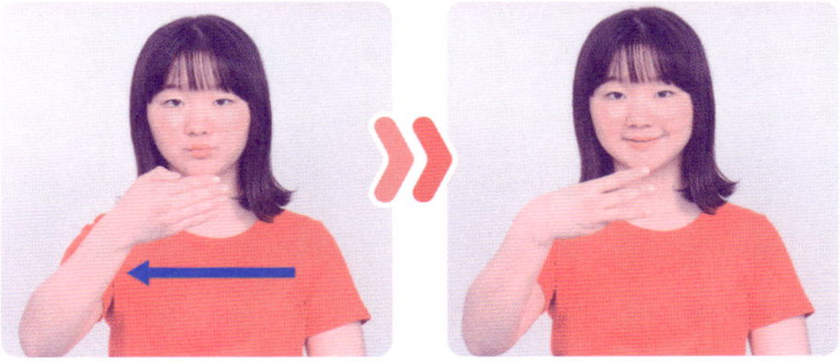

手のこうを前に向け、4指をそろえて横にのばし、横に引く。同 指文字「ぐ」

手のこうを前に向け、人さし指、中指、薬《くすり》指《ゆび》を横にのばす。同 指文字「み」

チョコレート

片手のこぶしをあごの前に置き、2回手首を下にひねる。

ガム

片手の人さし指をのばし、口の前でふくらんだガムの形をえがく。

クッキー

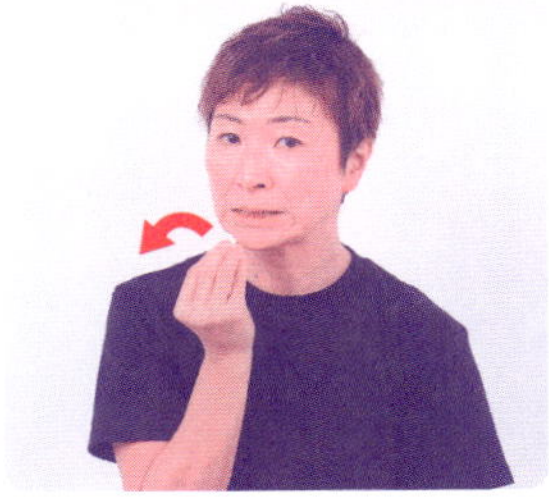

すべての指をそろえた片手を口元に置き、手首を前にたおす。

アイスクリーム

片手のこぶしを口の前に置き、アイスをなめるように手首を動かす。

あめ

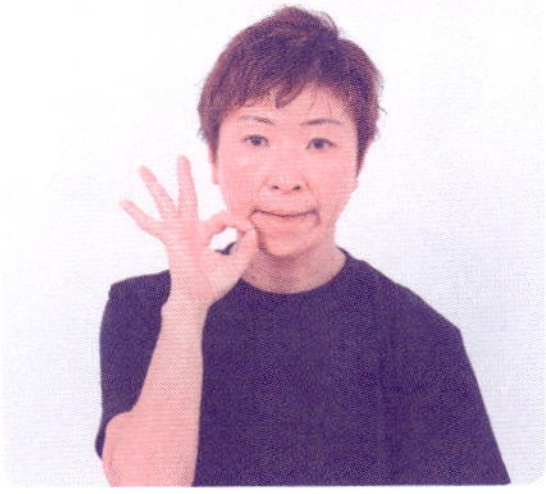

片手の親指と人さし指で輪を作り、その他3指は開き、口元に置く。

コラム

ろうの子どもたちが通う学校って？

ゆいちゃん

ろうの子たちはどんな学校に通っているんだろう？

モンキー高野

「ろう学校（特別支援学校《とくべつしえんがっこう》）」という耳が聞こえない、または聞こえづらい子どもたちが通う学校があるよ。ようち園児、小学生、中学生、高校生が通っているんだ。全国に約100校あるよ。

はるとくん

ぼくらが通っている学校と同じ教科を勉強するのかな？

モンキー高野

みんなと同じように国語、算数（数学）、理科、社会、体育、図工（美術）、家庭科を勉強するよ。音楽の授業《じゅぎょう》もあるんだ！

ゆいちゃん

音楽も!?　ろう学校ならではの工夫もあるのかな？

モンキー高野

チャイム代わりの「点灯ライト」や、ろうかや階段《かいだん》に「激とつ防止用ミラー」などが設置《せっち》されているよ。
学校で安全に、じゅう実した時間を過ごせるようにいろいろな工夫をしているんだ。

クイズの答え

P97 → ❶音楽室　❷校庭　❸トイレ
P117 → ❶２週間後　❷３ヵ月前　❸１年間

5章《しょう》

困《こま》ったときの手話《しゅわ》

忘《わす》れ物《もの》をしてしまったときや、
体《からだ》の具合《ぐあい》が悪《わる》い人《ひと》がいるときなどに
使《つか》える手話《しゅわ》も覚《おぼ》えておこう。

- 忘《わす》れ物《もの》
- 体調不良《たいちょうふりょう》
- 災害《さいがい》

忘《わす》れ物《もの》

宿題を忘れてしまいました

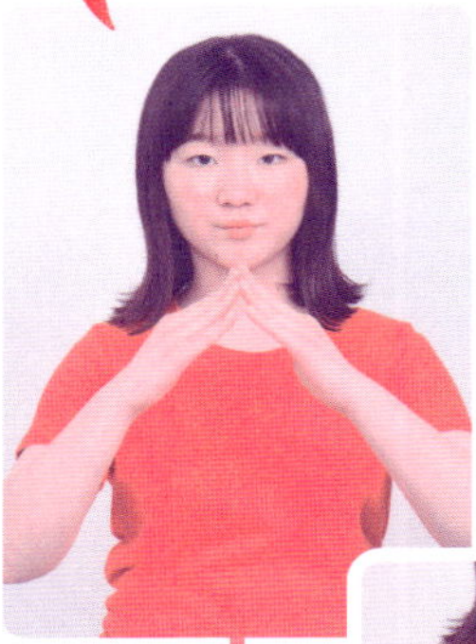

宿題

指《ゆび》をそろえた両《りょう》手《て》のひらで屋根の形を作る。片《かた》手の親指《おやゆび》と人さし指の指先を付け、小刻《こきざ》みにゆらしながら下げる。

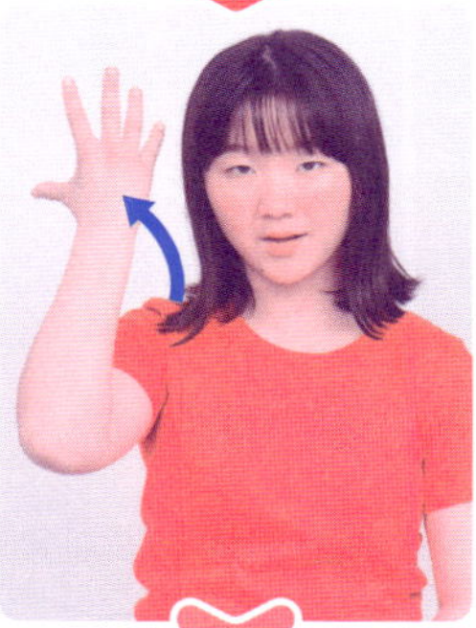

忘れた

片手のこぶしをこめかみあたりに置き、パッと開きながら上げる。同 忘れる、忘れ物

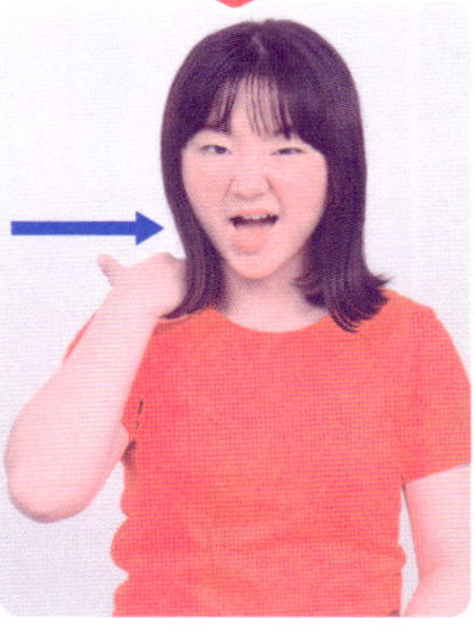

しまった!

片手のひらの小指側をかたにあてる。

明日提出《ていしゅつ》しなさい

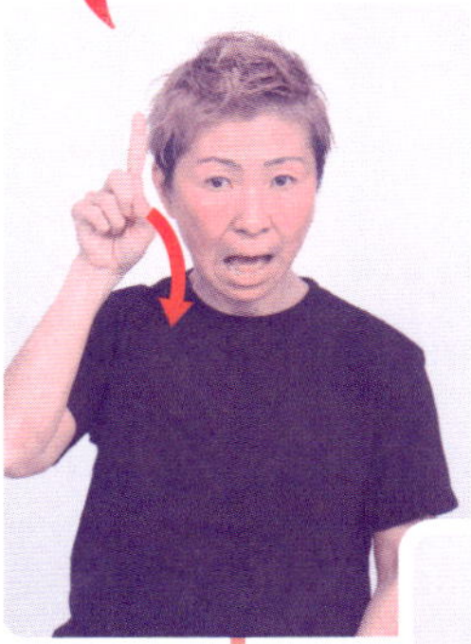

明日

片手の人さし指を立て、かたあたりに置き、前にたおす。

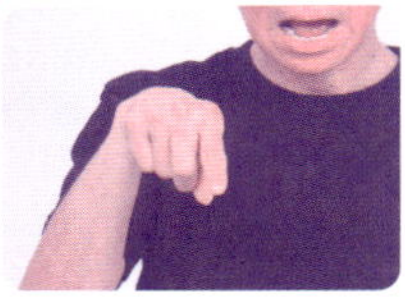

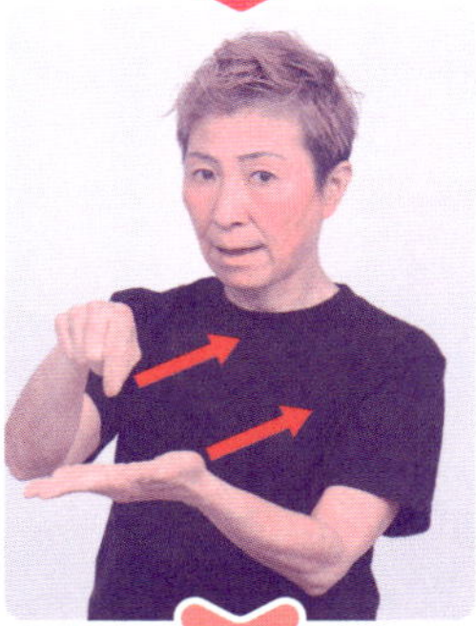

提出

右手はひもをつまむように、左手のひらはふくろの底を支えるようにして、同時に自分に引きよせる。

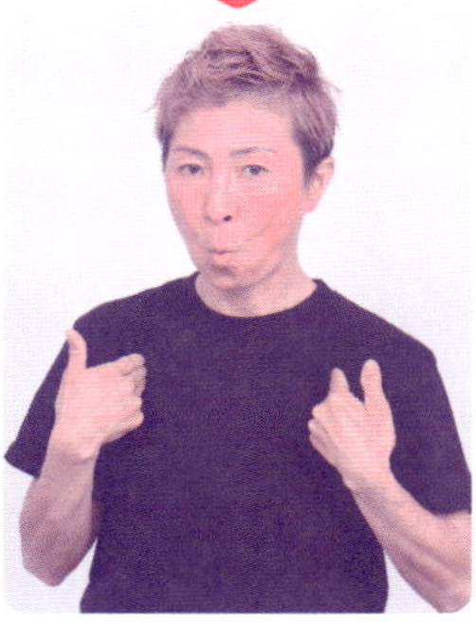

必要

両手とも親指以外の4指をわきに2回あてる。同 ～しなければならない、用事

このプリントにハンコをもらってきてください

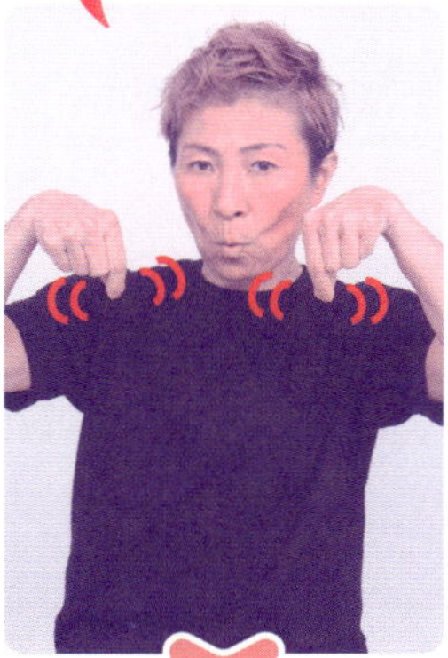

プリント

両手とも親指と人さし指の指先を合わせ、紙をつまむように左右にかまえて、ふる。

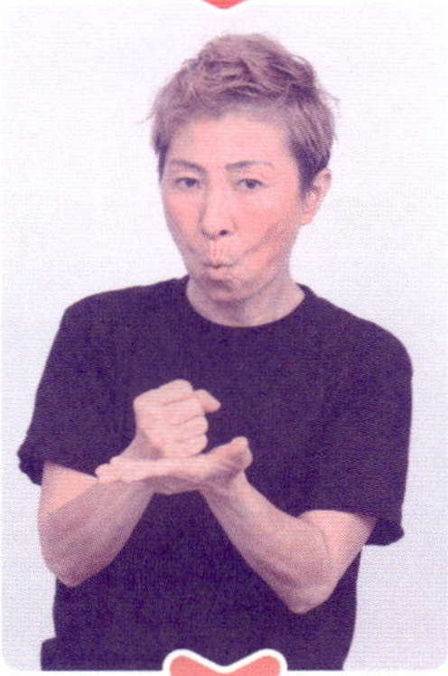

ハンコ

右手のこぶしを左手のひらにあてる。

同 印かん

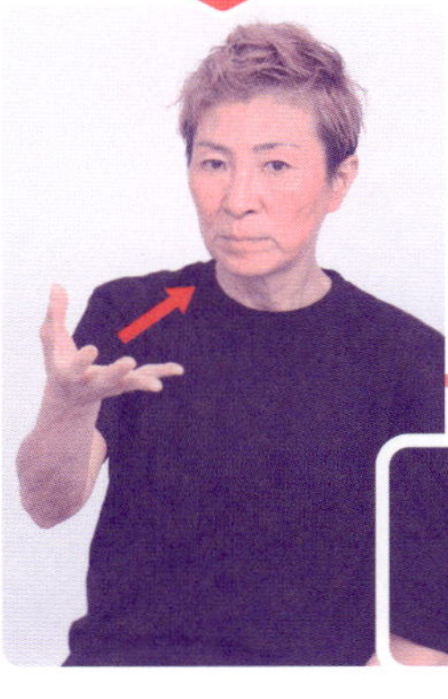

持ってくる

片手のひらを上に向け、手をにぎりながら自分に引きよせる。

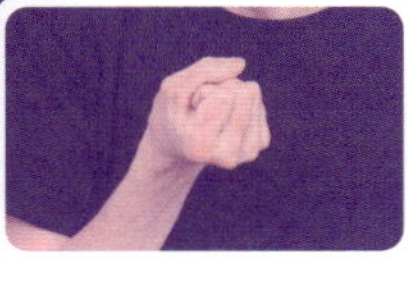

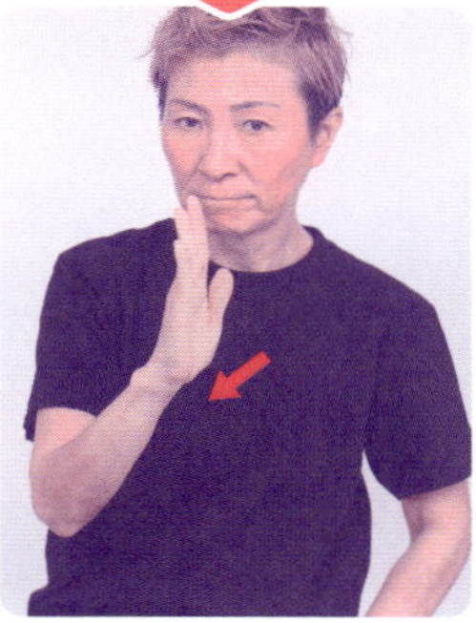

お願い

片手のひらを立て、少し前に出しながら、体も少し前にたおす。

金曜日までにね

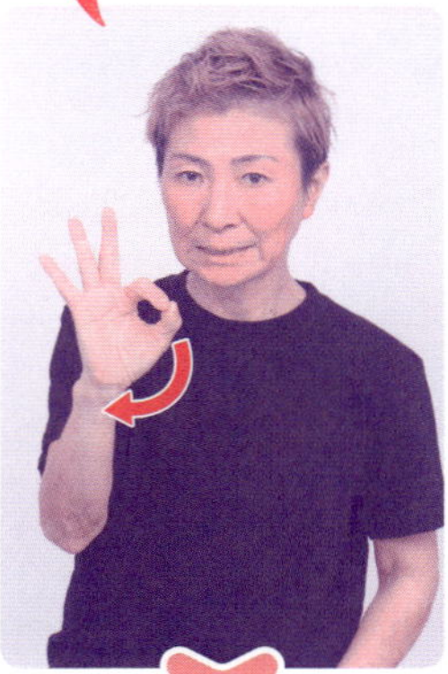

金曜日

片手の親指と人さし指で輪を作り、手首をひねって前に向ける。

同 お金

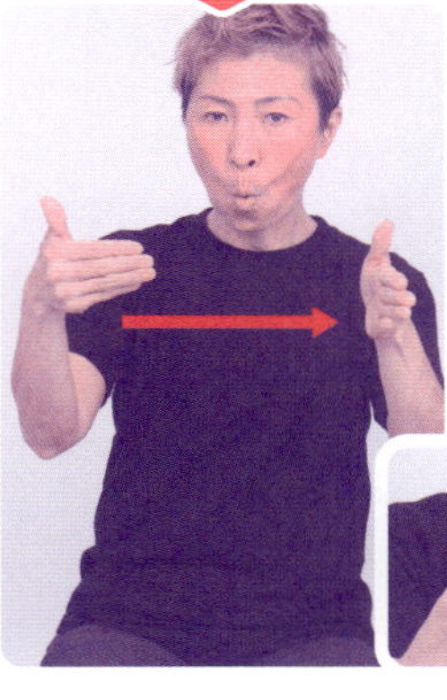

〜まで

左手のひらを前に向け、右手の指先を左手のひらにあてる。

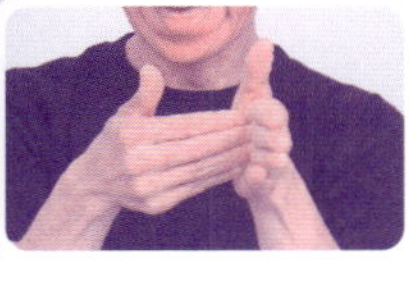

忘《わす》れ物《もの》

シャーペンをなくしちゃったかも！

シャーペン

片手《かたて》の親指《おやゆび》を立て（その他《た》4指はにぎる）、ボタンをおすように小刻《こきざ》みに動かす。

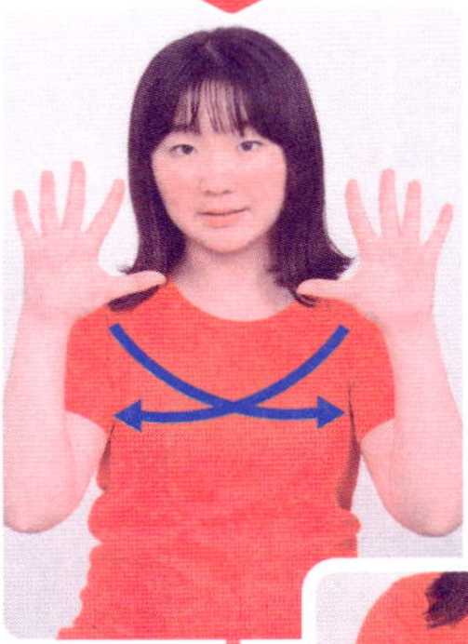

なくす

両手《りょうて》のひらを前に向け、こぶしを作りながら、むねの前で交差《こうさ》させる。

同 消える、失う、治る、なくなる、かわく、かんそう

ちがう

人さし指と親指をのばし（その他の指は軽くにぎり）、前に向け、手首をひねる。

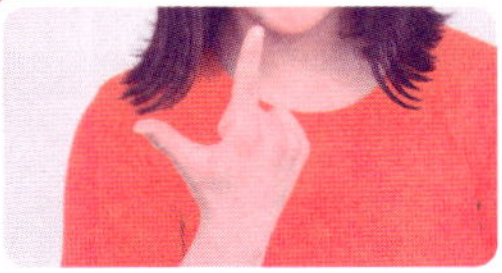

わたし

のばした人さし指で自分を指す。

忘れ物ない？だいじょうぶ？

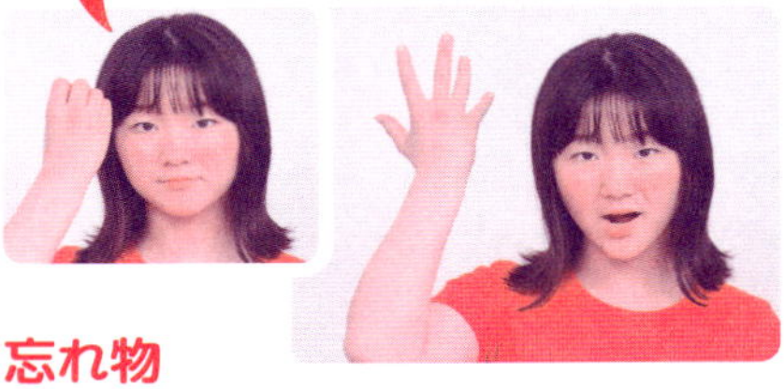

忘れ物

片手のこぶしをこめかみあたりに置き、パッと開きながら上げる。同 忘れる、忘れた

ない？

両手のひらを前に向け、同時に手首をひねって自分に向ける。

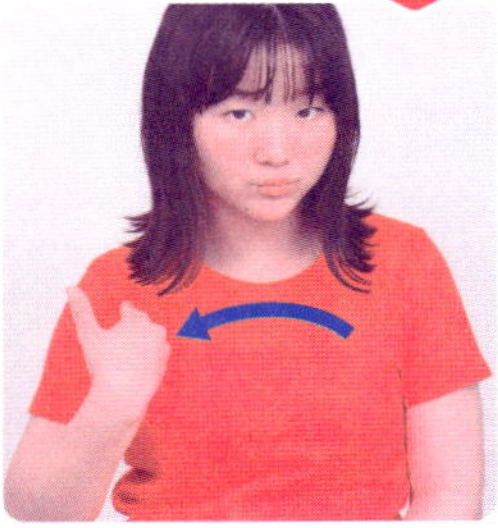

だいじょうぶ？

片手の4指（親指以外）を左むねにあて、そのまま弧《こ》をえがきながら、右むねに移動させる。

同 できる、可能

トラブルに関する手話を覚えていこう！

なくす

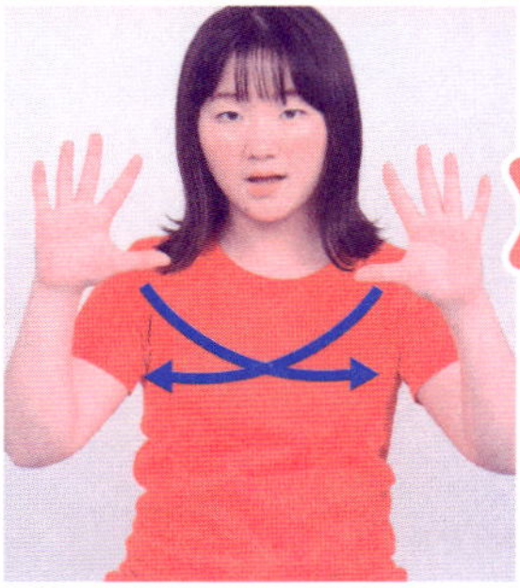

両手のひらを前に向ける。

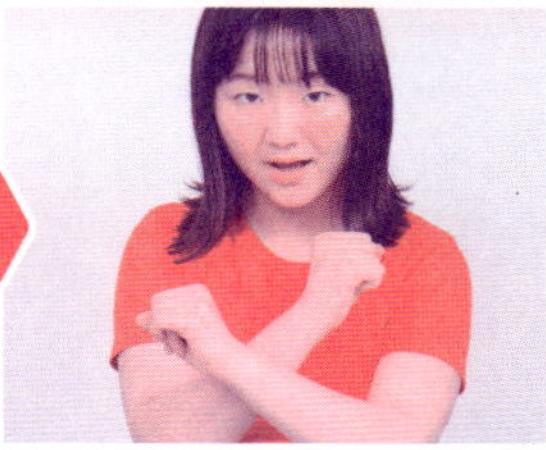

こぶしを作りながら、むねの前で交差させる。同 消える、失う、治る、なくなる、かわく、かんそう

盗《ぬす》まれる

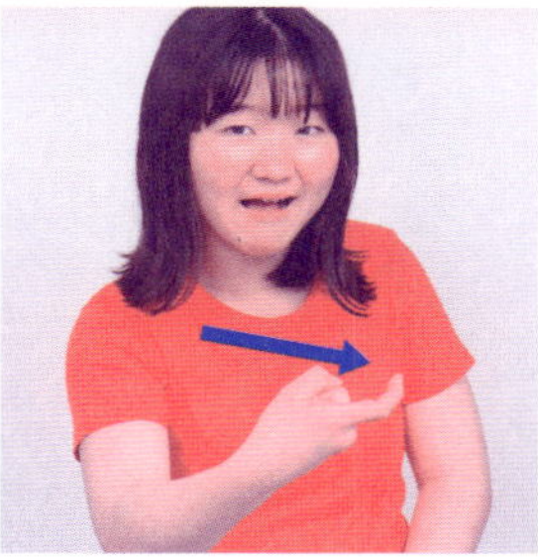

片手の人さし指を曲げ、なな め前に出す。

落とす

片手のこぶしを下に向ける。

手をパッと開きながら、少し下に下ろす。
同 捨てる、放り投げる

いじめられる

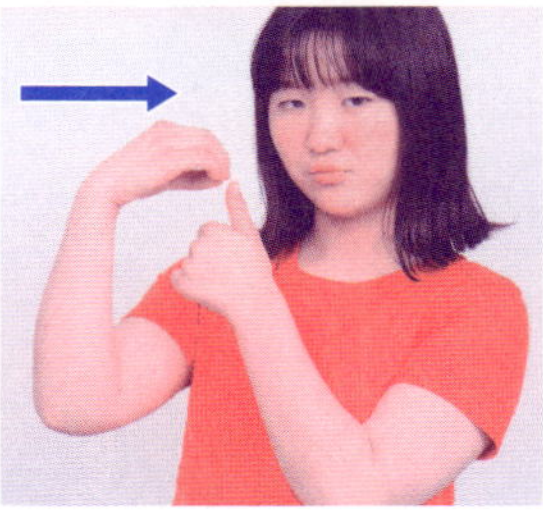

親指を立てた左手（その他4指はにぎる）に、指先をすぼめた右手をよせる。

こわす

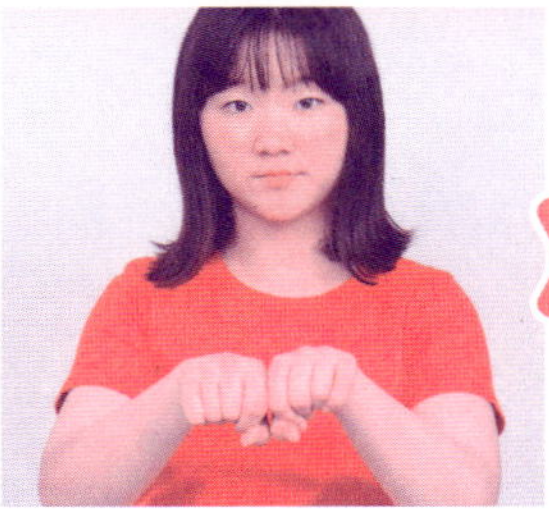

両手のこぶしを中央《ちゅうおう》で合わせる。

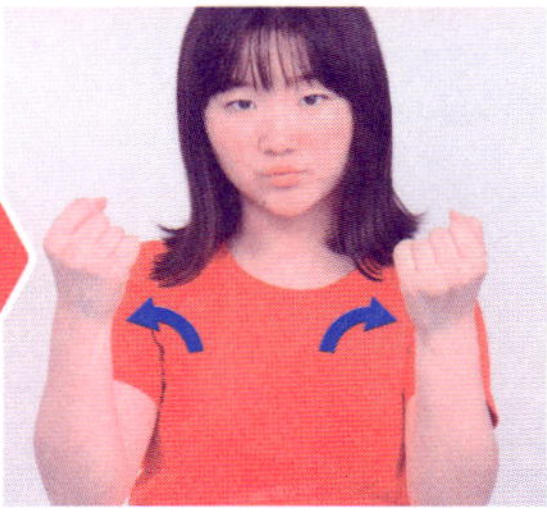

両手の手首を同時にひねり上げる。同 こわれる、折れる、故障、障害

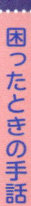

体《たい》調《ちょう》不《ふ》良《りょう》

おなかが痛《いた》いので、トイレに行ってもいいですか？

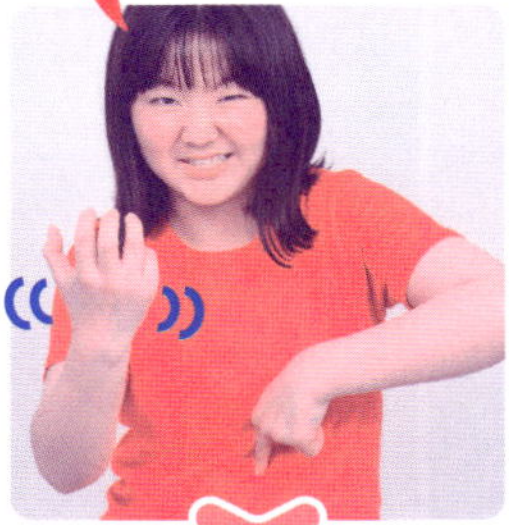

おなか痛い

左手の人さし指でおなかを指し、右手は指を軽く曲げ、左右に小《こ》刻《きざ》みにふる。

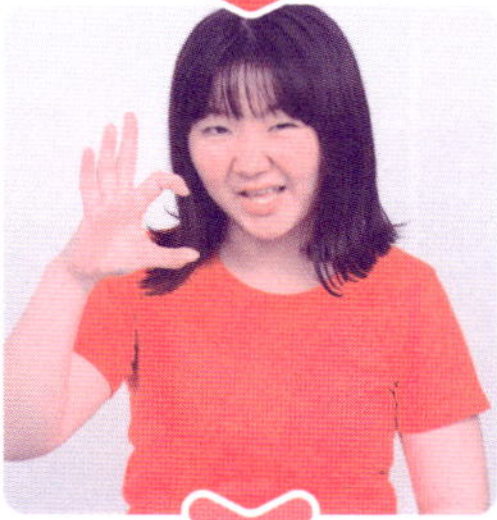

トイレ

片手《かたて》の親指《おやゆび》と人さし指で「C」の字を作る。その他３指は立てる。

かまわない？

片手の小指をのばし、あごにあてる。

同 いい、どういたしまして

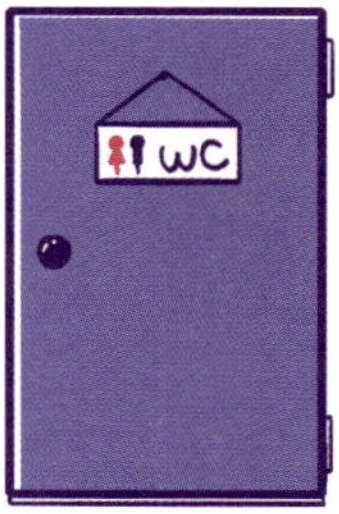

保健室《ほけんしつ》に行ってくるね

保健

両手《りょうて》のひらを自分に向けて、体の前で合わせる。

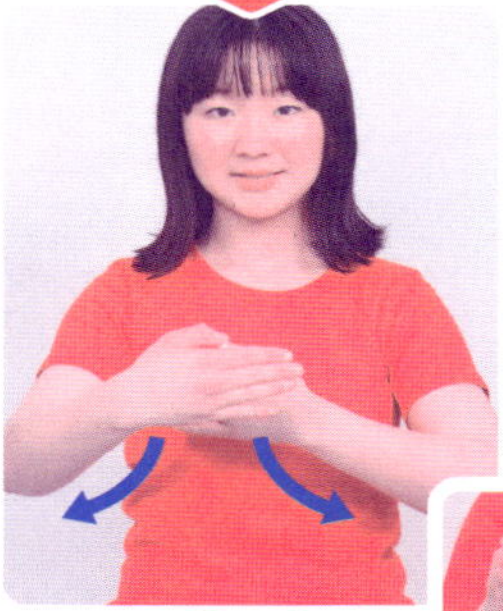

部屋

両手のひらを前後に置き、指先を同時に前にはらって向かい合わせる。

同 室、はんい

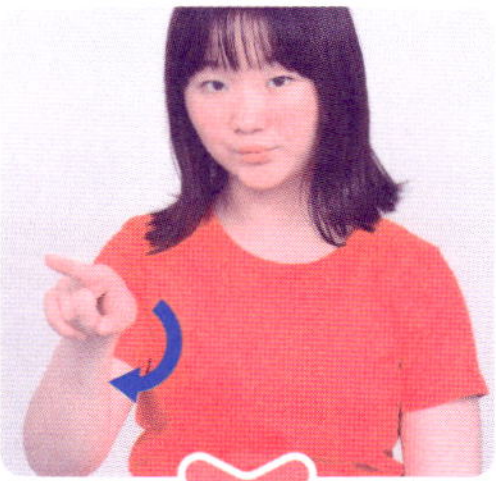

行く

片手の人さし指を下にのばし、手首をひねって前に出す。

わたし

のばした人さし指で自分を指す。

気持ちが悪い（はき気）

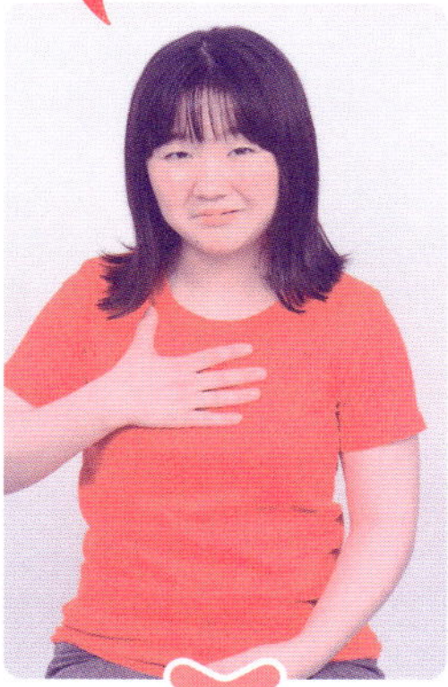

気持ち

片手のひらをむねにあてる。

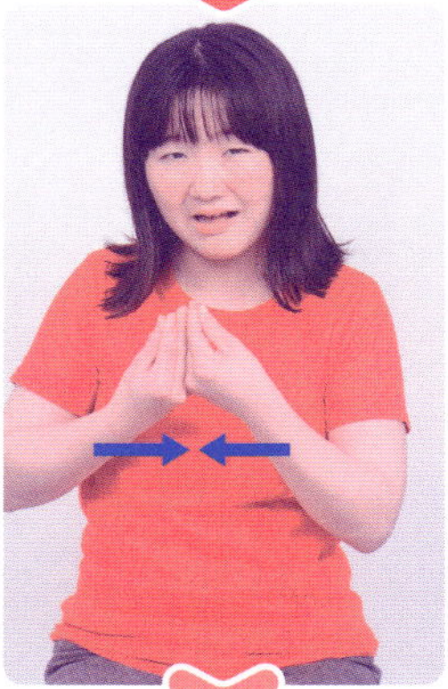

悪い

両手のひらを上に向け、指先をすぼめながら中央でぶつける。

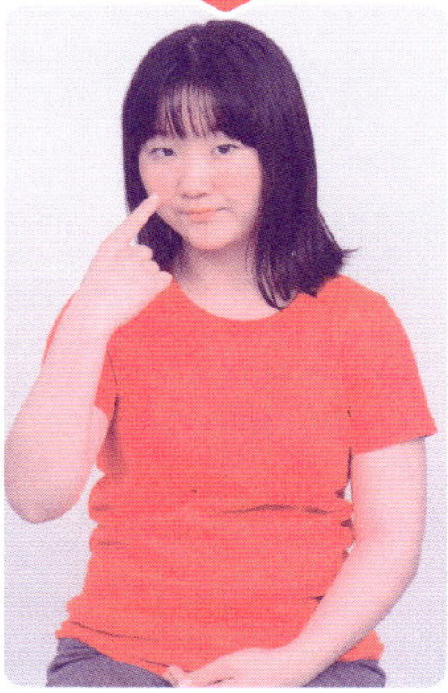

わたし

のばした人さし指で自分を指す。

早退《そうたい》してもいいですか？

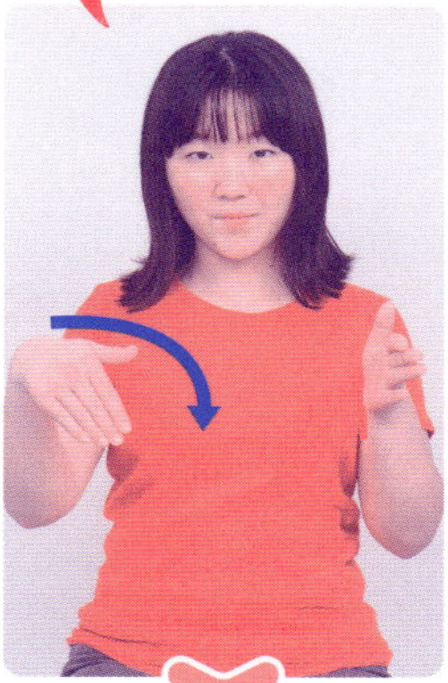

とちゅう

指先を前に向けた左手のひらに向かって、右手のひらを近づけ、手首をひねって下げる。

同 ざせつ、ちゅうとはんぱ

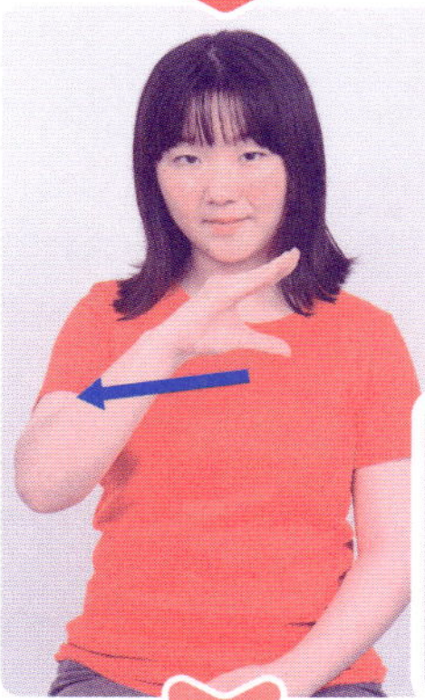

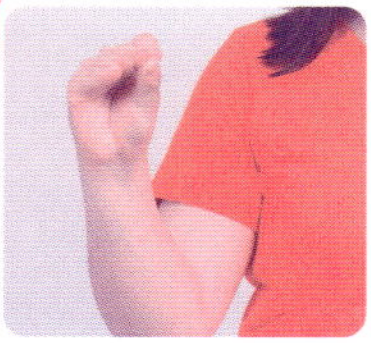

帰る

片手を自分に向け、指をすぼめながら前に出す。

同 帰り

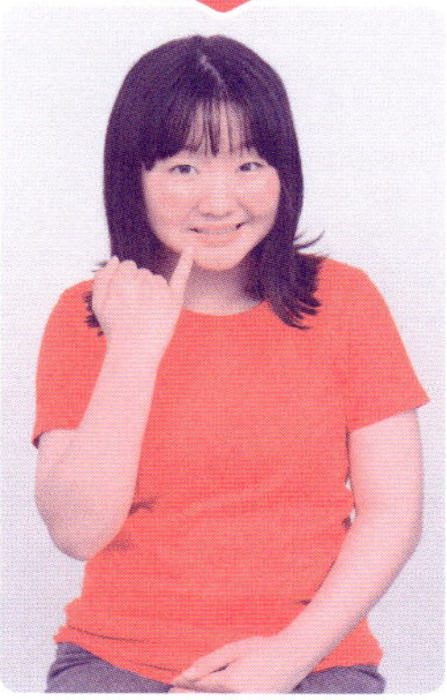

かまわない？

片手の小指をのばし、あごにあてる。

同 いい、どういたしまして

無理しないで

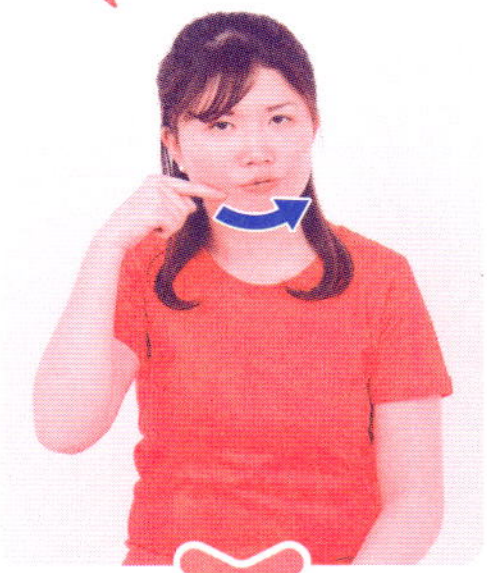

無理

片手《かたて》の人さし指を口元に置き、横に動かす。

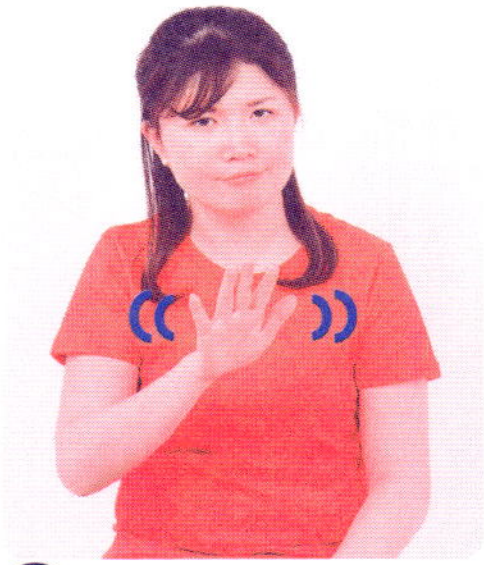

しないで

前に向けた片手のひらを軽くふる。

気をつけてね

気をつける

軽く開いた両手《りょうて》をむねの前に上下に置き、にぎりながらむねにあてる。同 注意

お願い

片手のひらを立て、少し前に出しながら、体も少し前にたおす。

ろう者が病院へ行くときアレコレ

ろう者もみなさんと同じ病院へ行きます。ですから、いろいろと困ってしまうこともあります。

たとえば、しん察を待っていると予約の順番や名前が呼ばれますよね。ろう者にとってはこれがとてもストレス！　かかりつけの病院であれば看護《かんご》師《し》さんが呼びにきてくれるということもあるようですが、初めて行く病院などでは看護師さんの口の形を読み取るしかないので、「いつ自分の順番が回ってくるか」といつもきんちょう状態なのです。

また、お医者さんと話すときもひと苦労。筆談《ひつだん》で伝えるか、手話通訳《つうやく》者に付きそってもらう必要があります。手話通訳者がいる病院もありますが、全国に約 40 病院しかありません。手話通訳者の派けんサービスを行っている自治体もありますが、事前の手続きなどが必要です。

最近では、その場に手話通訳者が同行できなくても、スマートフォンやタブレットを使用してオンラインで通訳するという便利なサービスも行われています。きん急のときにとてもたよりになります。

むし歯ができちゃったみたい。歯医者に行かなくちゃ

虫

片手の人さし指を曲げたりのばしたりして、前に出す。

歯

片手の人さし指で口（歯）を指す。

感じ

片手の人さし指をこめかみにあてる。

同 思う

わたし

のばした人さし指で自分を指す。

歯

片手の人さし指で口（歯）を指す。

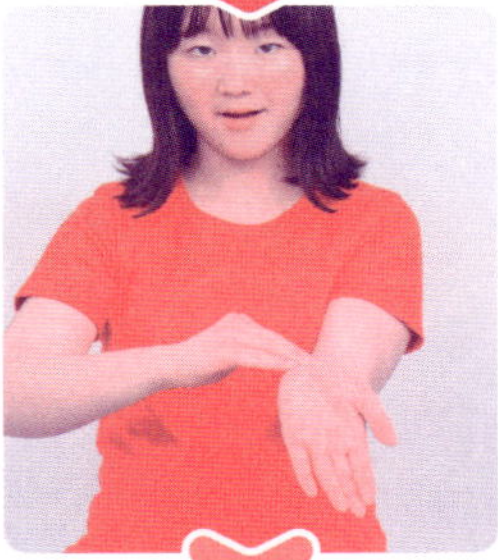

病院

左手首に右手の指先をあてる。

同 脈

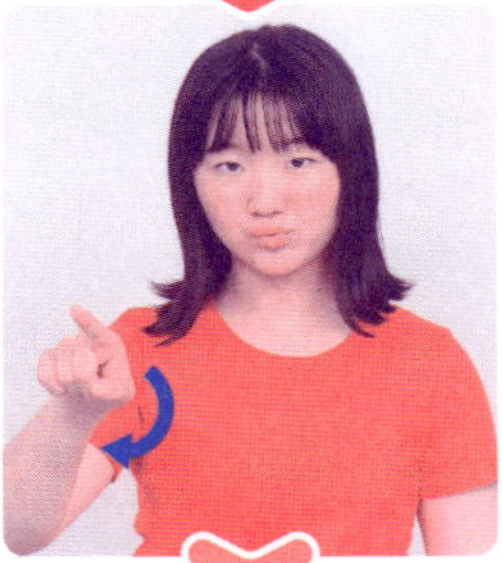

行く

片手の人さし指を下にのばし、手首をひねって前に出す。

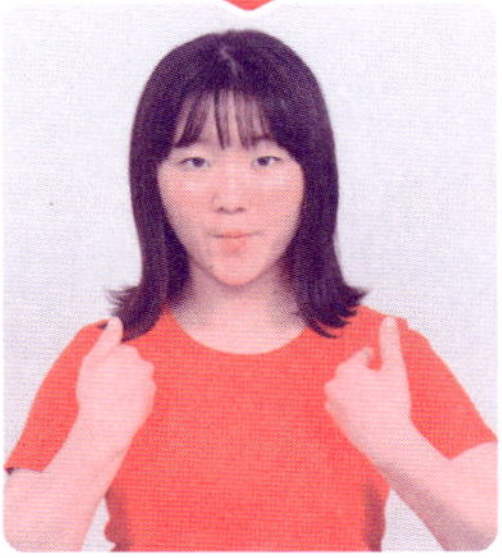

必要

両手とも親指以外の４指をわきに２回あてる。

同 ～しなければならない、用事

病気や病院の手話を覚えていこう！

病気

片《かた》手《て》のこぶしをひたいに2回あてる。

おうと

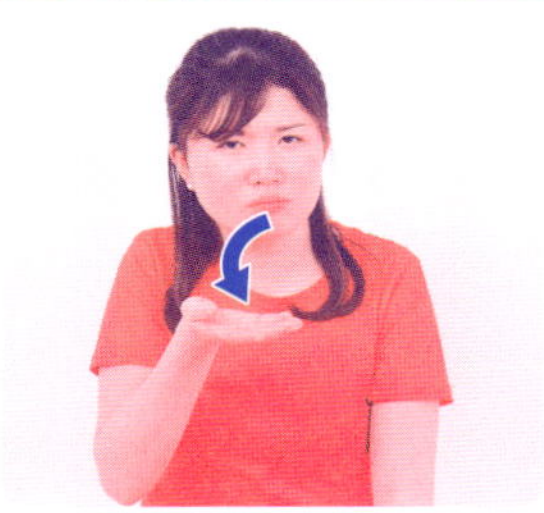

片手のひらを上に向けて口元に置き、少し前に出す。

同 はく

頭《ず》痛《つう》

左手の人さし指で頭を指し、右手は指を軽く曲げ、左右に小刻みにふる。

腰《よう》痛《つう》

右手をこしにあて、左手を上に向けて、すべての指を軽く曲げ、左右に小刻みにふる。

腹《ふく》痛《つう》

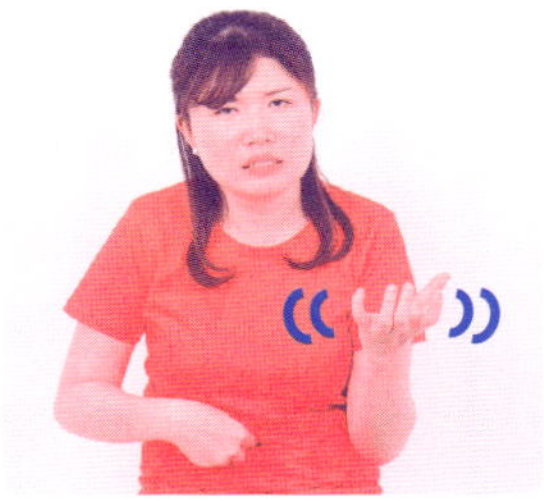

右手の人さし指でおなかを指し、左手は指を軽く曲げ、左右に小刻みにふる。

げり

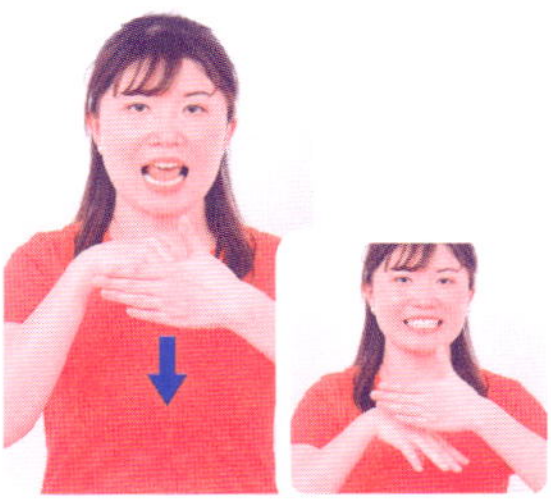

左手のひらの内側にすぼめた右手を置き、下げながら指をパッと開く。

便《べん》秘《ぴ》

左手のひらの内側に、すぼめた右手の指を半分だけ入れる。つまっている様子。

めまい

両《りょう》手《て》の人さし指を目の前に置き、ぐるぐると回す。

そのとき、頭も前後左右にゆらす。 同 よう、よっぱらい

貧血《ひんけつ》

片手のひらを前に向け、小指を立て、その他4指は指先を付ける。同 指文字「ち」

片手の親指《おやゆび》をあごの下にあてる。
同 足りない

P134の「めまい」の手話を表す。

アトピー

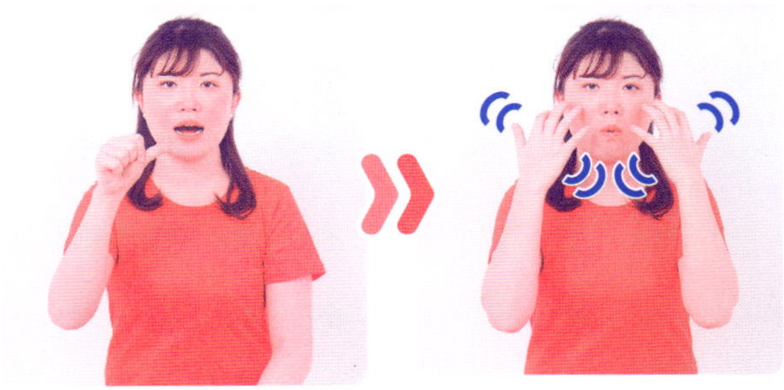

片手の親指を横にのばし、その他4指はにぎる。
同 指文字「あ」

両手ともすべての指を顔にあて、かくしぐさをする。

しっしん

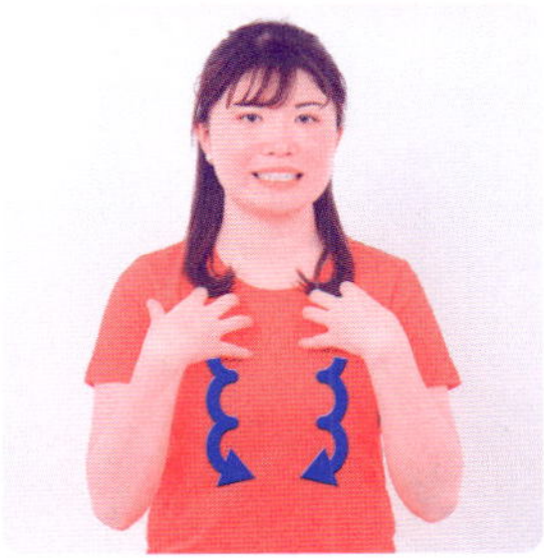

両手のひらをむねの上あたりにあて、ポンポンと体にあてながら下げる。

インフルエンザ

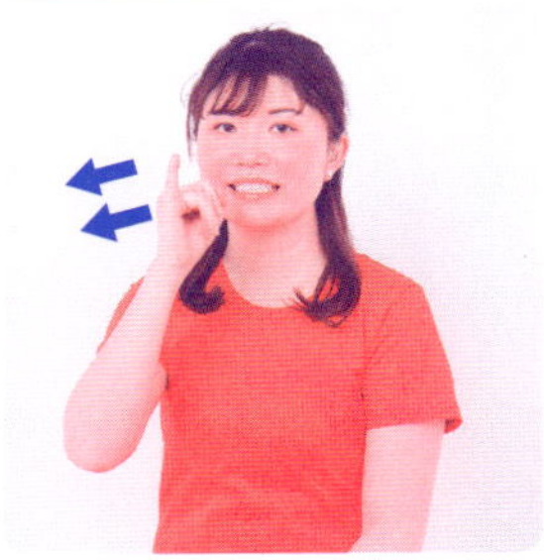

片手の小指をのばして立て、その他4指はにぎり、口の前に置いて2回前に出す。

ぜんそく

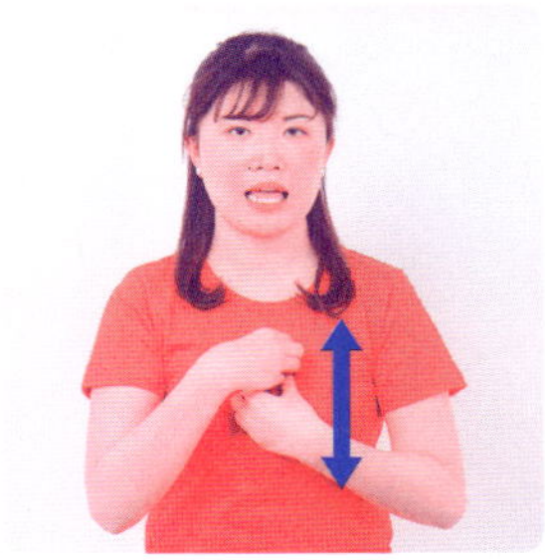

両手ともすべての指をむねの中央にあて、同時に上下させる。

やけど

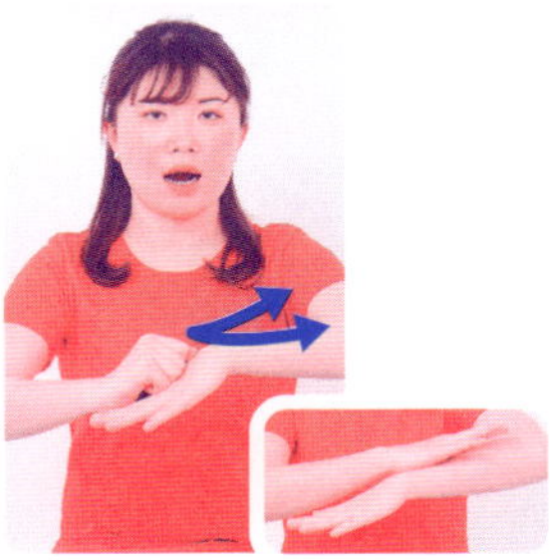

左手のこうに右手のこぶしをあて、右手を開きながらうでにそって上げる。

体調《たいちょう》不良《ふりょう》

病院

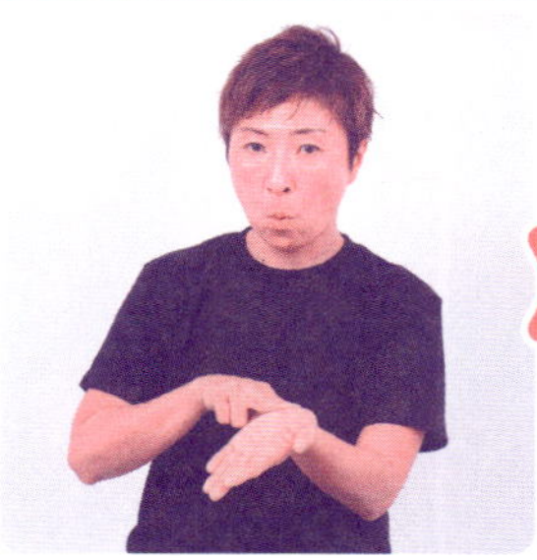

右手の人さし指と中指を、左手首にあてる。
同 脈

両手《りょうて》のひらを向かい合わせて、同時に直角に上げて中央で付ける。同 建物、〜館、ビル

受診《じゅしん》

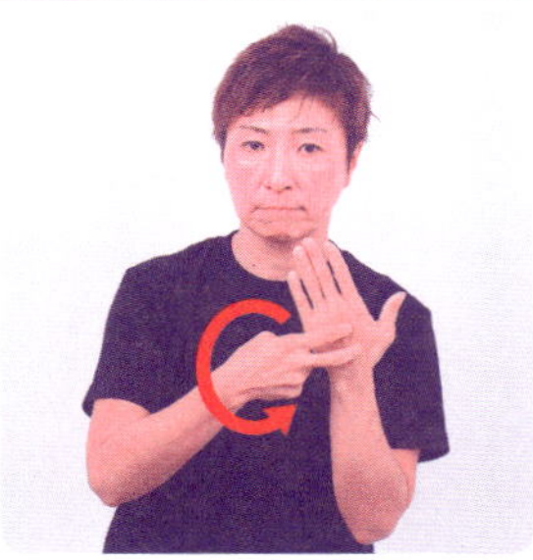

前に向けた左手のこうに、右手の人さし指と中指をあて、両手同時に1周回す。

医師《いし》

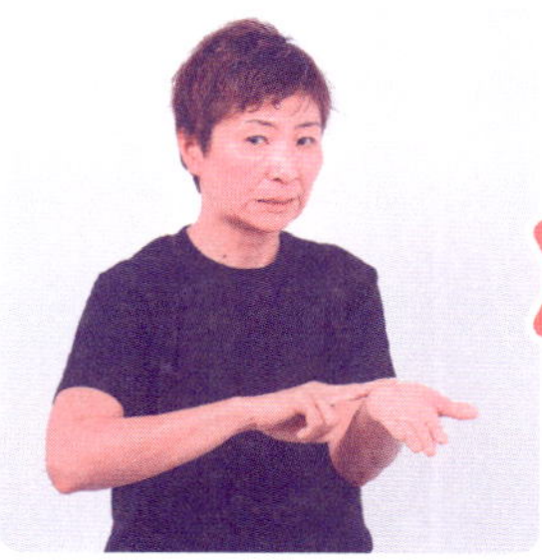

右手の人さし指と中指を、左手首にあてる。
同 脈《みゃく》

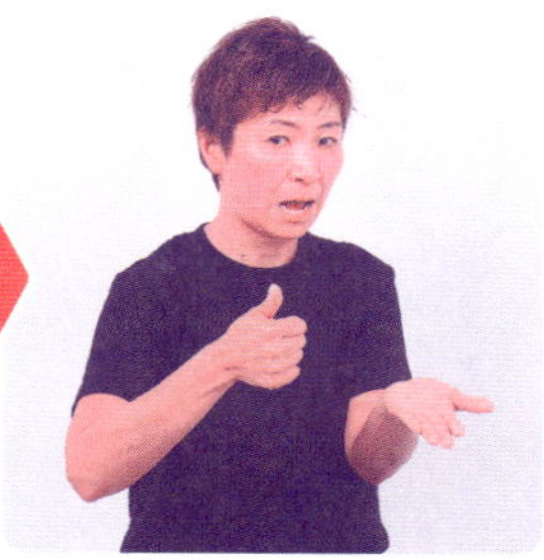

片手の親指《おやゆび》を立てる。
同 男

注射《ちゅうしゃ》

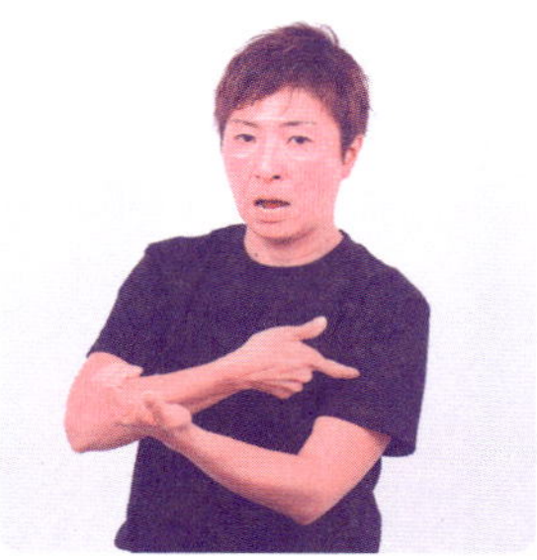

右手の親指と人さし指をのばし、人さし指の先を左うでにあてる。

看護師《かんごし》

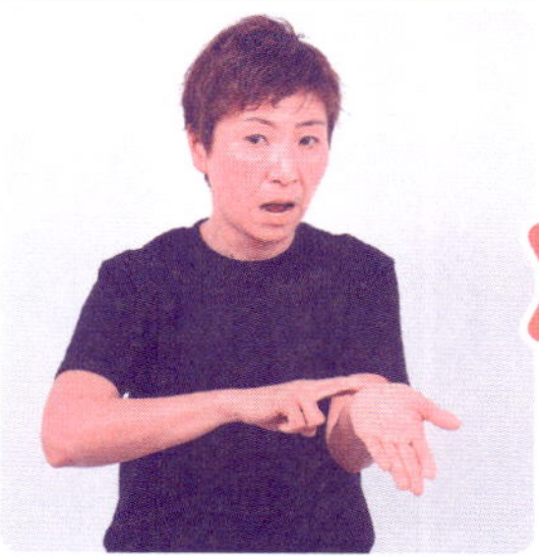

右手の人さし指と中指を、左手首にあてる。
同 脈

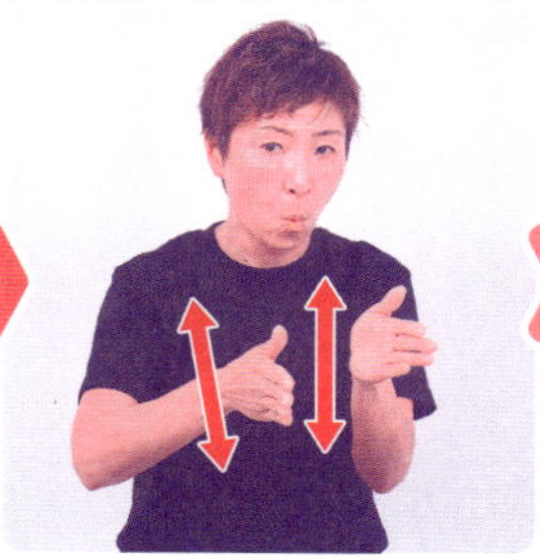

両手のひらを向かい合わせて、交ごに上下に動かす。
同 世話

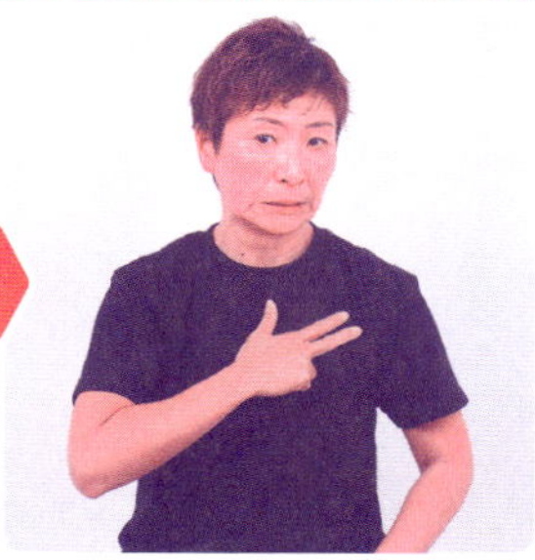

片手の親指、人さし指、中指をのばして（指文字「し」）、むねにあてる。

手話クイズ⑨

手話のクイズを出すよ。
何を表《あらわ》しているか当ててみよう！

▶答えは 144 ページにあるよ！

Q1

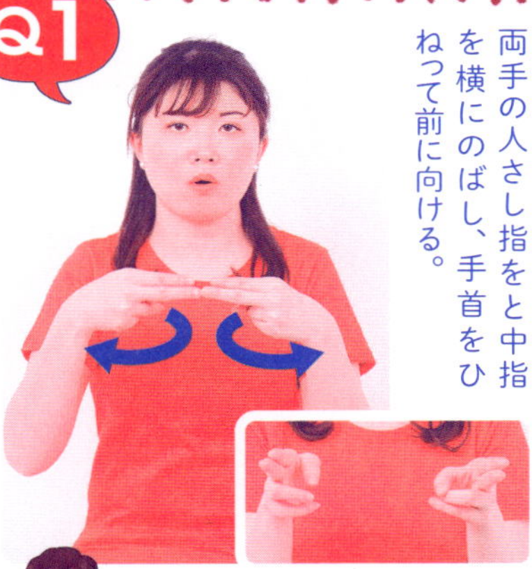

両手の人さし指をと中指を横にのばし、手首をひねって前に向ける。

まっすぐな棒《ぼう》が折れたみたいな感じ？

Q2

左手のひらの内側に右手の指を半分差し入れ、右手首をひねって前にたおす。

ぐねっと曲がってしまった状態《じょうたい》かな？

Q3

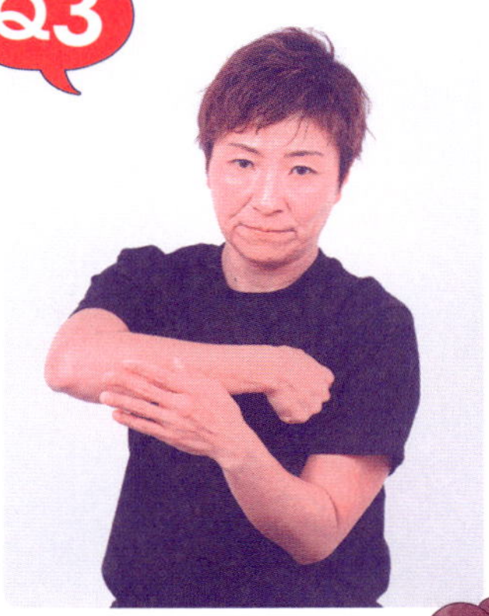

片手の人さし指をわきの下に入れ、わきを2回開閉する。

何かをわきの下にはさんでるのかな？

Q4

「C」の形にした左手に、後ろから右手のひらをあて、左から右へ手首を回す。

ウイルスの形を表しているんだって！

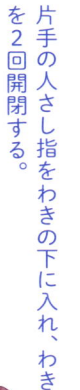

災害《さいがい》

今日はひなん訓練《くんれん》があるよ

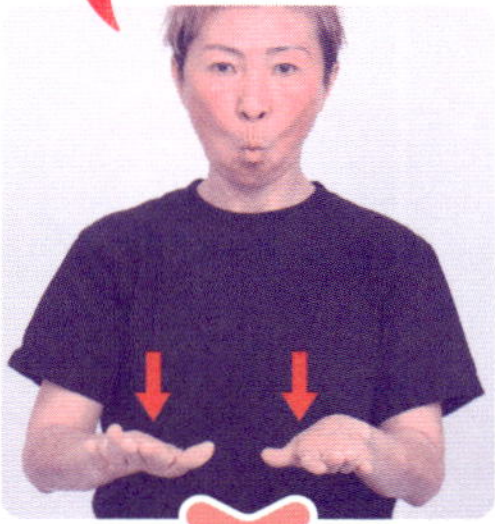

今日

両手《りょうて》のひらを下に向け、少し下げる。

同 今

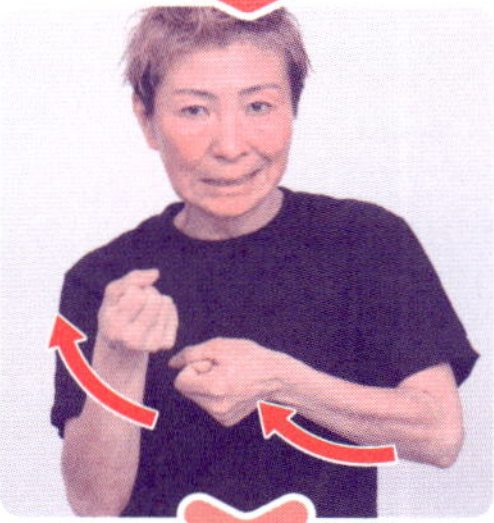

ひなん

両手のこぶしを、同時にななめ上に上げる。

同 にげる、だっしゅつ、とうそう、さぼる

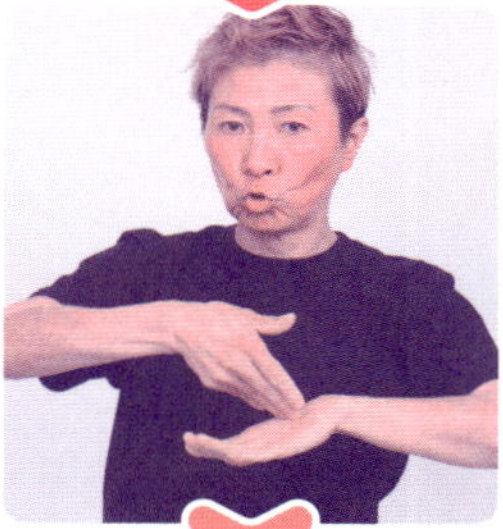

訓練

下に向けた左手のひらの手首あたりに、右手の指先を２回あてる。

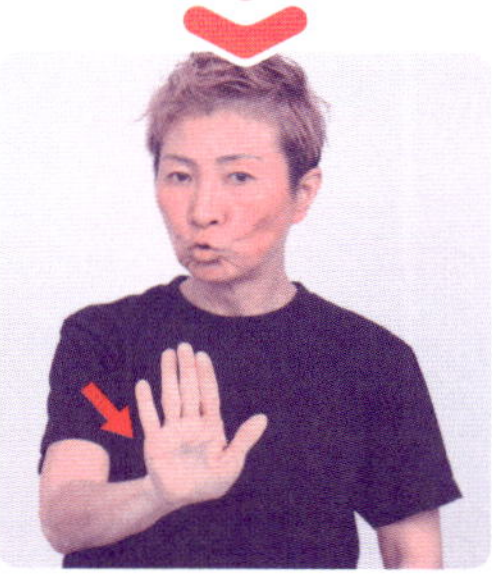

ある

片手《かたて》のひらを前に向けてむねの前あたりに置き、少し下げる。

防災《ぼうさい》ずきんは必要？

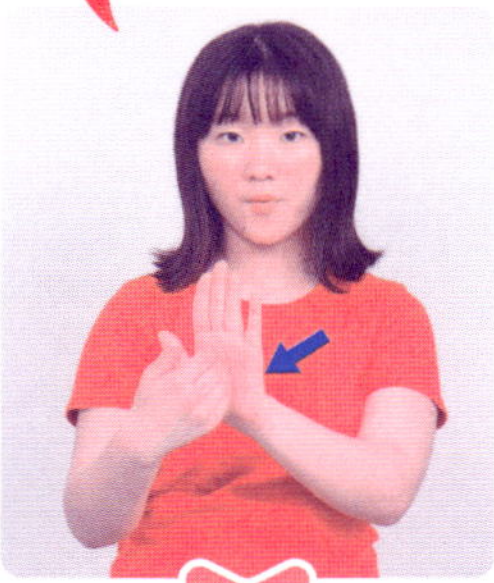

防災

前に向けた左手のひらに、右手の指先をあて、左手でおし出すように前に出す。

同 防ぐ、断る、防止、予防、きょ否、きょ絶

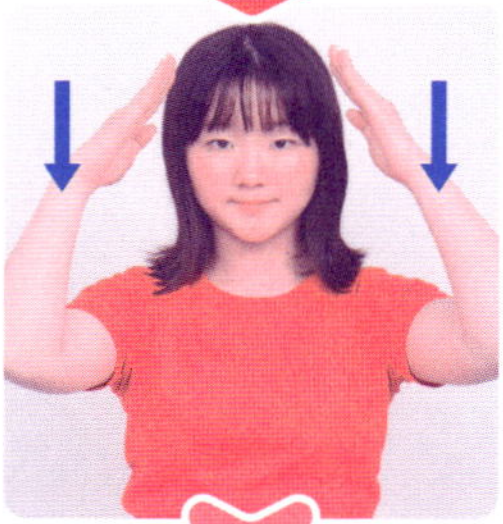

ずきん

両手で頭の横をおおい、同時に少し下げる。

同 ヘルメット

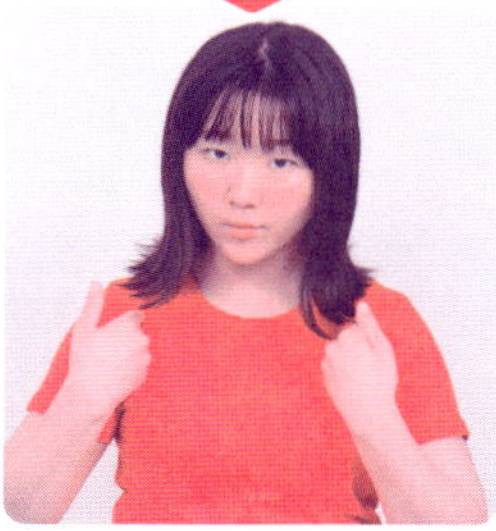

必要？

両手とも親指《おやゆび》以外の４指をわきに２回あてる。

同 ～しなければならない、用事

きんきゅうじしん速報《そくほう》が鳴りました

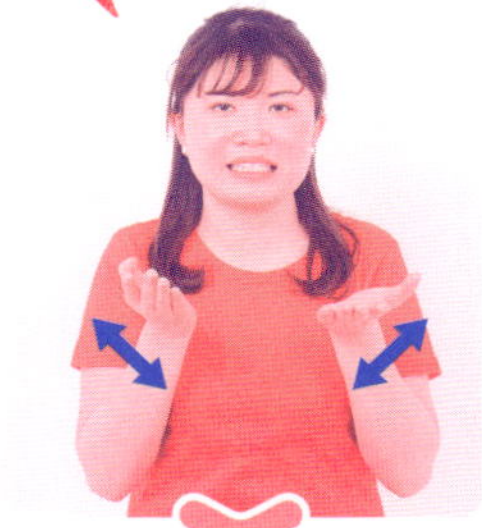

じしん

両手のひらを上に向けて、同時に前後に数回動かす。

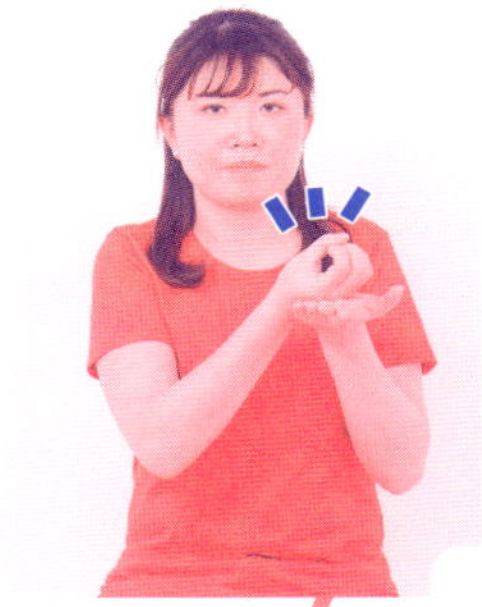

スマホ光る

上に向けた左手のひらの上に、すぼめた右手を置き、パッと右手を開く。

震度《しんど》5、マグニチュード6だったようです

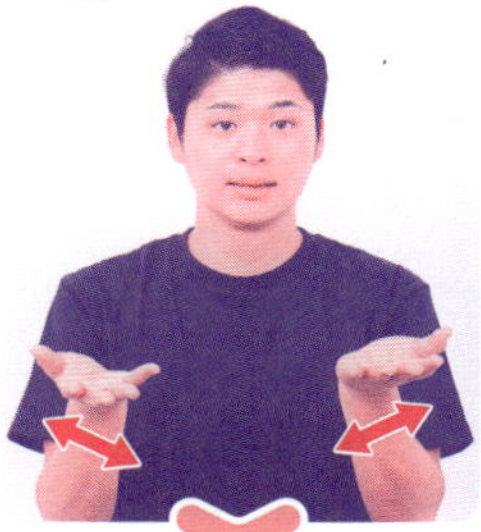

じしん

両手のひらを上に向けて、同時に前後に数回動かす。

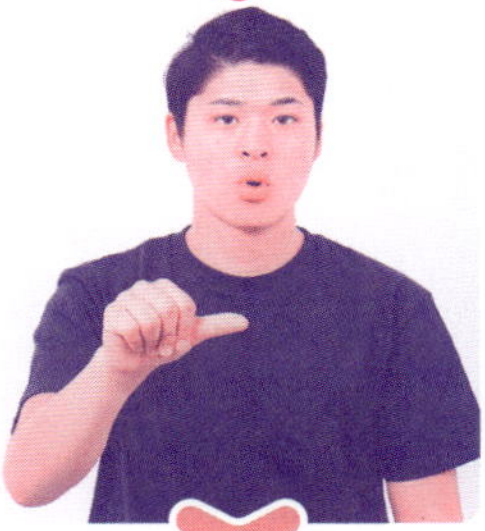

5

片手の親指を横にのばす。

同 指文字「5」

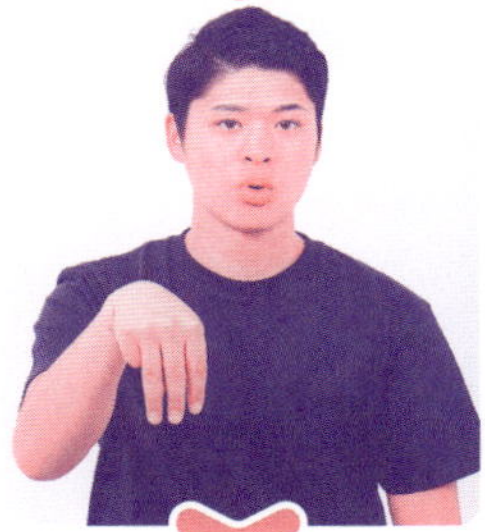

マグニチュード

片手のすべての指を曲げ、人さし指、中指、薬《くすり》指《ゆび》を親指の上にのせる。

同 指文字「M」

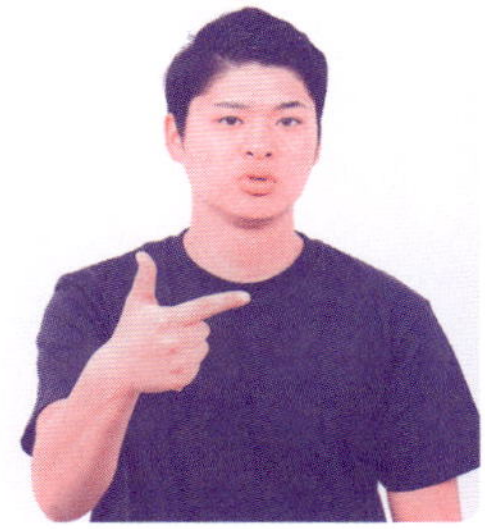

6

片手のこうを前に向けて親指を立て、人さし指を横にのばす。

同 指文字「6」

机《つくえ》の下に入って！

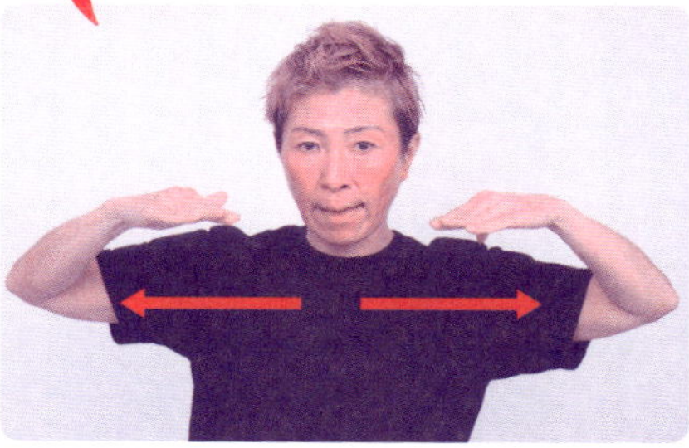

机

両手《りょうて》のひらを下に向け、中央《ちゅうおう》で合わせ、同時に左右に開く。

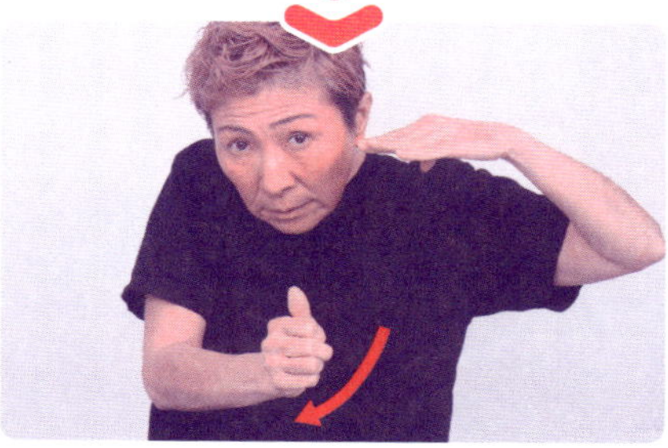

下に入る

左手のひらを下に向けたまま、親指《おやゆび》を立てた右手（その他《た》4指はにぎる）を前に出す。

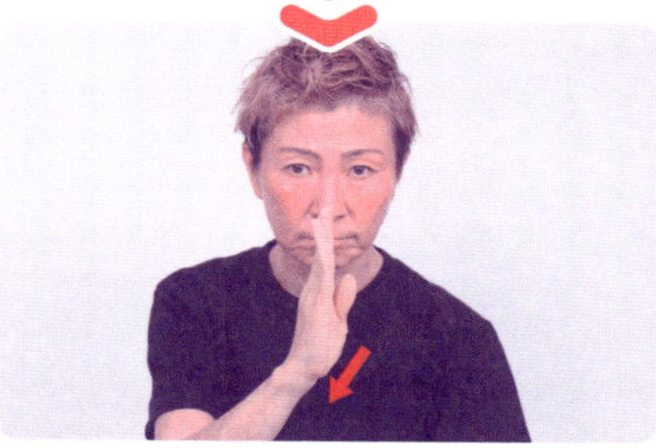

お願い

片手《かたて》のひらを立て、少し前に出しながら、体も少し前にたおす。

落ち着いて！

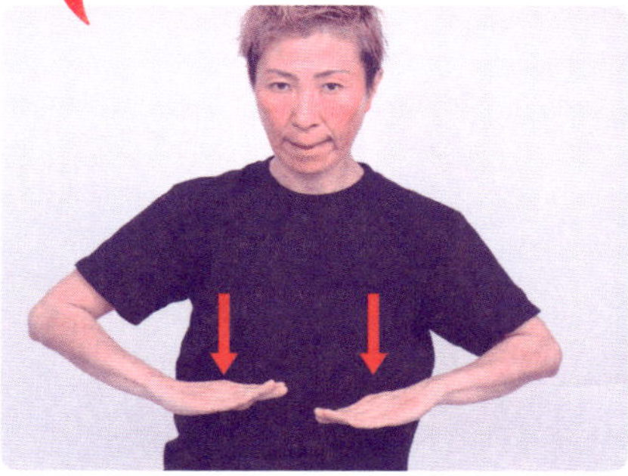

落ち着く

両手のひらを下に向けてむねの前に置き、同時に下げる。

ろう者と災害《さいがい》ボランティア

災害はいつ起こるかわからない。急なことでみんなパニックになってしまうよね。耳が聞こえないろう者は、何が起こったのかすぐには理解《りかい》できず、とっても不安になるんだ。そんなときに、手話ができるボランティアさんがいてくれると、正しい情報《じょうほう》を知ることができてとても助かるよ。

ほかにも、けい示板やSNSでろう者のための情報を文字にして発信するなど、さまざまな方法でサポートしてくれる人たちもいるんだ。

災害が起こったとき、もしろう者の人が周りにいたら、君ができる方法で助けてあげてください。

おさない

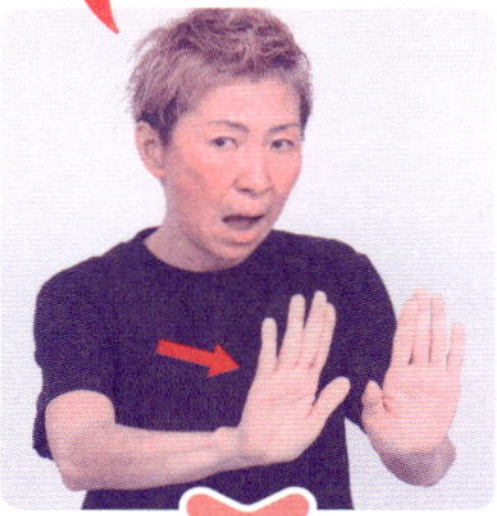

おす

両手のひらを前に向けてむねの前に置き、同時に前に出す。

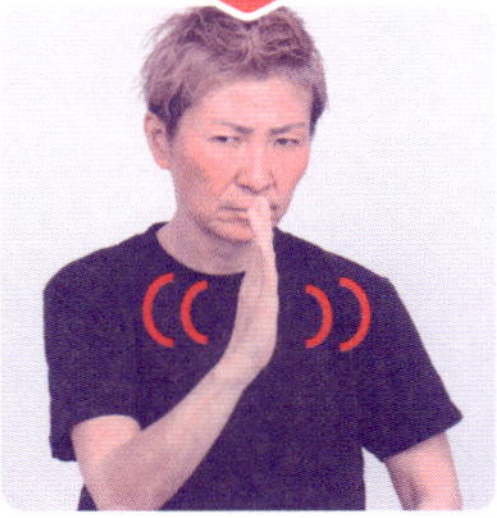

ダメ

片手のひらを左右に動かす。

しゃべらない

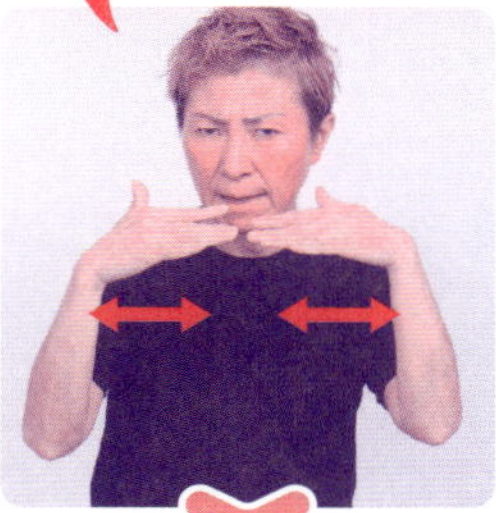

しゃべる

両手のひらを下に向けて左右で向かい合わせ、数回同時によせたりはなしたりする。

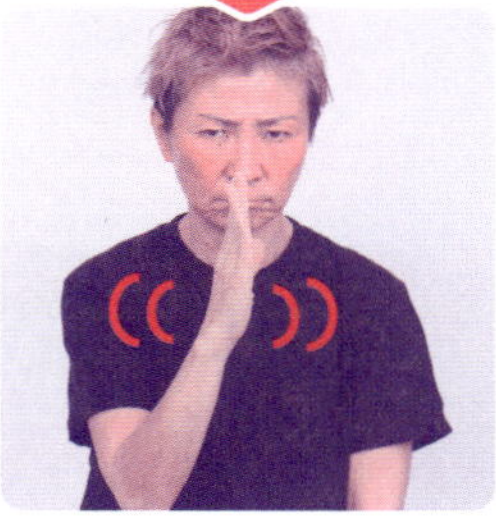

ダメ

片手のひらを左右に動かす。

かけない

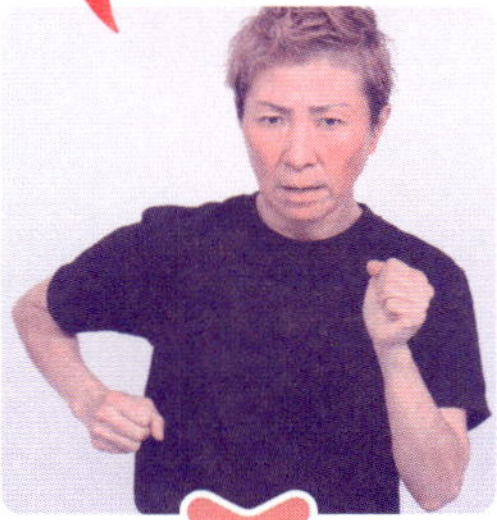

走る

走っているように両うでを交ごに前後にふる。

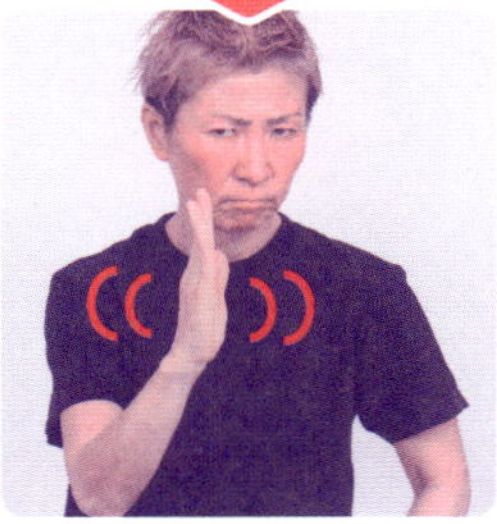

ダメ

片手のひらを左右に動かす。

もどらない

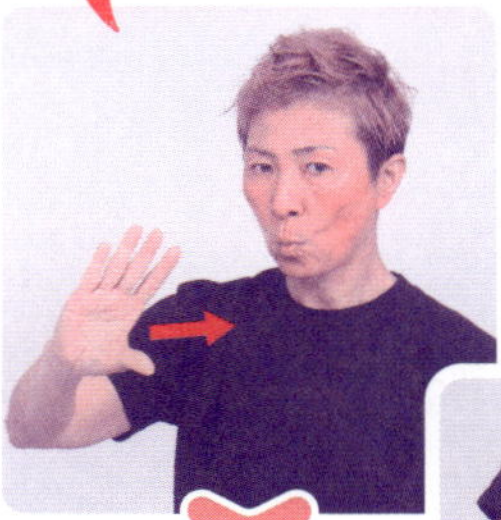

帰る

片手を自分に向け、指をすぼめながら自分によせる。同 帰り

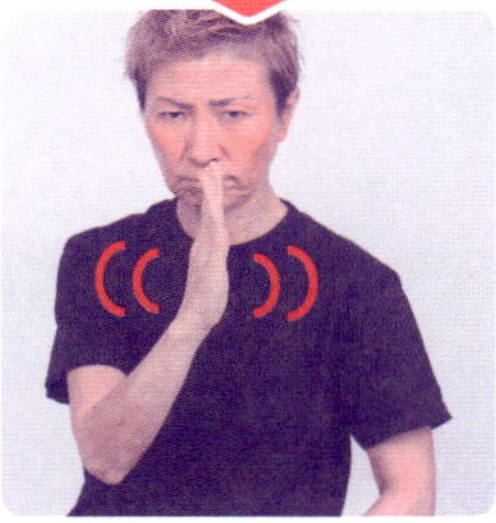

ダメ

片手のひらを左右に動かす。

災害に関する手話を覚えていこう！

津波《つなみ》

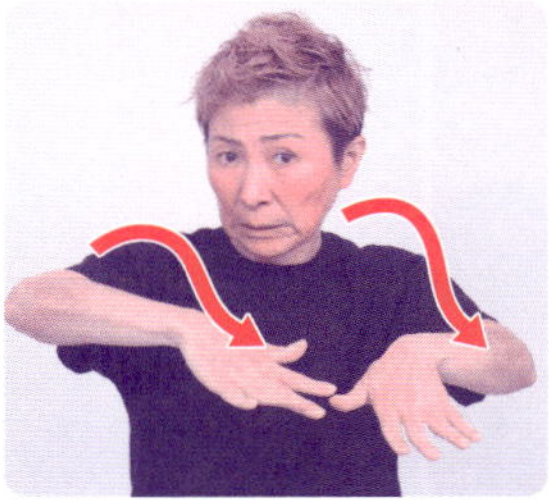

両手《りょうて》のひらを前に向けて、体の片側にかまえ、同時に山をえがいて下げる。

火事《かじ》／火災《かさい》

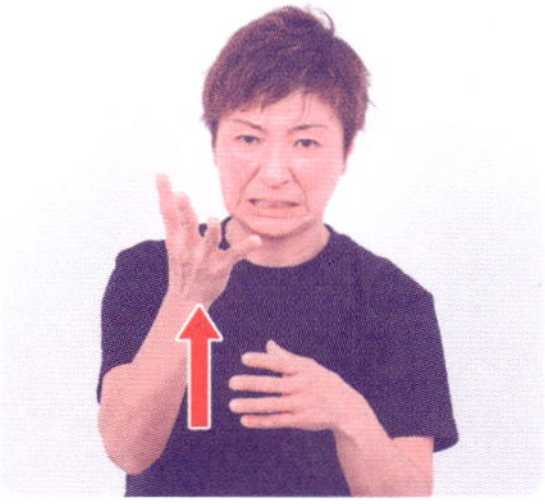

軽く曲げた左手の横に右手を置き、右手だけ手を開きながら、手首をひねって上げる。

洪水《こうずい》

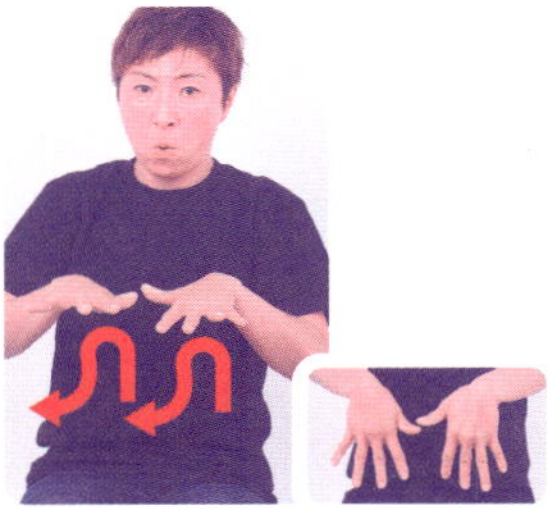

下に向けた両手のひらを同時に上げ、波のように前に下げる。

暴風《ぼうふう》

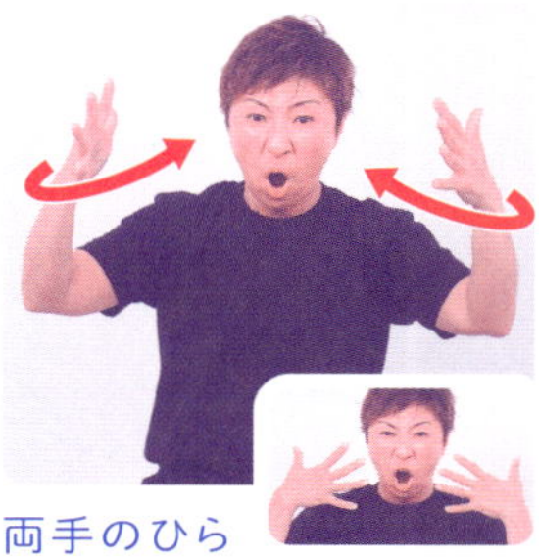

両手のひらを顔の前に置き、いきおいよく数回すくい上げる。

停電《ていでん》

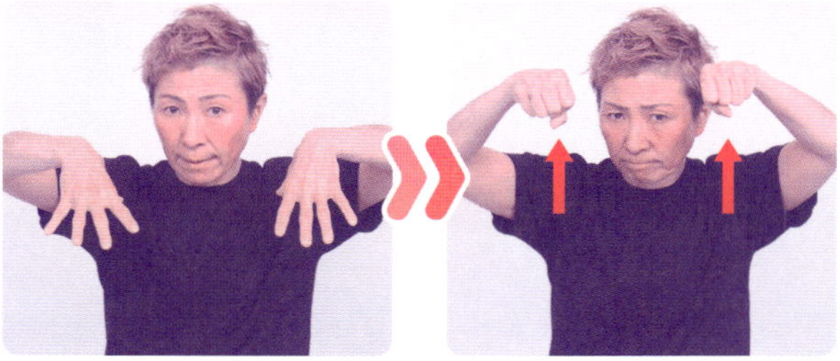

両手のひらの指先を下に向けて、顔の前に置く。

両手を同時ににぎりながら上げる。

かい中電灯《ちゅうでんとう》

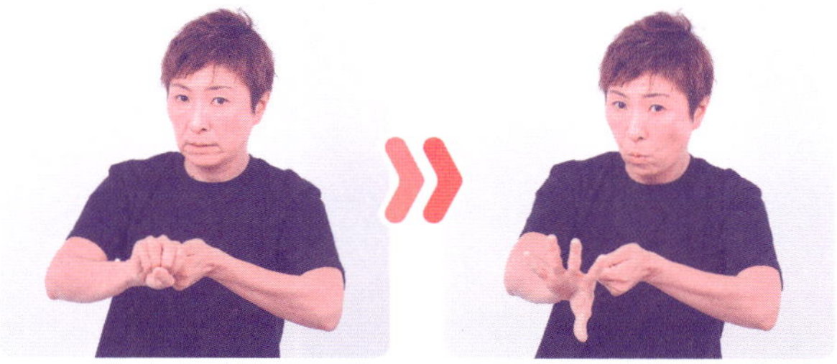

かい中電灯を持っているように、両手のこぶしを前後で合わせる。

前にある手をパッと開きながら、前に出す。

災害

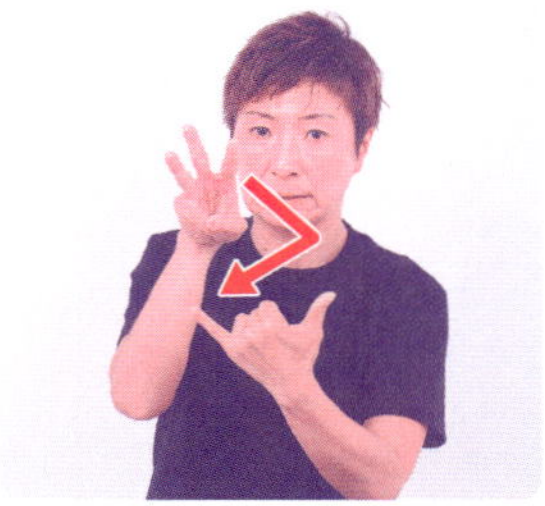

左手は親指《おやゆび》と小指をのばし、右手は人さし指、中指、薬指《くすりゆび》をのばして「く」の字をえがく。

消防署《しょうぼうしょ》

消火ホースを持つイメージで、両手を前後にかまえる。

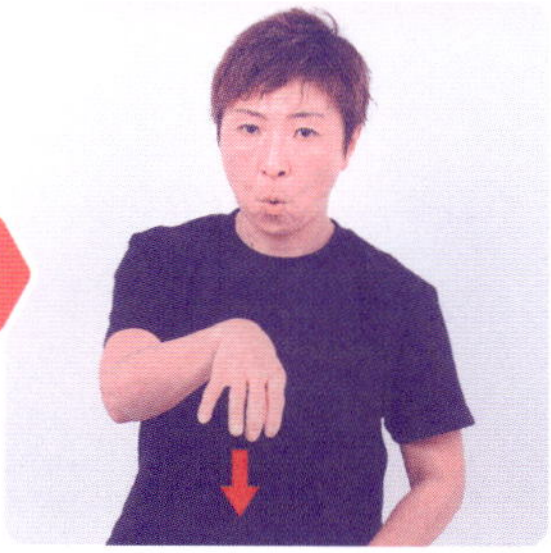

片手のすべての指を軽く曲げて下に向け、少し下げる。
同 場所、〜所、〜場

救急車《きゅうきゅうしゃ》

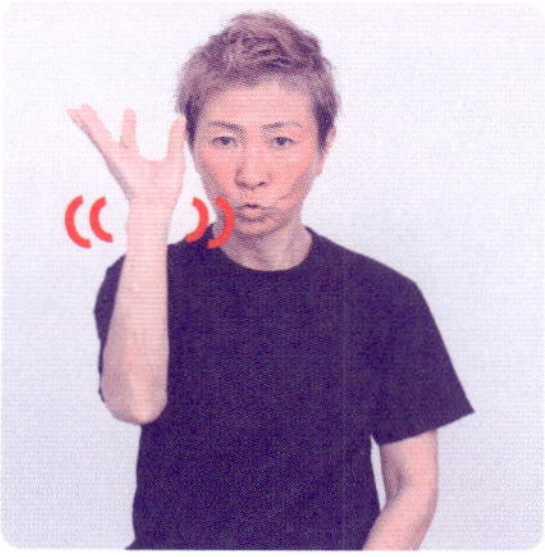

指先をわん曲させた片手を上に向け、手首を数回ひねりながら前に出す。

警察《けいさつ》

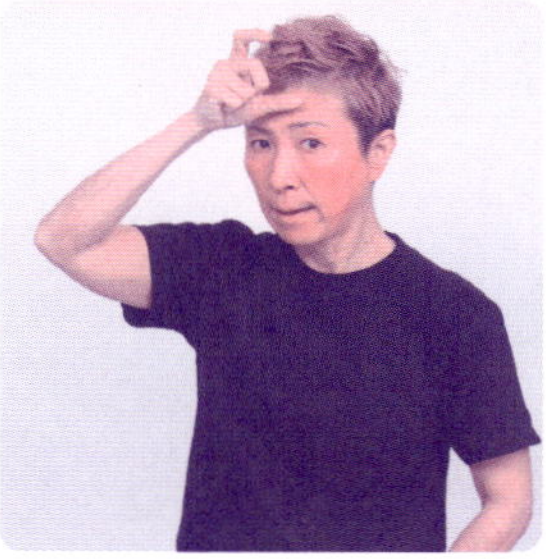

片手の親指と人さし指でコの字形《がた》を作り、ひたいの前に置く。

ひなん場所

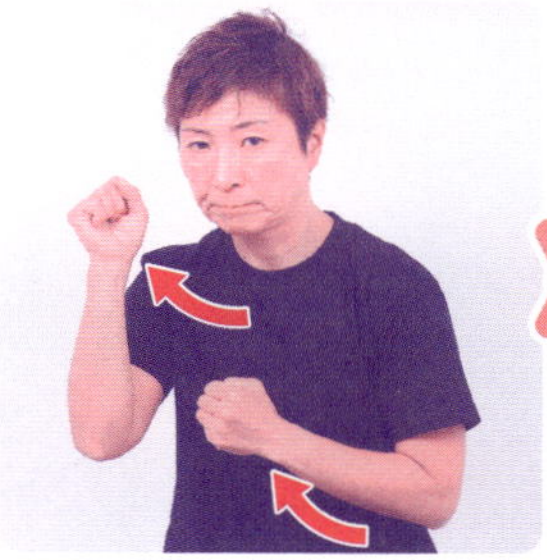

両手のこぶしを、同時にななめ上に上げる。同 だっしゅつ、とうそう、さぼる、にげる

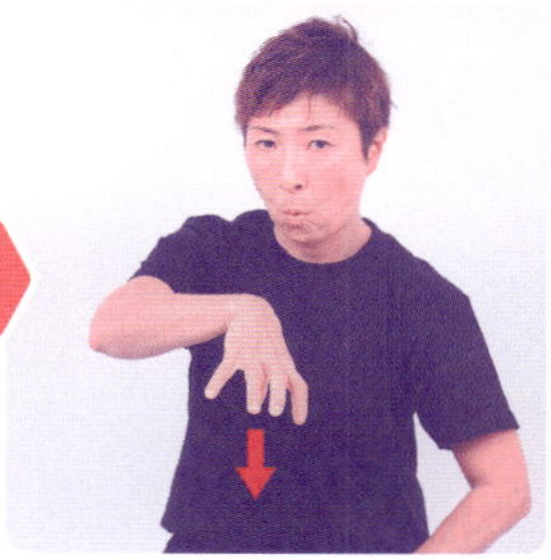

片手のすべての指を軽く曲げて下に向け、少し下げる。
同 場所、〜所、〜場

ラジオ

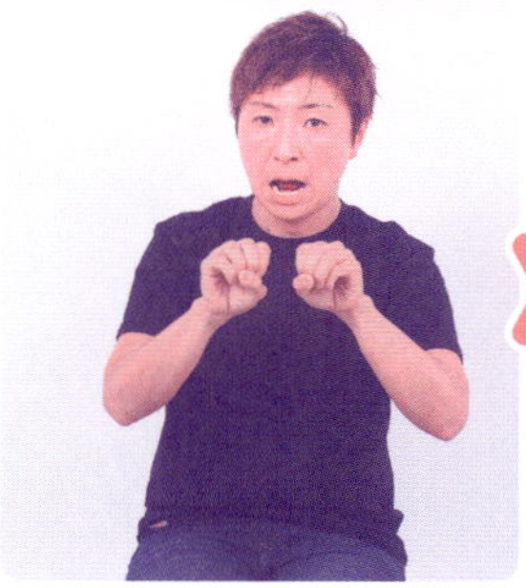

両手とも軽くにぎって、前に向ける。

両手とも2回パッパッと開きながら、前に出す。

ヘルメット

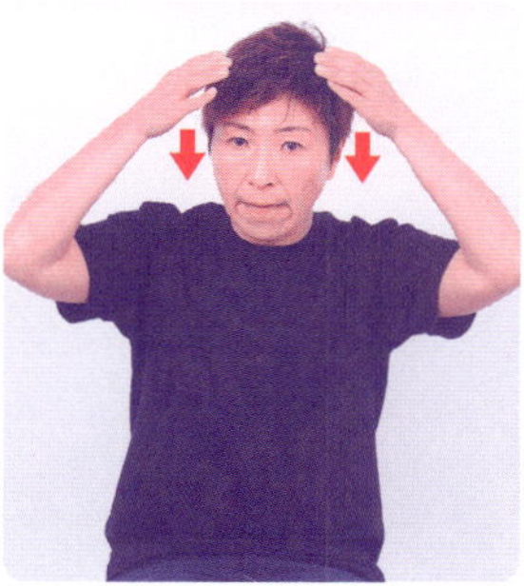

両手で頭の横をおおい、同時に少し下げる。同 ずきん

コラム

手話の資格《しかく》や仕事について

はるとくん

手話に関係する仕事ってあるのかな？

モンキー高野

「手話通訳《つうやく》者」「手話通訳士」という仕事があるよ。それぞれ手話通訳をするというのは同じなんだけど、合格しなければならない試験がちがうんだ。

ゆいちゃん

手話の試験ってどんなものがあるんですか？

モンキー高野

手話通訳者・手話通訳士の試験のほかに、全国手話検定《けんてい》試験《しけん》（社会福祉《ふくし》法人《ほうじん》全国手話研修《けんしゅう》センター）と、手話技能《ぎのう》検定（NPO 手話技能検定協会）の試験があるよ。どれも手話を学んでいる人がどれくらい覚えられているかというレベルを測《はか》るための試験だよ。

はるとくん

ほかにも手話に関する活動をすることってできるのかな？

モンキー高野

「手話奉仕員《ほうしいん》」というボランティアで活やくしてくれている人たちもいるよ！　手話奉仕員になるには自治体《じちたい》が行う講座《こうざ》を受けて、自治体に登録《とうろく》する必要があるんだ。福祉行事やイベントで活やくしているよ。

クイズの答え

P137 → ❶骨折　❷ねんざ　❸体温計　❹コロナ

6章《しょう》

使《つか》える！ 手話単語集《しゅわたんごしゅう》

ここでは、動詞《どうし》（動《うご》きを表《あらわ》す言葉《ことば》）と
形容詞《けいようし》（状態《じょうたい》や様子《ようす》を表《あらわ》す言葉《ことば》）の手話《しゅわ》を
たくさんしょうかいするよ！

動詞《どうし》

形容詞《けいようし》

動詞《どうし》

歩く

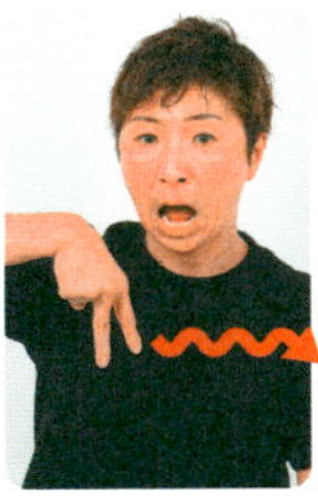

片《かた》手《て》の人さし指と中指を下にのばし、交ごに前後させながら横に動かす。同 徒歩

走る

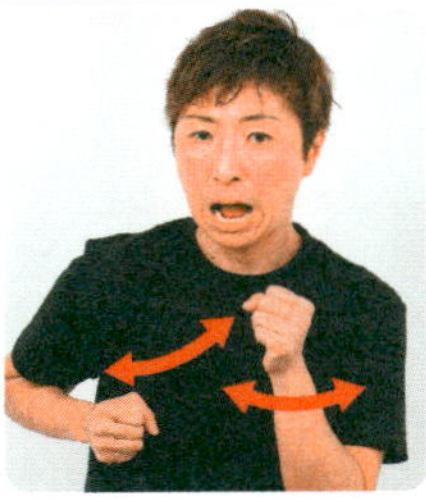

走っているように両うでを交ごに前後にふる。

立つ

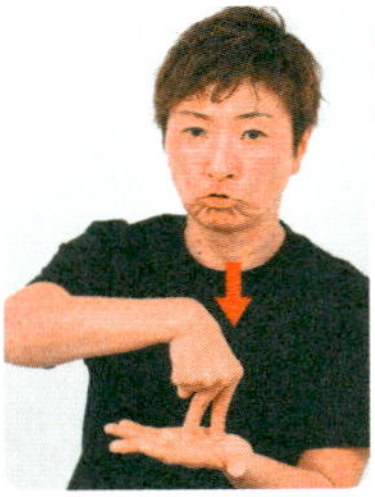

左手のひらの上に、人さし指と中指を下にのばした右手をのせる。

起きる

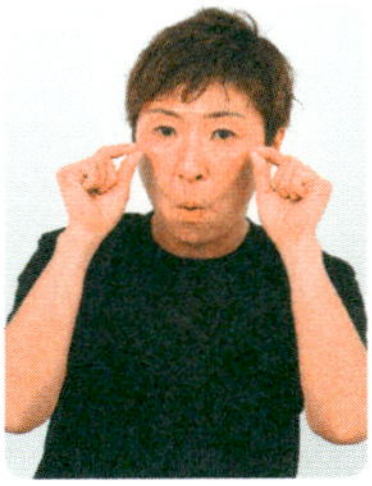

両手とも親指《おやゆび》と人さし指の指先を付け、目の横に置く。

指先をパッとはなし、少し前に出す。

ねる

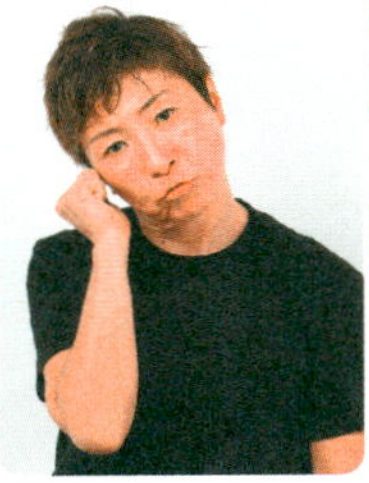

片手のこぶしをほおにあて、首を少しかしげる。同 ねむる、ねむい、すいみん

集まる

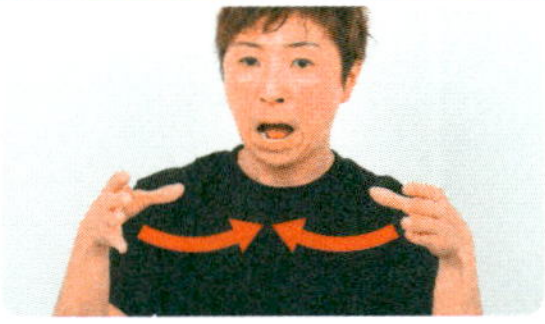

軽くわん曲させた両手を左右で向かい合わせ、同時に中央に寄せる。同 集合

解散《かいさん》する

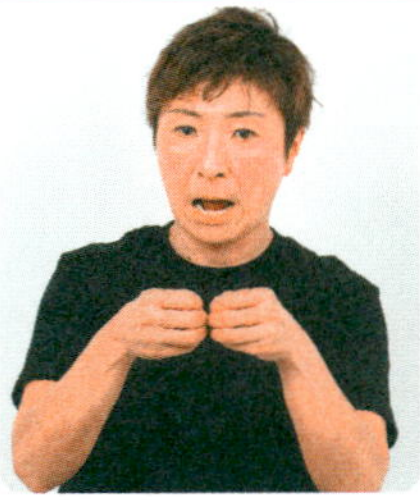

両手のこぶしを中央で合わせ、

両手ともパッと開きながら少し前に出す。

始める

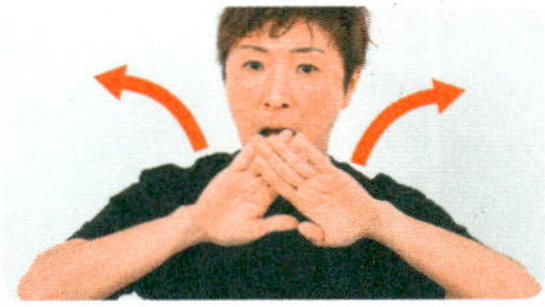

前に向けた両手のひらを交《こう》差《さ》させ、同時に左右に開く。同 明るい、始まる

「始める」は幕が開くイメージかな?

終わる

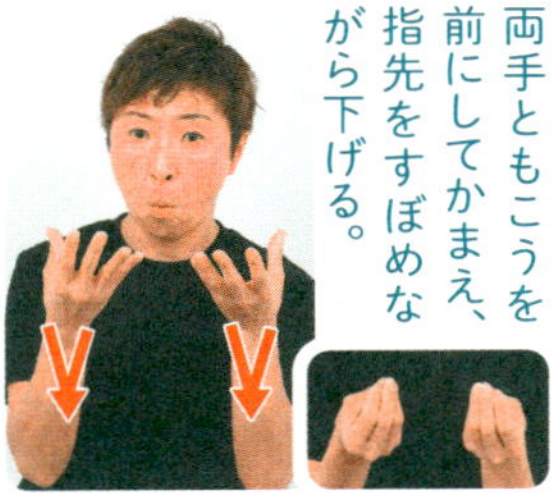

両手ともこうを前にしてかまえ、指先をすぼめながら下げる。

変わる①

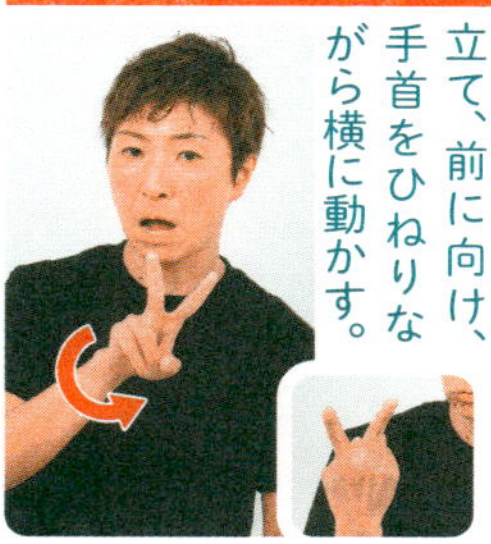

片手の人さし指と中指を立て、前に向け、手首をひねりながら横に動かす。

変わる②

両手のひらを合わせ、手首をひねって入れかえる。同 変身

止める

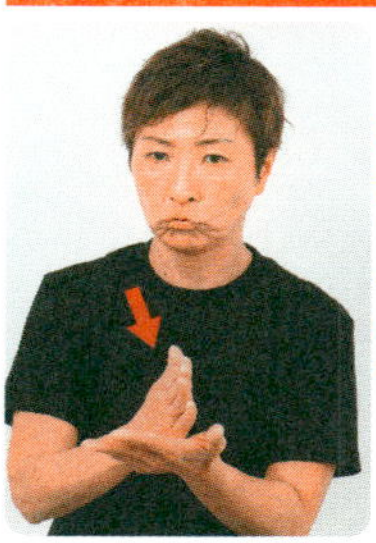

上に向けた左手のひらに、立てた右手のひらをあてる。同 着く、やめる

急ぐ

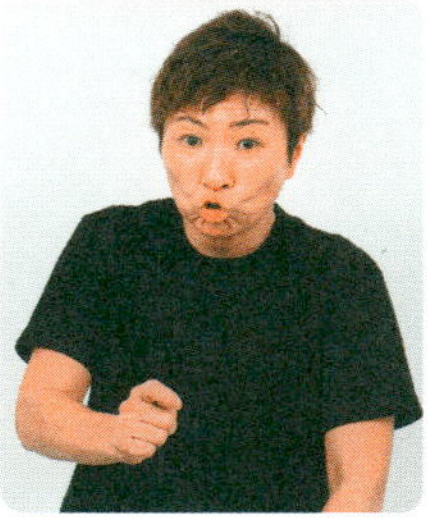

片手のこぶしを体の前にかまえ、

いきおいよく親指をはね上げながら、手を上げる。

買う

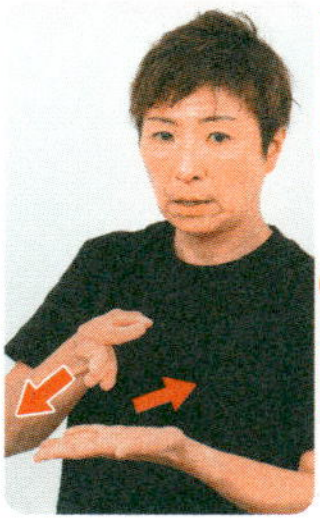

左手のひらの上に、親指と人さし指で輪を作った右手を置き、右手は前に出し、左手は引く。同 買い物

売る

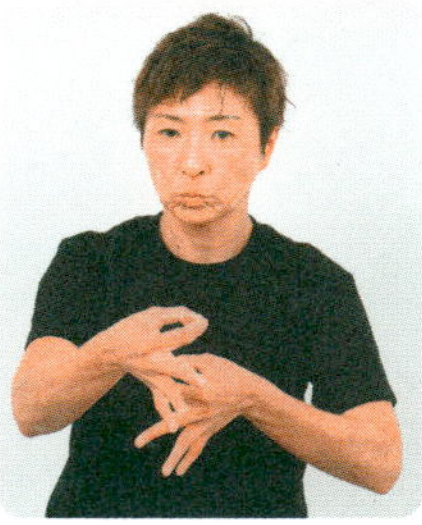

両手の親指と人さし指で輪を作り、上下にかまえる。

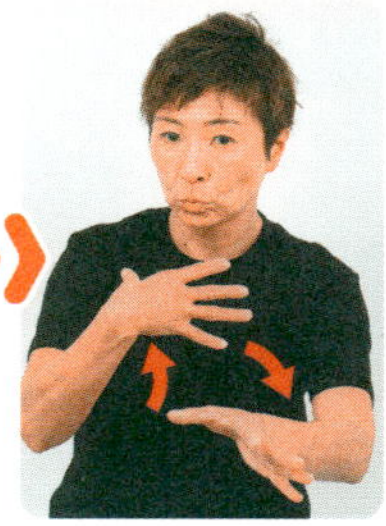

同時にパッと手を開きながら、たがいちがいに前後に出す。

思う

片手の人さし指をこめかみにあてる。

聞く

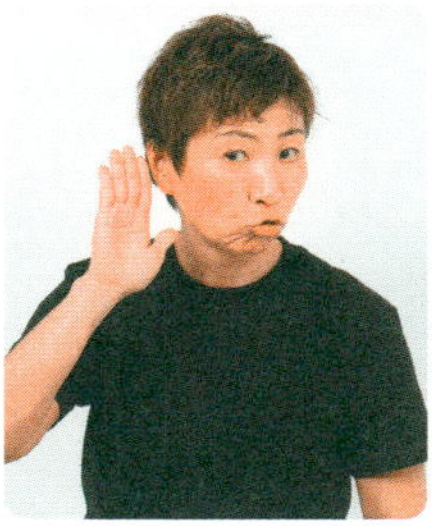

片手のひらを前に向けて、耳元に近づける。

話す

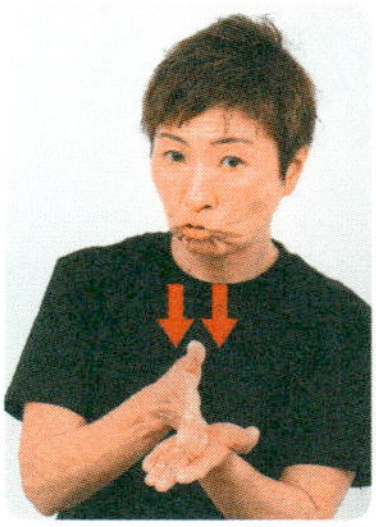

指先を前に向けた右手のひらを、左手のひらに2回あてる。同 説明する、説得

考える

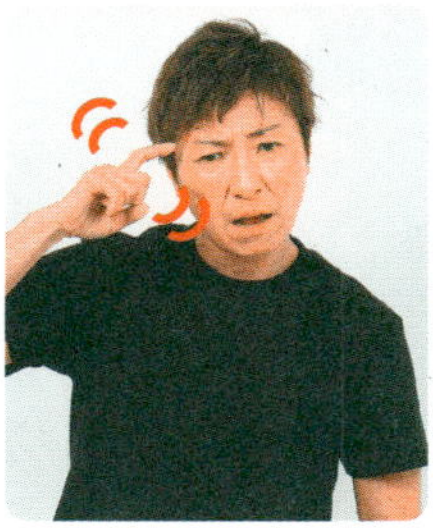

片手の人さし指をこめかみにあて、指をねじる。

勝つ

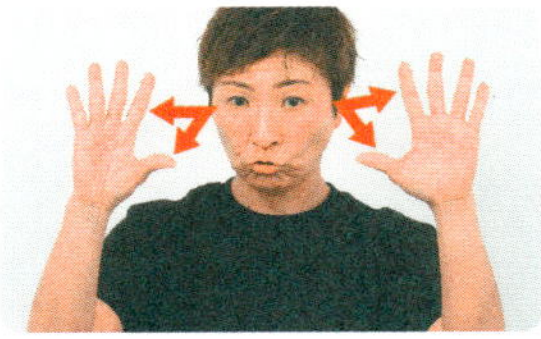

すぼめた両手《りょうて》を顔の横に置き、同時にパッと開き、前に出す。

負ける

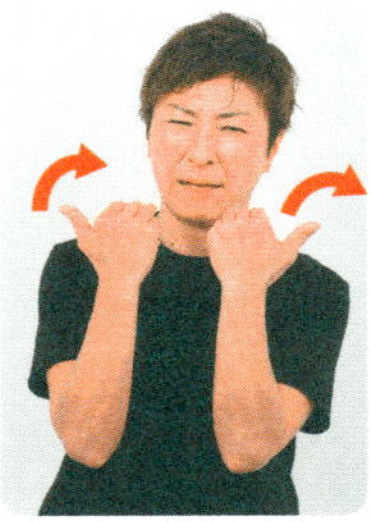

両手のひらを自分に向け、同時に自分に向かってたおす。同 敗《やぶ》れる

応えんする

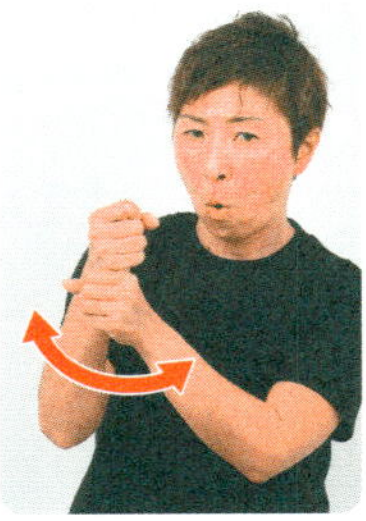

両手で応えん旗をにぎり、旗をふるように左右に動かす。

貸《か》す

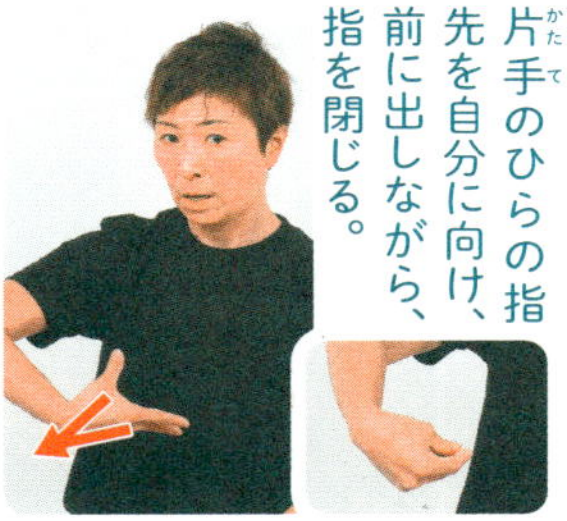

片手《かたて》のひらの指先を自分に向け、前に出しながら、指を閉じる。

借りる

片手のひらの指先を前に向け、引き寄せながら、指を閉じる。同 レンタル

選ぶ

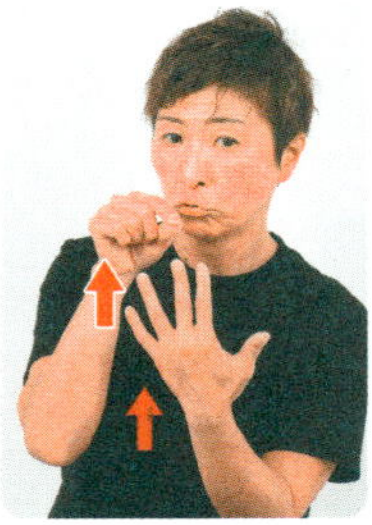

右手の親指《おやゆび》と人さし指で、左手の1本の指をつまむようにして、同時に上げる。

決める

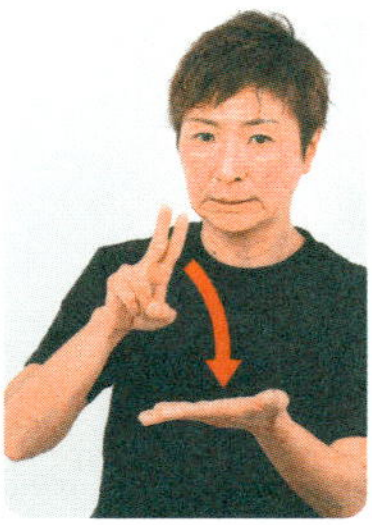

右手の人さし指と中指をのばし、左手のひらにあてる。

心配する

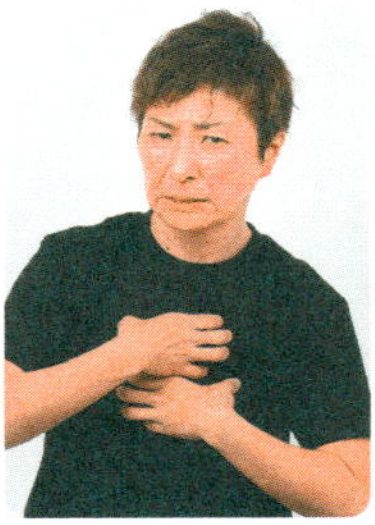

軽く開いた両手を上下に合わせ、2回むねにあてる。同 危ない、危険、不安

信じる

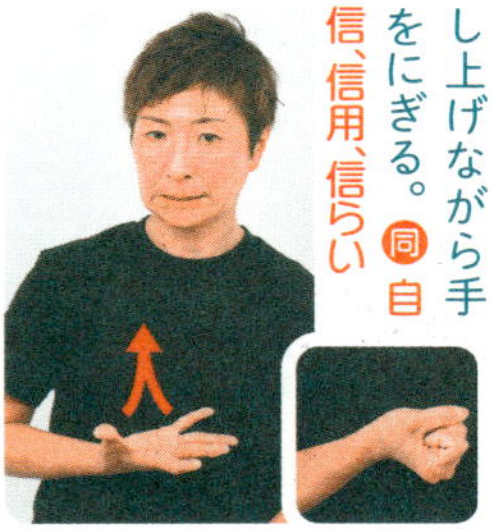

片手のひらを上に向け、少し上げながら手をにぎる。同 自信、信用、信らい

疑《うたが》う

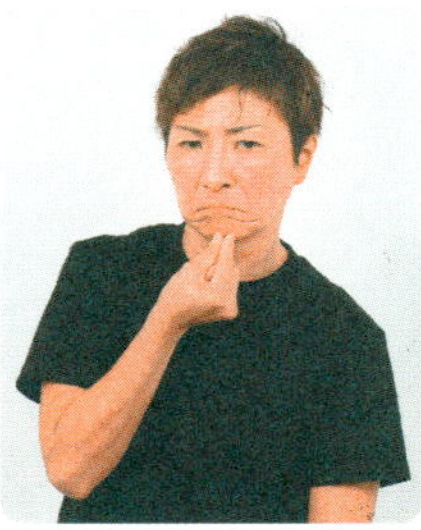

片手の親指と人さし指の指先をあごにあてる。

迷《まよ》う

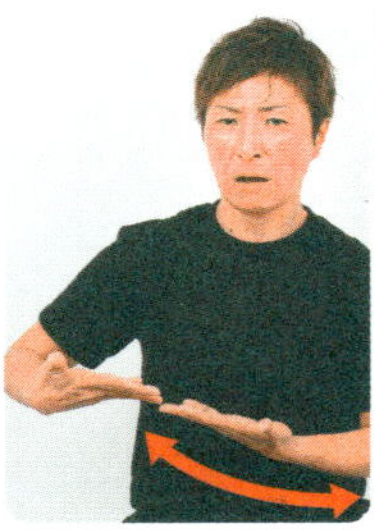

両手のひらを上に向けて、むねの前に置き、同時に左右にゆらす。

しかる

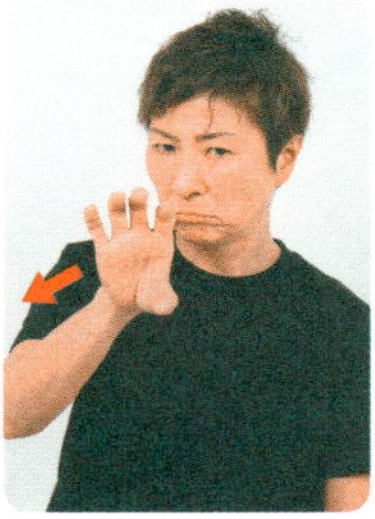

すべての指を軽く曲げた片手のひらを顔の前に置き、グッと前に出す。

おこる

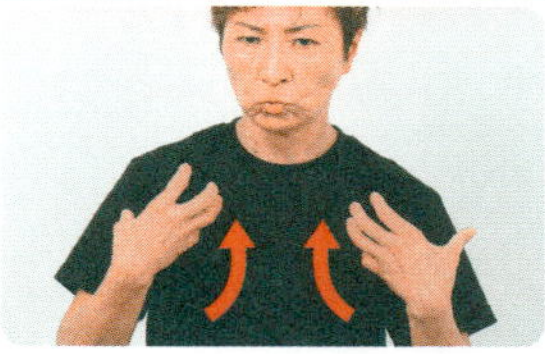

両手とも指を軽く曲げてむねにあて、同時に手首をひねって上げる。

泣《な》く

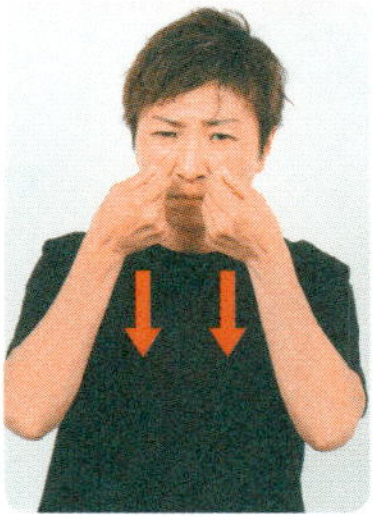

両手とも親指と人さし指の先を付け、目の前に置き、同時に下げる。 同 かわいそう

笑《わら》う

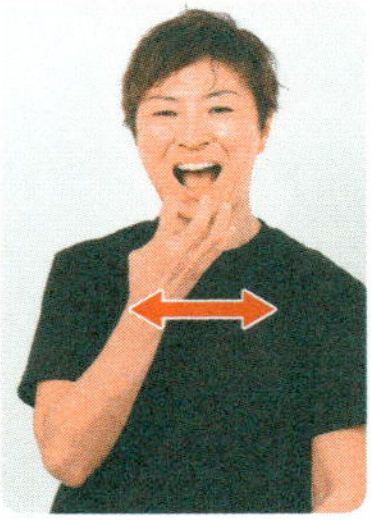

軽くわん曲させた片手を口の前に置き、左右に動かす。 同 笑顔《えがお》

盛《も》り上がる

開いた両手のひらを、手首をひねりながら上げる。

喜《よろこ》ぶ

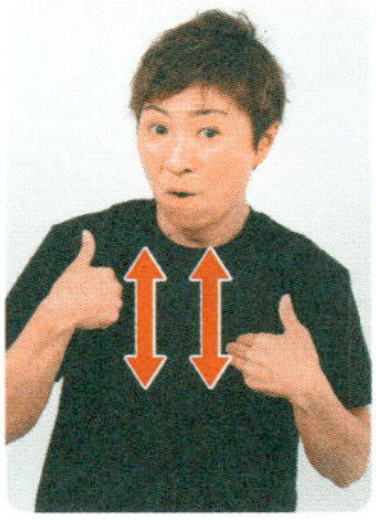

両手の4指（親指以外）をむねにあて、交ごに上下に動かす。 同 うれしい、楽しい

おどろく

わん曲させた右手をあごにあて、左手のひらに打ちつける。

探《さが》す

親指と人さし指で輪を作り目の前に置き、円をえがきながら横に動かす。 同 観光、見学

見つける

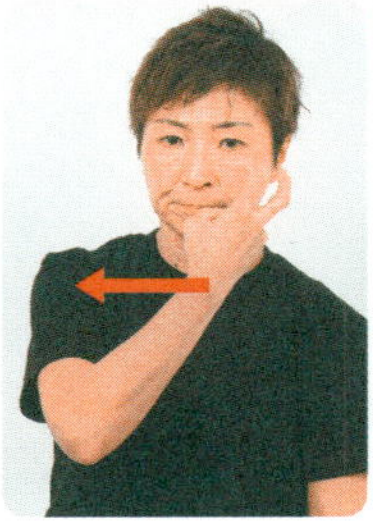

片手の人さし指と中指を曲げて、目の前に置き、横に動かす。

調べる

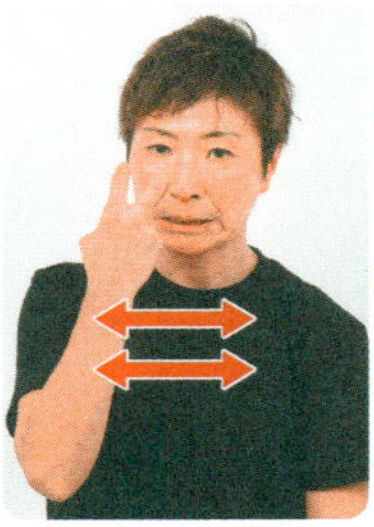

片手の人さし指と中指を曲げて、目の前に置き、左右に2回動かす。 同 確認《かくにん》、調査《ちょうさ》

相談する

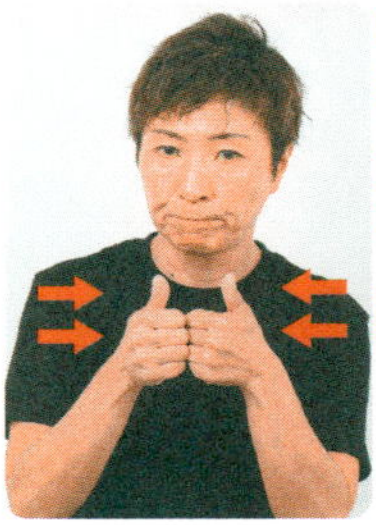

両手とも親指を立てて向かい合わせ、2回ぶつける。 同 打ち合わせ、会議

なやむ

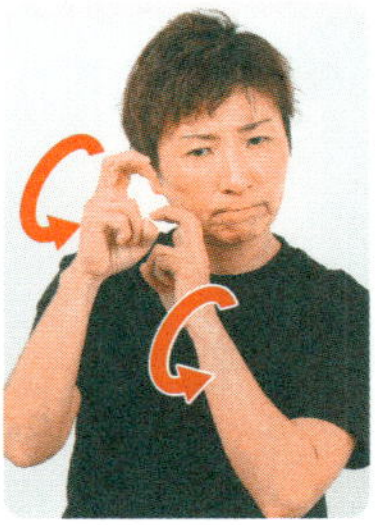

両手とも人さし指と中指をカギ形《がた》にし、頭の横で交ごに回す。

成功する

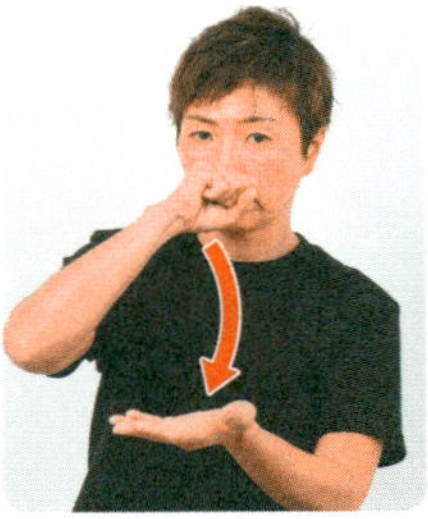

右手のこぶしを鼻の前に置き、左手のひらに打ちつける。

失敗する

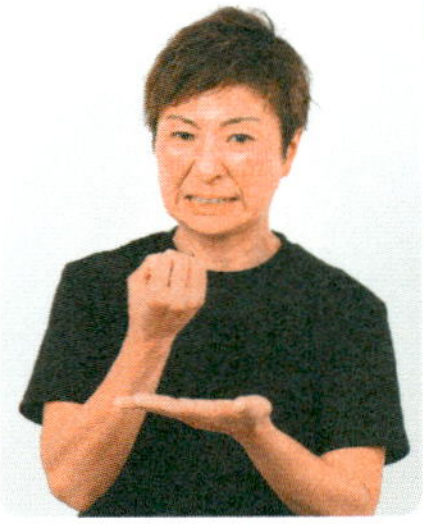

右手は軽くにぎり、左手は開いて上に向ける。

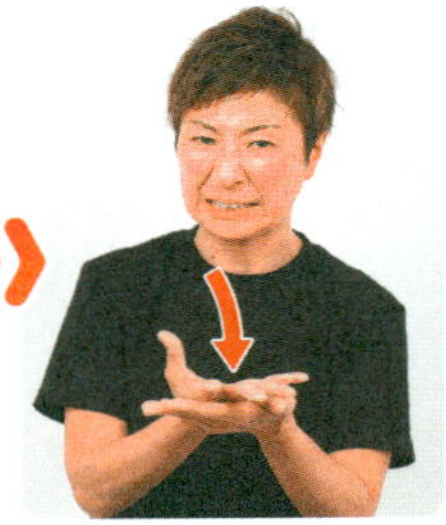

右手を開きながら、左手のひらに打ちつける。

台に乗る

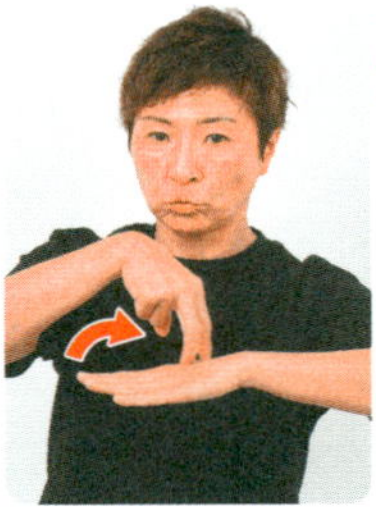

左手のこうの上に、人さし指と中指をのばした右手をのせる。

台を降《お》りる

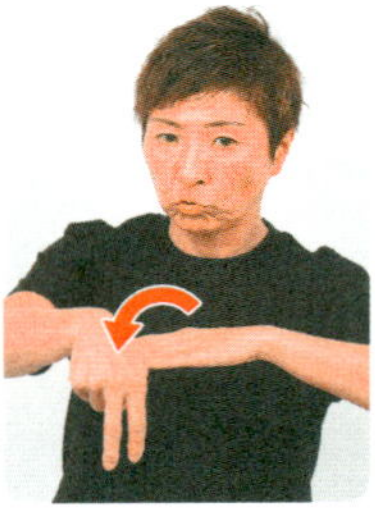

左手のこうの上に、人さし指と中指をのばした右手をのせ、前に下ろす。

（明かりを）点《つ》ける

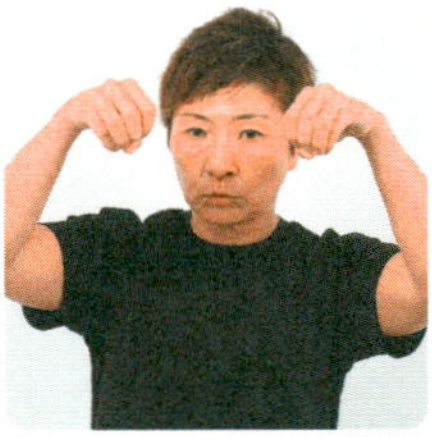

両手《りょうて》のこぶしを頭の前にかまえる。

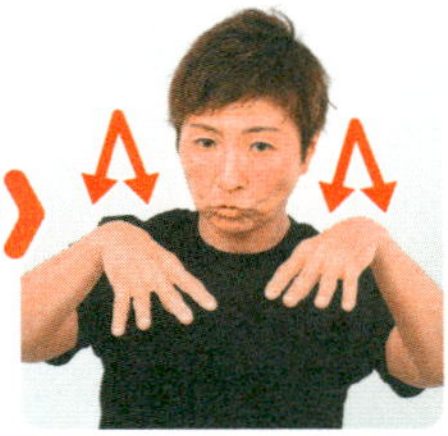

両手を同時にパッと開きながら下げる。

（明かりを）消す

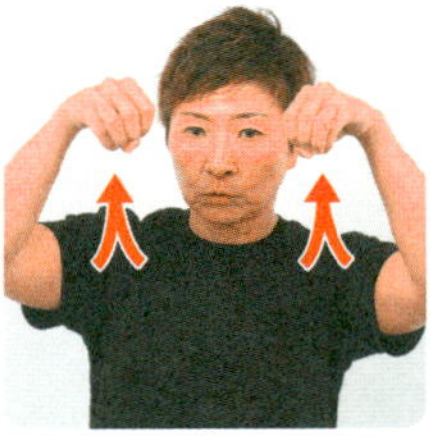

開いた両手を、にぎりながら上げる。

「点けるノ消す」「開《あ》ける／閉《し》める」は、そのものの形状によって手話（の動き）が変わります

増《ふ》える

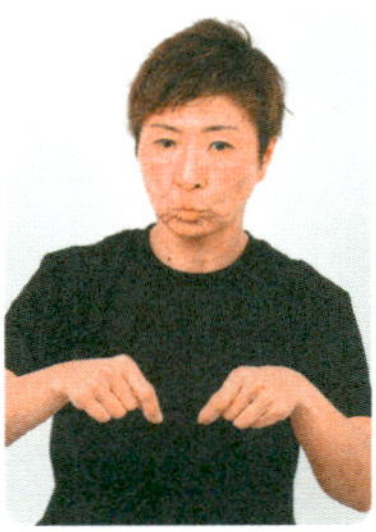

両手とも親指《おやゆび》と人さし指を付け、指先を下に向ける。

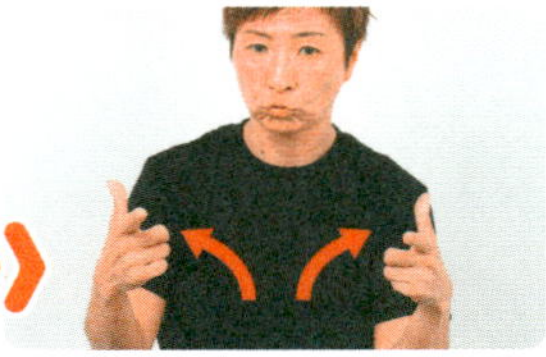

両手とも同時に指先をはなしながら、手首をひねって左右にはなす。

減《へ》る

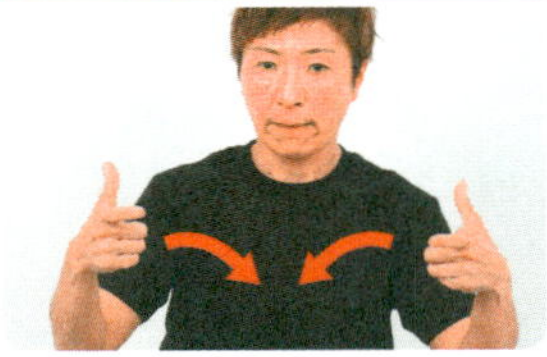

両手とも親指を立て、人さし指を軽く曲げて、手首をひねって中央に寄せる。

待つ

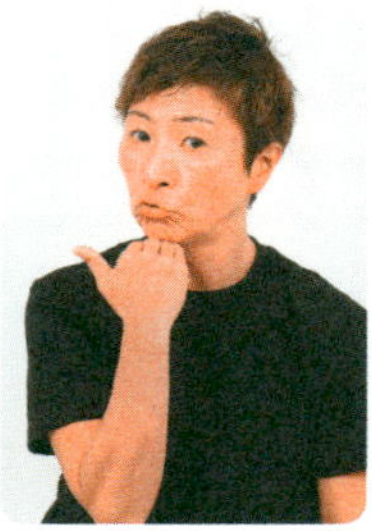

片手の親指以外の4指を折り曲げて、あごにあてる。同 待機《たいき》

遊ぶ

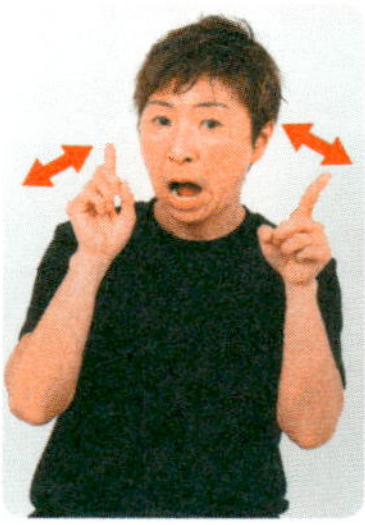

両手とも人さし指をのばして顔の横に置き、交ごに前後にふる。同 遊び、ゲーム

(ドアを)開ける

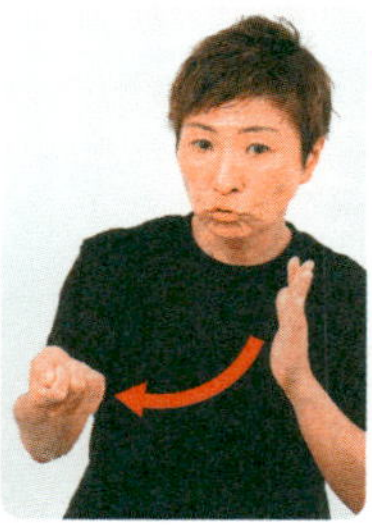

立てた左手のひらに右手のこぶしをあて、右手だけドアを開けるように前に出す。

覚える

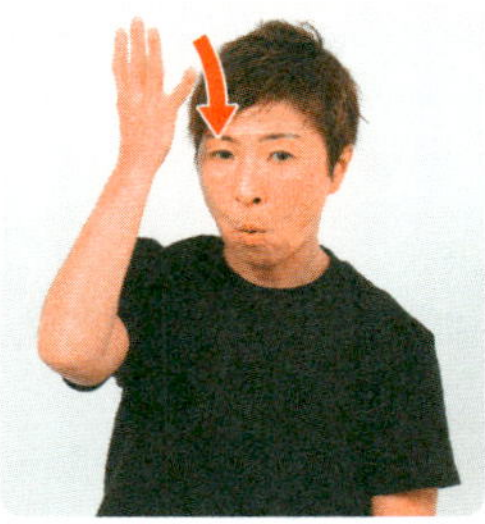

開いた片手をこめかみに近づけながらにぎる。同 暗記、記おく

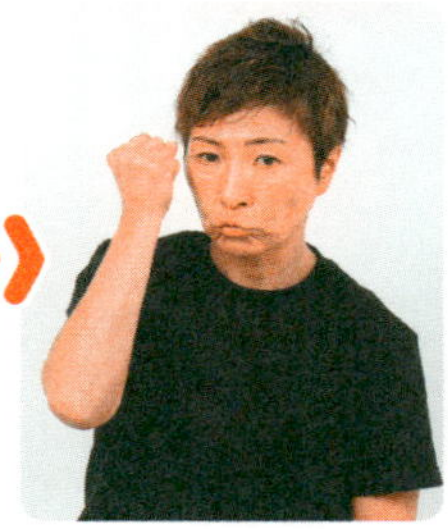

伝える

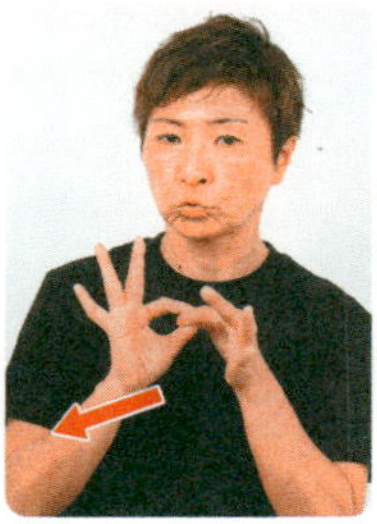

両手とも親指と人さし指で輪を作ってからませ、前に出す。同 連らくする

作る

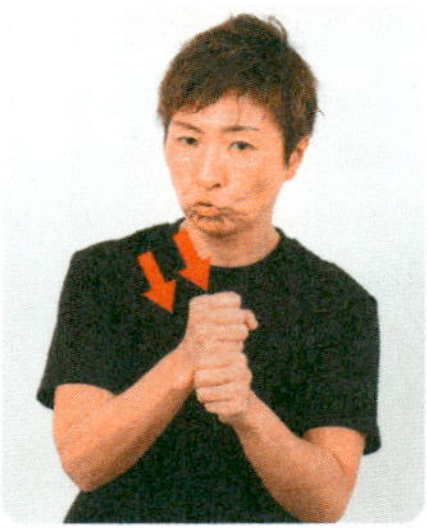

両手ともこぶしを作り、右手を左手に2回ぶつける。

わかる

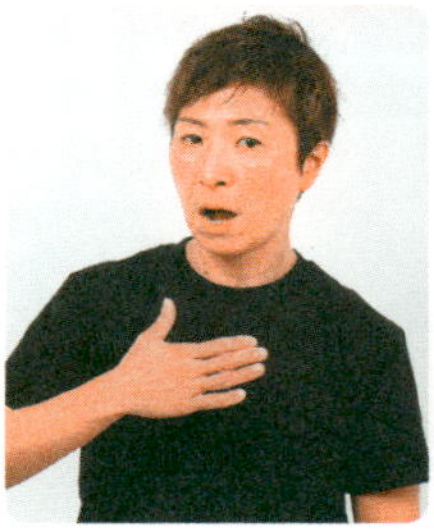

片手のひらでむねを軽く2回叩く。同 知る、承知《しょうち》、了解《りょうかい》

目指す

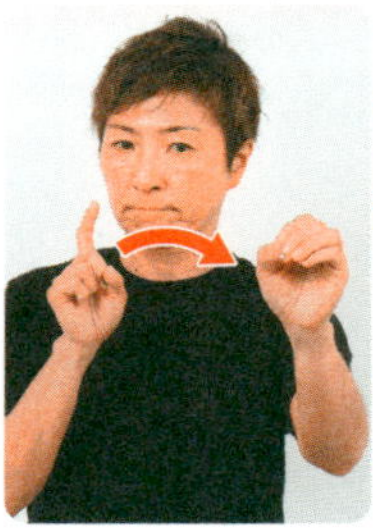

つつ形にした左手を前に向け、右手の人さし指をあてる。同 目標

贈《おく》る

右手はひもをつまむように、左手のひらは底を支えるようにして、前に出す。同 お土産《みやげ》

もらう

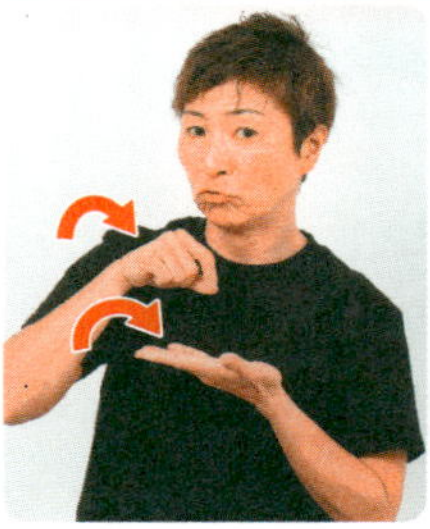

「贈る」と同じ手の形にし、同時に自分に引き寄せる。

つかれる

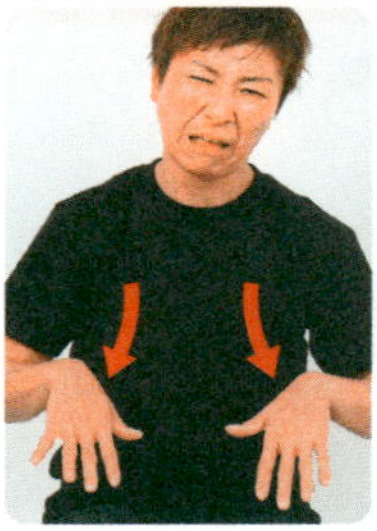

両手の指先をかたの前にあて、手を開きながら手首をひねって下げる。

形容詞《けいようし》

明るい

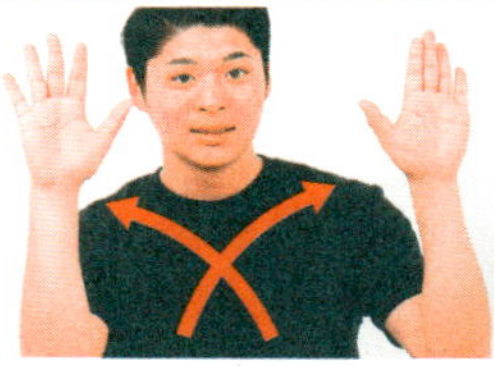

両手《りょうて》を交差《こうさ》させ、同時に左右に開く。同 晴れ、始まる

暗い

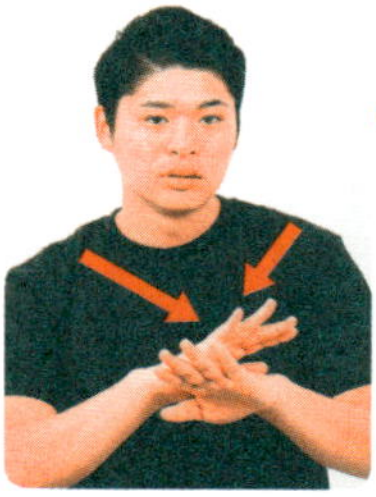

左右に広げた両手のひらを、むねの前で交差させる。同 夜、地味、やみ

長い

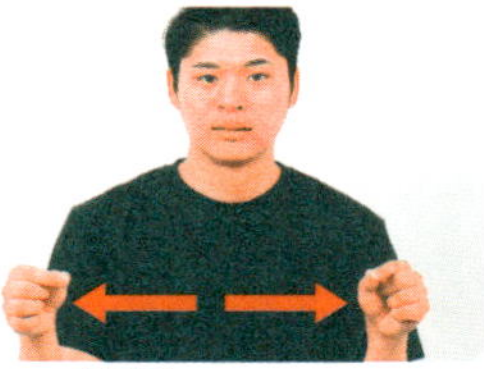

両手の親指《おやゆび》と人さし指を付けて左右にはなす。同 のびる

短い

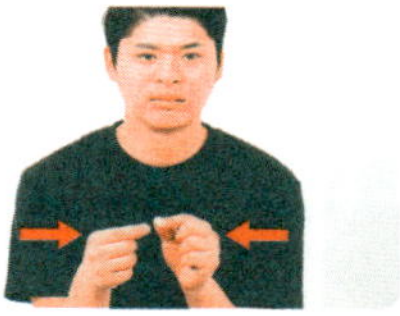

両手とも親指と人さし指を付けて向かい合わせ、同時に左右から寄せる。同 近い

（身長などが）高い

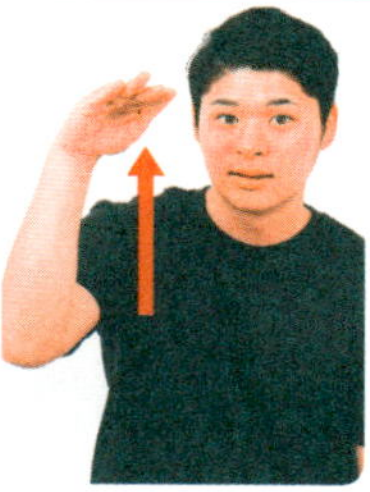

親指以外の４指をそろえて曲げ、顔の横に置き、上げる。

低い

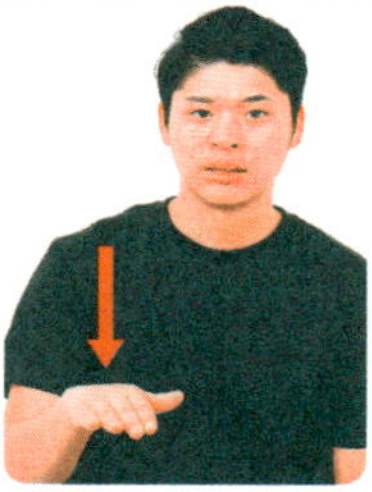

すべての指をそろえた片手のひらを顔の横に置き、下げる。

（色などが）こい

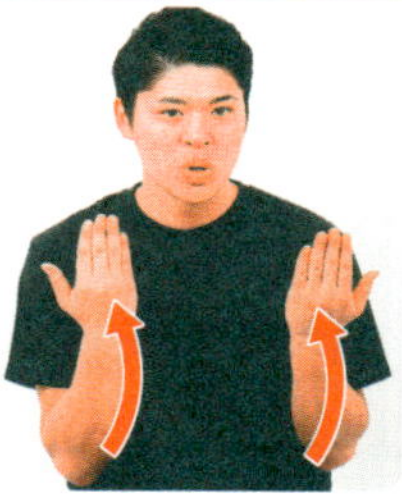

両手のひらを自分に向け、同時に引き寄せる。

（色などが）うすい

両手のひらを上下に合わせ、たがいちがいに小さく回す。同 あいまい、複雑《ふくざつ》

強い

力こぶを作るように、片手をにぎり、うでをグッと曲げる。

弱い

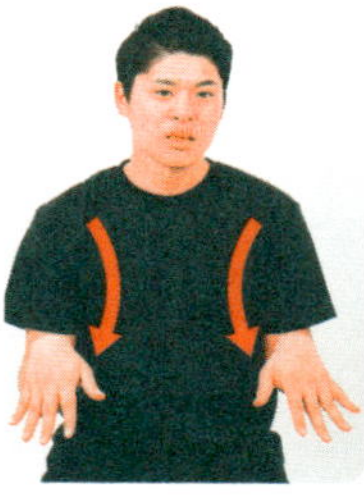

両手の指先をかたにあて、手首をひねって下げる。同 弱点

新しい

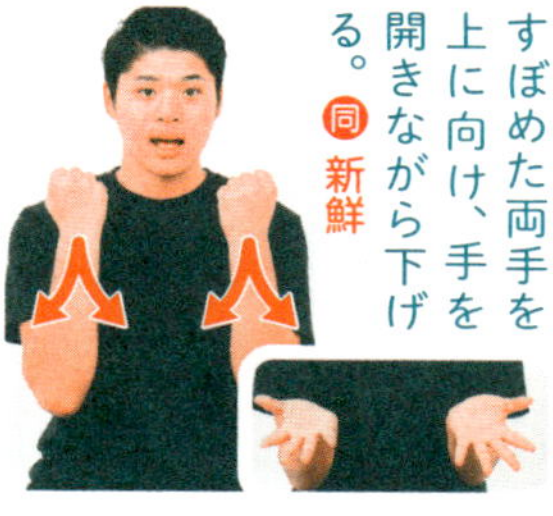

すぼめた両手を上に向け、手を開きながら下げる。同 新鮮

古い

人さし指を軽く曲げた片手を鼻の前に置き、横にかたむける。同 アンティーク

かたい

片手の親指と人さし指を軽く曲げ、ななめ下にいきおいよく下ろす。

同 じょうぶ

やわらかい

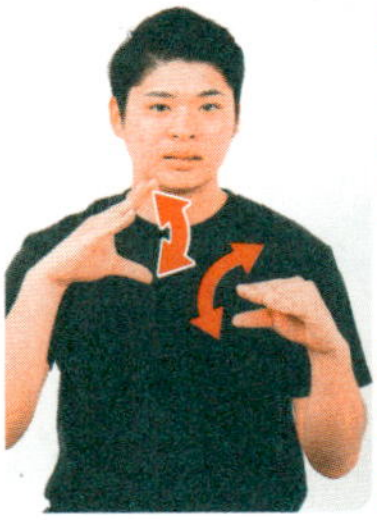

両手とも親指とその他4指を、交ごに指先を付けたりはなしたりする。

同 優《やさ》しい

広い

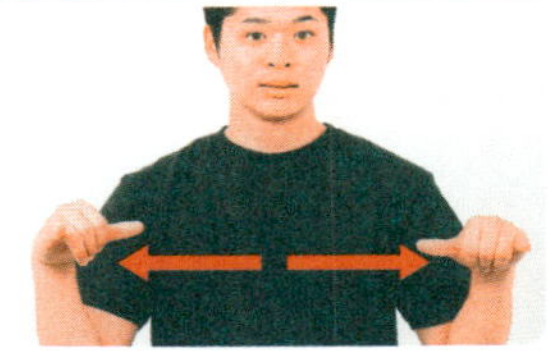

両手とも親指と小指をのばして向かい合わせ、同時に左右にはなす。

せまい

両手のひらを左右で向かい合わせ、同時に中央《ちゅうおう》に寄せる。

重い

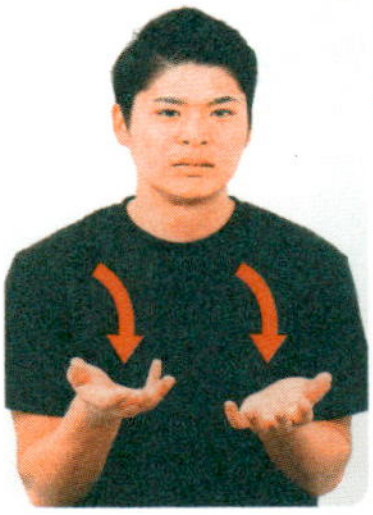

両手のひらを上に向け、同時にいきおいよく下げる。

同 重さ

軽い

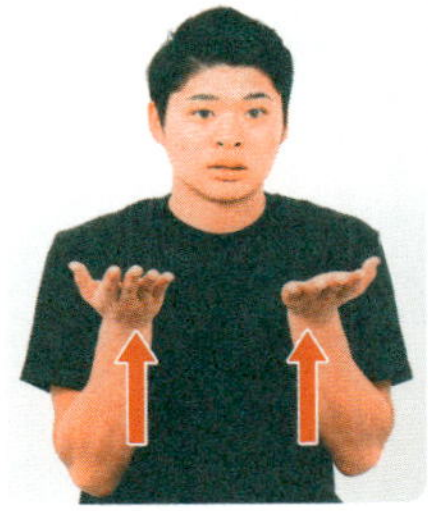

両手のひらを上に向け、同時にふわりと上げる。

大きい

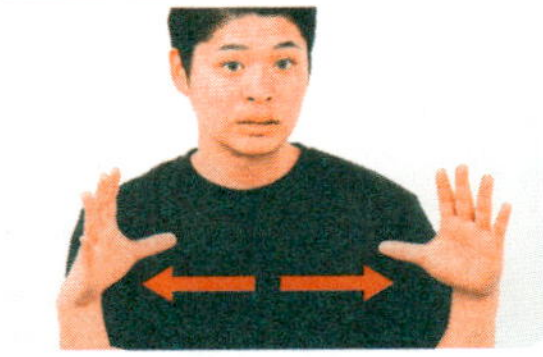

軽くわん曲させた両手を向かい合わせ、同時に左右にはなす。

小さい

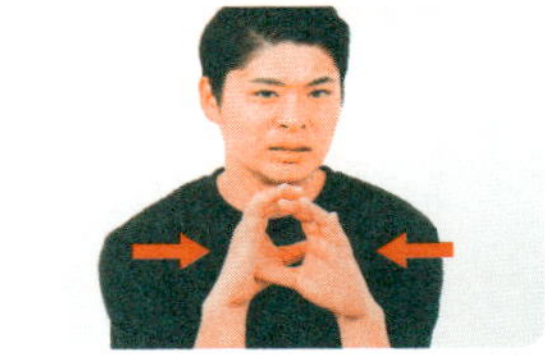

軽くわん曲させた両手を左右で向かい合わせ、同時に中央に寄せる。

すばらしい

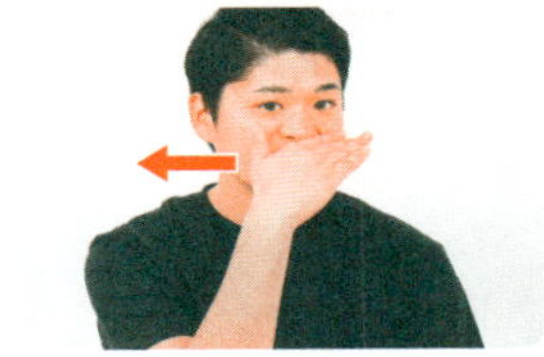

下に向けた片手のひらを鼻の下にあて、横に引く。

同 高級

(値段《ねだん》が)高い

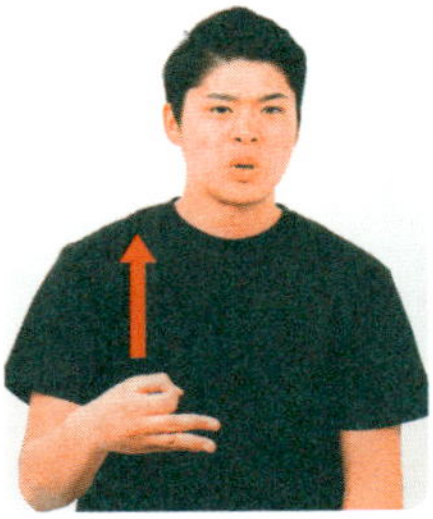

親指と人さし指で輪を作った片手を上げる。

「お金」という手話の手を上げると「(値段《ねだん》が)が高い」、下げると「安い」という意味になるんだね!

安い

親指と人さし指で輪を作った右手を、左手のひらに下げてあてる。

おいしい①

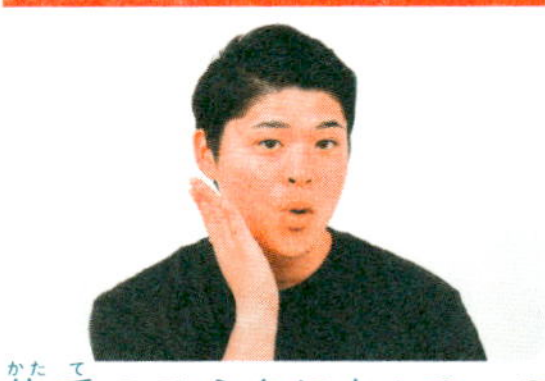

片手《かたて》のひらをほおに2～3回あてる。

おいしい②

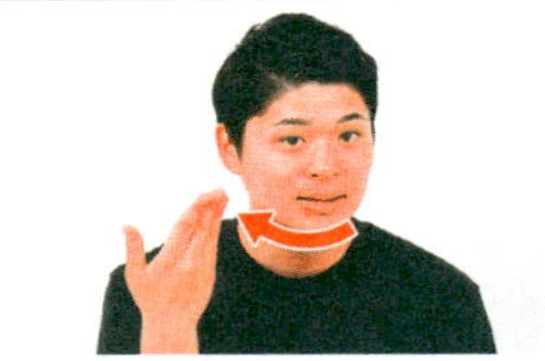

片手のひらをあごにあて、そのままほおにそって上げる。

参 ①よりも度合いが上の表現

まずい

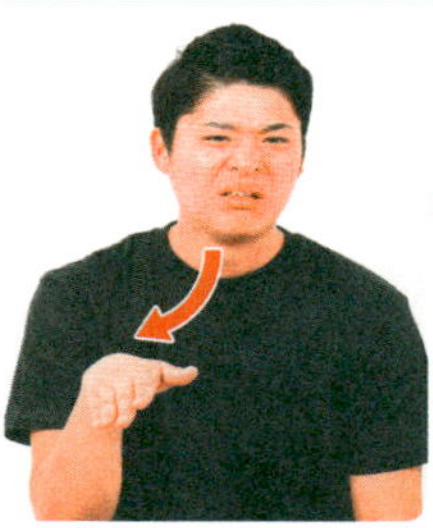

片手のひらをあごにあて、下ろす。

同 不幸、不便《ふべん》

よい

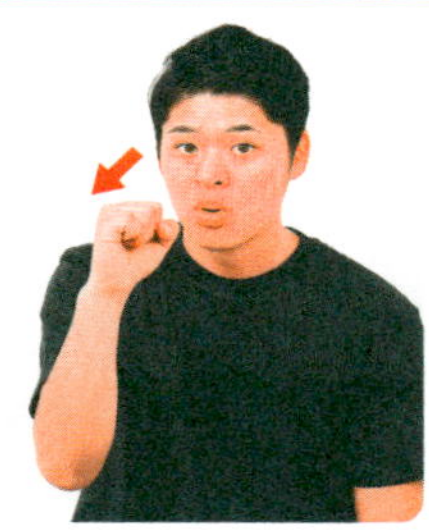

片手のこぶしを鼻にあて、少し前に出す。

悪い

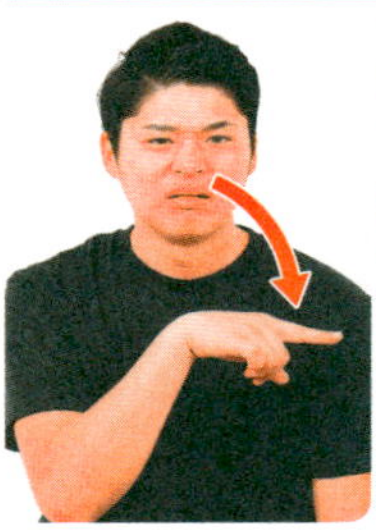

片手の人さし指をのばして、鼻にあてて、ななめ下に下げる。

同 ダメ

正しい

両手《りょうて》とも指先を付けて、むねの前に置き、上下にはなす。

同 素直《すなお》、正直、まじめ

まちがい

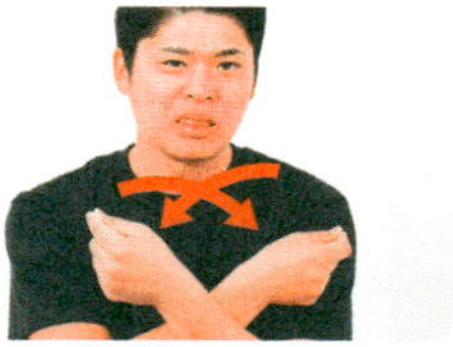

両手とも親指《おやゆび》と人さし指を付け、こうを前に向けて交差《こうさ》させる。

同 誤解《ごかい》、さっかく

退《たい》くつ

片手のひらを軽く開き、中指をこめかみに2～3回あてる。

つまらない

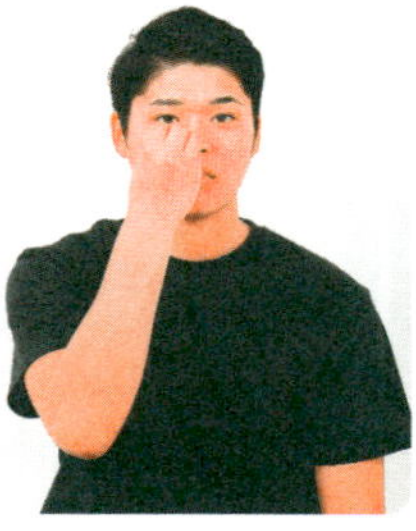

すぼめた片手を目の前に置き、

パッと開きながら下げる。

はずかしい

片手のひらを鼻の前に置き、数回指をすぼめる。

速い

両手とも親指と人さし指をのばして前に向け、同時にいきおいよく引き寄せる。

おそい

両手とも親指と人さし指をのばして左右に置き、同時に横にたおす。同 おくれる、ちこく

あせる

両手のひらを上に向け、交ごに上下させる。同 あわてる

さびしい

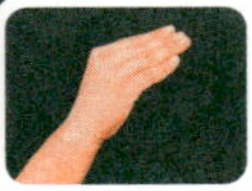

片手をむねの前に置き、親指とその他4指の指先を閉じる。

ドキドキする

左むねからはなした場所に左手のひらをかまえ、右手のこうを左手に数回あてる。

おもしろい

片手のこぶしをおなかの前に置き、数回おなかを叩《たた》く。

こわい

かたをすぼめ、にぎった両手をむねの前あたりにかまえ、体をふるわせる。同 冬、冷たい、寒い

最高

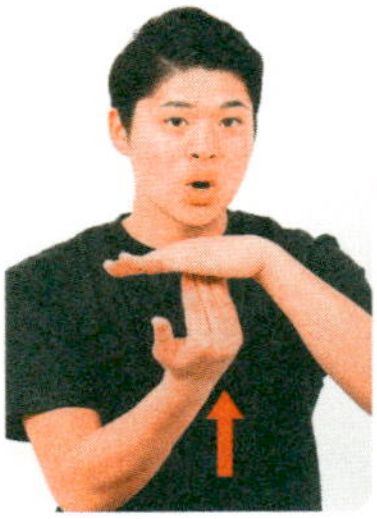

下に向けた左手のひらに、立てた右手の指先を下からあてる。同 最上

最低

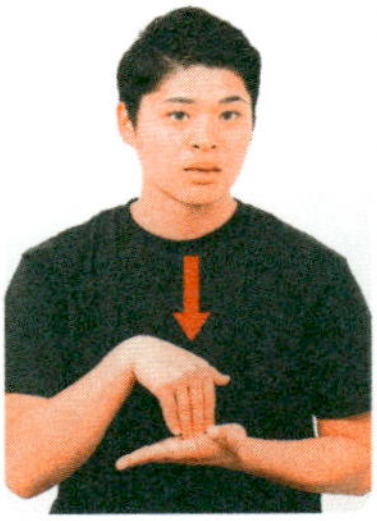

上に向けた左手のひらに、指先を下に向けた右手を上から下げてあてる。同 最後

きれい

両手のひらを上下に合わせ、上の手を横にすべらせる。同 美人、美しい

きたない

上に向けた左手のひらに、わん曲させた右手を2回あてる。同 不潔《ふけつ》

くやしい

わん曲させた片手をむねにあて、小刻《こきざ》みに回す。

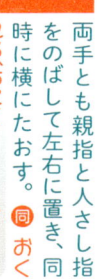

さくいん

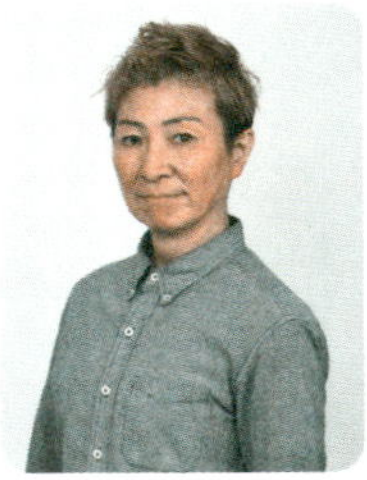

著者

モンキー高野《たかの》

手話フレンズ代表。神奈川県生まれ、東京都出身。東京都立石神井ろう学校卒業。1999年公開の映画『アイ・ラヴ・ユー』に出演。2015年4月に手話の指導や教材制作、情報発信を行う手話フレンズを創設し、代表を務める。現在は、全国のろう学校や企業、各種サークルで講習・講演会やワークショップを行い、手話講師として活躍中。

手話フレンズ　https://www.shuwafriends2020.com/

●モデル　仁宮苺宝、川﨑綾香、竹村祐樹
●手話通訳　高島由美子
●写真　田村裕未（株式会社アーク・コミュニケーションズ）
●イラスト　星乃屑ありす、片岡圭子
●デザインDTP　川尻裕美（有限会社エルグ）
●校正　神戸るみ子
●映像制作　合同会社PenTo / 株式会社映光
●映像写真協力　シャッターストック
●編集協力　志澤陽子（株式会社アーク・コミュニケーションズ）
●編集担当　柳沢裕子（ナツメ出版企画株式会社）

本書に関するお問い合わせは、書名・発行日・該当ページを明記の上、下記のいずれかの方法にてお送りください。電話でのお問い合わせはお受けしておりません。

・ナツメ社webサイトの問い合わせフォーム
https://www.natsume.co.jp/contact
・FAX（03-3291-1305）
・郵送（下記、ナツメ出版企画株式会社宛て）

なお、回答までに日にちをいただく場合があります。正誤のお問い合わせ以外の書籍内容に関する解説・個別の相談は行っておりません。あらかじめご了承ください。

写真《しゃしん》と動画《どうが》でわかる
はじめての子《こ》ども手話《しゅわ》

2024年10月2日　初版発行

著　者　モンキー高野《たかの》
発行者　田村正隆

発行所　株式会社ナツメ社
東京都千代田区神田神保町1-52 ナツメ社ビル1F（〒101-0051）
電話　03（3291）1257（代表）　FAX　03（3291）5761
振替　00130-1-58661
制　作　ナツメ出版企画株式会社
東京都千代田区神田神保町1-52 ナツメ社ビル3F（〒101-0051）
電話　03（3295）3921（代表）
印刷所　株式会社リーブルテック

ISBN978-4-8163-7614-6　Printed in Japan
＜定価はカバーに表示してあります＞＜乱丁・落丁本はお取り替えします＞